零距离上岗 高职高专
金融管理与实务专业系列规划教材

LICAI GUIHUA YU SHEJI

理财规划与设计

（第2版）

孙晓宇　董　华　主编

电子工业出版社
Publishing House of Electronics Industry
北京·BEIJING

未经许可，不得以任何方式复制或抄袭本书之部分或全部内容。
版权所有，侵权必究。

图书在版编目（CIP）数据

理财规划与设计 / 孙晓宇，董华主编. —2 版. —北京：电子工业出版社，2015.3
（零距离上岗）
高职高专金融管理与实务专业系列规划教材
ISBN 978-7-121-25440-6

Ⅰ. ①理… Ⅱ. ①孙… ②董… Ⅲ. ①投资—高等职业教育—教材 Ⅳ. ①F830.59

中国版本图书馆 CIP 数据核字(2015)第 012323 号

策划编辑：晋　晶
责任编辑：王莠朕
印　　刷：北京盛通数码印刷有限公司
装　　订：北京盛通数码印刷有限公司
出版发行：电子工业出版社
　　　　　北京市海淀区万寿路 173 信箱　邮编 100036
开　　本：787×980　1/16　印张：17.25　字数：310 千字
版　　次：2010 年 5 月第 1 版
　　　　　2015 年 3 月第 2 版
印　　次：2025 年 2 月第 11 次印刷
定　　价：39.00 元

凡所购买电子工业出版社图书有缺损问题，请向购买书店调换。若书店售缺，请与本社发行部联系，联系及邮购电话：(010) 88254888。
质量投诉请发邮件至 zlts@phei.com.cn，盗版侵权举报请发邮件至 dbqq@phei.com.cn。
服务热线：(010) 88258888。

第2版前言

本书自2010年出版以来，受到广大读者及教育界师生的好评。为了更好地体现和反映我国理财投资领域的现状和发展变化，进一步满足广大一线教育工作者实际需要，体现和加强实践教学这一职业教育突出特点，使本书更符合高等职业教育的要求，我们在本书第1版的基础上，完成了第2版的修订工作。

第2版教材在保持原教材体系和框架不变的前提下，更新了绝大部分职业技能训练案例，增加了"职业技能训练"栏目，用理财规划师专业能力考试相关试题替换了原来的选择题，既方便了教师教学，也能提高学生的专业能力；同时，为了避免修订工作带来的全书篇幅增加的问题，对第11章"理财规划案例"和各章小结部分进行了删除，保留的经典案例放到书后的附录C中。删除的"各章小结"可由教师在各章教学完成之际，组织学生共同对本章内容进行梳理，完成各章节的"小结"任务。各章学时分配建议如下。

教学内容		课时分配	其中：课堂讲授	其中：实训教学
第1章	理财规划与设计概述	10	6	4
第2章	现金与消费支出规划	10	8	2
第3章	教育规划	10	8	2
第4章	住房规划	10	8	2
第5章	投资规划	10	8	2
第6章	风险管理与保险规划	10	8	2
第7章	退休养老规划	10	8	2

续表

教学内容		课时分配	其中：课堂讲授	其中：实训教学
第 8 章	税收规划	8	6	2
第 9 章	财产分配与遗产规划	8	6	2
第 10 章	理财规划方案的制定与实施	10	6	4
合　　计		96	72	24

本书是"零距离上岗·高职高专金融管理与实务专业系列规划教材"之一，与其他教材相比，具有以下几个显著特点。

1. 结合高职高专教育的特点，在编写内容上，使之尽量贴近理财实际工作的需要，将理财规划理论和实际操作融为一体，侧重培养学生制定理财规划方案的实际操作能力。

2. 在编写体例上，每章配有引导案例、关键术语、实例和职业技能训练，便于学生学、老师教；并穿插了"想一想"、"相关链接"等栏目，增强了教材的可读性。

3. 在每章结尾部分设置了评估练习、职业技能训练等栏目，便于学生复习和对内容的掌握。

4. 考虑到读者资格认证考试的需要，书中全面兼顾了国家助理理财规划师和理财规划师资格认证考试的内容。

本书的修订工作是在第 1 版的基础上进行的，由孙晓宇、董华完成。参加本书第 1 版写作的有：孙晓宇（第 1~5 章），陈欣（第 6、7 章），陈广宇（第 8、9 章），董华（第 10 章）。

由于编者水平有限，书中疏漏和不足之处在所难免，恳请广大读者不吝赐教。

编　者

目 录

第1章 理财规划与设计概述 1
    1.1 理财与理财规划 2
    1.2 理财规划业的发展与理财规划师职业资格认证 10
    评估练习 18
    职业技能训练 19

第2章 现金与消费支出规划 21
    2.1 家庭生命周期阶段分析 22
    2.2 现金规划与现金规划工具 28
    2.3 现金与消费支出规划方案的制定 37
    2.4 现金与消费支出规划案例分析 42
    评估练习 47
    职业技能训练 49

第3章 教育规划 50
    3.1 教育规划概述 51
    3.2 教育规划工具的选择 58
    3.3 教育规划方案的制定 63
    3.4 教育规划案例分析 68

　　　　评估练习 70
　　　　职业技能训练 72

第 4 章　住房规划 73
4.1　住房需求分析 74
4.2　购房的财务策略与融资方案 80
4.3　房地产投资 87
4.4　住房规划案例分析 93
　　　　评估练习 94
　　　　职业技能训练 96

第 5 章　投资规划 97
5.1　投资需求与投资规划 98
5.2　投资的影响因素及投资工具的选择 104
5.3　投资规划方案的制定 116
5.4　投资规划案例分析 120
　　　　评估练习 121
　　　　职业技能训练 123

第 6 章　风险管理与保险规划 124
6.1　风险与保险 125
6.2　家庭保险工具的选择 138
6.3　保险理财规划方案设计的原则与方法 143
6.4　保险规划案例分析 146
　　　　评估练习 148
　　　　职业技能训练 149

第 7 章　退休养老规划 151
7.1　退休生活设计与退休费用分析 152
7.2　现行社会保险体系 162
7.3　退休养老理财规划的方法与建议 168

评估练习 170
　　　职业技能训练 172

第 8 章　税收规划 173
　8.1　税收规划的概念、原则与方法 174
　8.2　个人所得税 182
　8.3　家庭税 189
　　　评估练习 191
　　　职业技能训练 193

第 9 章　财产分配与遗产规划 194
　9.1　家庭财产风险的种类与财产界定 195
　9.2　财产分配规划的原则与工具 205
　9.3　遗产与遗产规划 209
　9.4　财产分配与遗产规划案例分析 217
　　　评估练习 219
　　　职业技能训练 220

第 10 章　理财规划方案的制定与实施 222
　10.1　客户关系的建立 223
　10.2　客户财务分析与评价 229
　10.3　理财规划方案的制定 239
　10.4　理财规划方案的实施与效果评价 243
　　　评估练习 249
　　　职业技能训练 251

附录 A　客户风险类型测试表 253

附录 B　客户信息调查表 258

附录 C　家庭理财综合案例分析 260

参考文献 266

第 1 章

理财规划与设计概述

✎ 学习目标

- ☑ 理解理财、理财规划的基本概念。
- ☑ 重点掌握理财规划的目标、内容及流程。
- ☑ 了解理财规划业的发展历史,熟悉我国理财规划师职业资格认证的相关知识。

关键术语

理财　　理财规划　　财务安全　　财务自由　　CFP 认证

▶引导案例

7个月前,罗蓓的丈夫去世了,为减轻因此而带来的生活压力,罗蓓带着3岁的女儿凯莉搬到了姐姐潘妮家一起生活。对罗蓓而言,如何处理每日开销并同时保证长期财富安全的话题并不轻松。

罗蓓的丈夫去世时留下了不足3 000美元的存款和仅20 000美元的人寿保险费。为了照顾女儿凯莉,罗蓓这几年都未工作。潘妮的经济状况又有所不同。3年前,一场滑雪事故使潘妮至今仍处于半瘫状态。她的残疾福利费仅能提供以前工资的60%，而一些固定的开支，如电动轮椅维护等仍需支付，现在，她也同样需要一份工作。

经过8个月的物理治疗，潘妮致力于提高她的计算机技能。《美国伤残国民法案》（ADA）要求雇主在雇用有工作能力的伤残人士时要为他们提供食宿。这项法案给潘妮提供了更多的机会。

"我在大卖场附近的投资公司财务部找到了工作。"潘妮对罗蓓说。

"太好了！"罗蓓答道，"那他们的健康、人寿、伤残保险计划怎么样"？

"如我所愿，"潘妮说，"公司还提供长期医疗保险，这对我非常重要。那么你呢？给凯莉找到保姆了吗"？

"还没有，"罗蓓答道，"但我肯定我们能解决，不久后我们一定能脱离困境"。

思考题：作为一个单亲妈妈，罗蓓应确立何种理财目标，实施何种理财活动？潘妮又应当如何应对她的经济状况？

从引导案例可以看出，人们应该对自己目前的处境有一个清醒的认识，并且要对自己未来的目标进行规划，而在规划的过程中，就必然要运用到理财规划方面的知识，即学会从财务角度审视人生，以自己目前的财务状况为起点，通过运用多种理财工具和技术，达到自己的理财目标。

1.1 理财与理财规划

以往人们在谈到理财时，一般是指公司理财或企业财务策划，很少谈及个人理财规划。近年来，个人理财规划已经成为与公司理财并列的理财学分支，并且在现代社会经济生活中扮演着越来越重要的角色。本课程中所涉及的主要内容是针对个人理财的规划与设计。谈到个人理财规划，首先要对与理财相关的概念和工作内容有一个较为深刻的理解和认识，因此本章内容先从讨论理财开始。

1.1.1 理财及理财规划的概念

1. 理财的概念

"你不理财，财不理你"——这是中央电视台理财频道的一句广告语。这看似充满文字游戏色彩的话语现今已成为深入人心的一种理念，在这句广告语中可以提炼出一个对本课程十分重要的概念——理财。据统计，在城市各阶层最关心的名词排名中，理财一词名列前茅。什么是理财？如何理解这一概念并运用自如，是学好本课程的一个首先值得探讨的问题。

狭义的理财从字面上来理解，就是"打理钱财"的意思。理财是以"管钱"为中心，通过攒钱、生钱、护钱三个环节，管好现在和未来的现金流，让资产在保值的基础上实现稳步、持续的增值。理财的最终目的是实现财务自由，让生活幸福、美好。有一则俗语叫作"吃不穷，穿不穷，不会算计一世穷"，这里的"算计"指的就是理财的意思。

广义的理财可以理解为"人生一个大的财务计划"，它是在人生不同的生命周期阶段，从财务的角度审视和安排我们的生活方式。从这个角度来说，理财就是个人一生的现金流量与风险管理。因此，可以将理财理解为贯穿人一生的、对个人和家庭资产最有效的保值、增值的一项系统工程。

理财的深刻内涵可以从以下几个方面来理解。

（1）广义的理财不仅仅是管理财富，还包括人们对生活方式的选择。成功的理财不仅能带来财富的增长，还能够使人们享受愉悦的人生。

（2）理财应树立正确的理财观念。人们常说一句话"省钱就是赚钱"，这是当今最为典型的理财观念之一。在理财活动中树立正确的理财观念，对理财成功至关重要。

（3）理财必须找到适合自己的理财方式。这是因为，首先，理财是通过对个人或家庭财务状况的分析，为自己的财富做出的一系列的规划设计，并将这些规划设计加以实施的活动来实现的，对不同的个人财务状况所做的理财规划会有本质的不同；其次，理财效果的好与坏关系到家庭的生活质量，人们对理财寄予无限希望，但现实生活中，不同的理财方法会带来不同的结果。因此，我们必须根据个人具体情况，制定出适合自己的理财规划设计。在现实中，常见的理财规划设计包括现金与消费支出规划、投资规划、教育规划等，这些规划设计的具体方法会在后续的章节中逐一加以介绍。

（4）理财是一项长期的经济活动，不能一蹴而就，需要长期的等待才能显现效果。世界知名的理财大师大卫·巴赫曾问过一对准备养老的 52 岁夫妇："你们每天能省下 20 美元吗？"这对夫妇回答："应该可以，我们能够做到！"大师又问："你们能坚持下去吗？"女主人回答："可能不会很容易，但我们会努力的。"于是，大师给了他们一个理财规划:"我们假设你确实这样做了,每天先把钱付给自己,1年之后你们将拥有7 300美元(20美元/每天×365天=7 300美元),你不需要更多的自我约束或预算,将这笔钱用于可靠的多元化投资,20年后……"大师在白板上写下了一个惊人的数字——461 947美元。这就是理财长期的效果,理财贵在坚持。

(5)理财是一个动态的过程。任何一种理财方式和产品都是动态的变化过程,这个动态的变化过程主要是随家庭的实际经济情况及市场情况进行的。例如,收入提高或减少,则即期消费水平将随之提高或降低。又如,年轻的单身男女,一般情况下,他们的避险准备除保留一定的紧急备用金外,再买一些保额的人身意外伤害保险和医疗保险就行了;待到结婚生儿育女后,就得为子女教育投资了;到中年,身体机能开始逐步衰退,此时,医疗保障方面的需求就凸显出来了;到老年,医疗健康方面的需求越来越大,但赚钱的能力越来越低,等等。家庭经济状况变化,理财规划就要随之发生变化。

(6)理财的最终目标是实现个人的财务安全与财务自由。所谓财务安全,是指个人或家庭对自己的财务现状有充分的信心,认为现有的财富足以应对未来的财务支出和其他生活目标的实现,不会出现大的财务危机。所谓财务自由,是指个人或家庭的投资收入大于全部支出,这时才达到了财务自由。当达到财务自由时,个人不再为赚取生活费用而工作,投资收入将成为个人或家庭收入的主要来源。

相关链接:财务安全

一般来说,衡量一个人或家庭的财务安全主要有以下内容:① 是否有稳定、充足的收入;② 个人是否有发展的潜力;③ 是否有充足的现金准备;④ 是否有适当的住房;⑤ 是否购买了适当的财产和人身保险;⑥ 是否有适当、收益稳定的投资;⑦ 是否享受社会保障;⑧ 是否有额外的养老保障计划。

总之,理财说起来简单,做起来并不容易。现代理财不仅建立在合理家庭消费的基础上,而且还是独立于家庭消费之外的理财活动。家庭理财活动能否取得成功,主要依靠的是对各种经济金融信息进行捕捉和分析,而这种投资分析,需要知识、智力等的无形投入,才能取得最佳理财效果。

学会理财,不仅仅是为了财富的多少,它同时给人们带来愉悦,有一种掌控生活的成就感。培养理财习惯,会让你像富人一样思考,像富人一样问鼎人生苍穹,成就财富梦想。

2．理财规划的概念

按照权威的国家理财规划师职业资格认定的培训教程，我们给出理财规划的具体定义。理财规划（Financial Planning），是根据客户财务与非财务状况，运用规范的方法并遵循一定程序为客户制定切合实际、可操作的某一方面或一系列相互协调的规划方案，包括现金与消费支出规划、教育规划、住房规划、投资规划、风险管理与保险规划、退休养老规划、税收规划、财产分配与遗产规划等。

1.1.2 理财规划的目标、原则与注意事项

1．理财规划的目标

理财的最终目标是实现个人的财务安全与财务自由。这一目标是通过具体的理财规划来实现的。因此，根据这些具体规划的实施所要达到的目的，将理财规划设计中必须实现的目标归纳如下。

（1）在现金与消费支出规划设计中，必须保证持有必要的流动性资产，以保证有足够的资金来支付短期内计划中和计划外的费用；确定合理的消费支出，减少不合理的开支，以保证个人财务状况稳健和持续发展。

（2）在教育规划设计中，使其有能力合理支付自身及其子女的教育费用，充分实现对教育期望的目标。

（3）在住房规划设计中，实现个人或家庭的住房梦想，并为房产投资合理地筹措和使用资金。

（4）在投资规划设计中，确定合理的投资结构，根据理财目标和风险承受能力进行资产配置，确定有效的投资方案，最终达到财务自由的目的。

（5）在风险管理与保险规划设计中，为抵御不测和灾害，必须进行科学的理财规划和适当的财务安排，将意外事件带来的损失降到最低，更好地规避风险。

（6）在退休养老规划设计中，必须及早进行财务规划，使人们到晚年能过上有尊严、自立的老年生活。

（7）在税收规划设计中，要充分利用政策优惠和差别待遇，适当减少或延缓税负支出，达到整体税后收入最大化的目标。

（8）在财产分配与遗产规划设计中，通过相关财产事先约定，避免财产分配过程中可能发生的纠纷，确保个人意志能够得以延伸，实现家庭财产的顺利传承。

2. 理财规划的原则

（1）整体规划原则。整体规划原则既包含规划思想的整体性，也包含理财方案的整体性。作为理财规划师，不仅要综合考虑客户的财务状况，而且要关注客户非财务状况及其变化，进而提出符合客户实际和目标预期的规划，这是理财规划师开展工作的基本原则之一。

（2）量入为出原则。在收入一定的前提下，消费与投资支出往往此消彼长。理财规划应该正确处理消费、资本投入与收入之间的矛盾，形成资产的动态平衡，确保在投资达到预期目的的同时保证生活质量的提高。消费的正确理解应该是消费既不滞后，又不超前，既不人为抑制消费，又不盲目攀比，做理性的消费者。量入为出是一种计划消费行为，是指在基本生活资料得以满足的情况下，通过储蓄、投资有计划地安排生活。

（3）现金保障优先原则。根据专业理财规划的基本要求，为客户建立一个能够帮助客户家庭在出现失业、大病、灾难等意外事件的情况下也能安然度过危机的现金保障系统十分关键，也是理财规划师进行任何理财规划前应首先考虑和重点安排的。只有建立了完备的现金保障，才能考虑将客户家庭的其他资产进行专项安排。

（4）风险管理优于追求收益原则。理财规划首先应该考虑的因素是风险，而非收益。理财规划旨在通过财务安排和合理运作来实现个人、家庭或企业财富的保值增值，最终使生活更加舒适、快乐。保值是增值的前提，理财规划师必须认清可能出现的各种风险，合理利用理财规划工具规避风险，并采取措施规避这些风险。

（5）家庭类型与理财策略相匹配原则。基本的家庭模型有青年家庭、中年家庭和老年家庭三种，不同的家庭形态，财务收支状况、风险承受能力各不相同，理财需求和具体的理财规划内容也不尽相同。

（6）终生理财、快乐理财原则。理财是一个贯穿人生始终的过程。一个人一生的不同时期，理财的需求是不一样的，因此必须考虑阶段性和延续性。同时，理财的根本目的是让生活更美好、快乐，保持快乐轻松的心态，才能充分发挥聪明才智，做出最正确的理财决策。

3. 理财规划的注意事项

（1）理财规划是全方位的综合性服务，而不是简单的金融产品销售。它不局限于提供某种单一的金融产品，而是针对客户不同阶段的各种理财目标进行全方位、多层次、个性化的财务服务。

（2）理财规划强调个性化。每个客户都有自己独特的财务与非财务状况，并且往往差异巨大，这就决定了理财规划服务不可能有一成不变的模式，而是因客户具体情况而异。

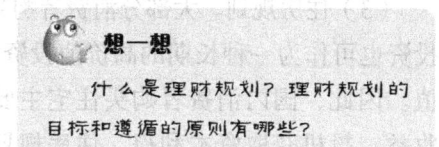

> **想一想**
> 什么是理财规划？理财规划的目标和遵循的原则有哪些？

（3）尽管理财规划经常以短期规划方案的形式表现，但就生命周期而言，理财规划是一项长期规划，它贯穿人的一生，而不是针对某一阶段的规划。

（4）理财规划通常由专业的理财规划师或资深的投资人士为客户提供。

1.1.3 理财规划的内容与流程

1. 理财规划的内容

根据理财规划的定义，理财规划的内容如图1-1所示。本书也以此作为划分各章的标准，在以后各章中将详细展开介绍。

（1）现金与消费支出规划。现金规划的基本内容是对家庭或者个人日常的现金及现金等价物的管理。现金规划的核心是建立应急基金，保障个人和家庭生活质量和状态的持续性稳定。现金规划是否科学合理将影响其他规划能否实现。因此，做好现金规划是理财规划的必备基础。

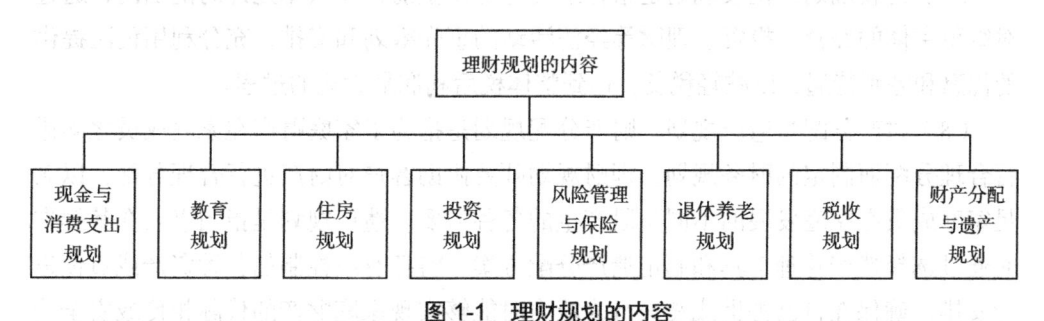

```
                    理财规划的内容
    ┌────┬────┬────┬────┬────┬────┬────┬────┐
  现金与  教育  住房  投资  风险管理 退休养老 税收  财产分配
  消费支出 规划  规划  规划  与保险   规划    规划  与遗产
  规划                    规划                    规划
```

图 1-1　理财规划的内容

消费支出规划的主要内容是基于一定的财务资源下，对家庭消费水平和消费结构进行规划，以达到适度消费、稳步提高生活质量的目标。

（2）教育规划。教育规划是指在收集客户的教育需求信息、分析教育费用的变动趋势并估算教育费用的基础上，为客户选择适当的教育费用准备方式及工具，制定并根据因素变化调整教育规划方案。

（3）住房规划。大部分消费者购买住宅都是为了自用，而事实上，住宅或房地产投资也可作为一种长期的高价值投资，不仅可以用于个人消费，还有显著的投资价值。因此，国内消费者购买住宅主要有三大原因：自己居住、对外出租获取租金收益、投机获取资本利得。住房规划就是根据客户的不同购买动机制定的不同的购房方案。

（4）投资规划。投资规划是根据客户投资理财目标和风险承受能力，为客户制定合理的资产配置方案，构建投资组合来帮助客户实现理财目标的过程。

（5）风险管理与保险规划。风险管理是一个组织或个人用以降低风险负面影响的决策过程，而风险管理与保险规划则是指经济单位通过对风险的识别、衡量和评价，并在此基础上选择与优化组合各种风险管理技术，对风险实施有效控制和妥善处理风险所致损失的后果，以尽量小的成本争取最大的安全保障和经济利益的行为。理财规划师提供的风险管理规划的服务，旨在通过对客户经济状况和保障需求的深入分析，帮助客户选择最合适的风险管理措施规避风险。

（6）退休养老规划。退休养老规划是为保证客户在将来有一个自立、尊严、高品质的退休生活，而从现在开始积极实施的规划方案。退休养老规划的核心在于进行退休费用的分析和退休规划工具的选择。

（7）税收规划。税收规划是指在纳税行为发生前，在法律允许的范围内，通过对纳税主体的经营、投资、理财等经济活动的事先筹划和安排，充分利用税法提供的优惠和差别待遇，以减轻税负，达到整体税后利润最大化的过程。

（8）财产分配与遗产规划。财产分配规划是指为了家庭财产在家庭成员之间进行合理分配而制定的财务规划。理财规划师要协助客户对财产进行合理分配，以满足家庭成员在家庭发展的不同阶段产生的各种需要。遗产规划是指当事人在其健在时通过选择遗产管理工具和制定遗产分配方案，将拥有或控制的各种资产或负债进行安排，确保在自己去世或丧失行为能力时能够实现家庭财产的代际相传或安全让渡等特定的目标。

2．理财规划的流程

在个人理财规划实务中，为了保证专业服务的质量，客观上需要一个标准的流程对个人理财规划工作进行规范。理财规划的流程可以分为六步，如图1-2所示。

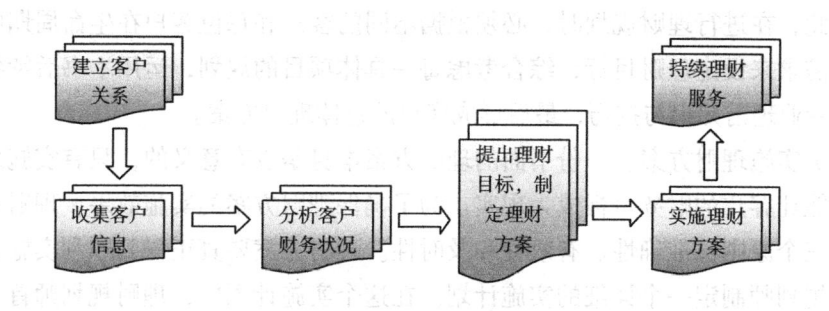

图 1-2　理财规划的流程

（1）建立客户关系。作为理财规划整个工作流程的第一个环节，建立客户关系成功与否直接决定了理财规划业务是否可以得到开展。建立客户关系的方式多种多样，包括但不限于电话交谈、互联网沟通、书面交流和面对面会谈等。需要特别注意的是，在建立客户关系的过程中，理财规划师的沟通技巧显得尤为重要。除了语言沟通技巧以外，理财规划师还要懂得运用各种非语言的沟通技巧，包括眼神、面部表情、身体姿势、手势等。此外，理财规划师作为专业人士，在与客户交谈时要尽量使用专业化的语言。

（2）收集客户信息。收集、整理和分析客户的信息，是制定理财方案的关键一步。如果无法收集到准确的财务数据，理财规划师就无法准确了解客户的财务状况和理财目标，也就不可能针对不同客户提出切实可行的理财方案。客户信息包括财务信息和与理财有关的非财务信息两大类，根据客户的财务信息编制客户的财务报表和评测客户对风险的偏好是两项至关重要的工作。

（3）分析客户财务状况。客户现行的财务状况是达到未来财务目标的基础，理财规划师在提出具体的理财规划之前，必须客观地分析客户的现行财务状况并对客户未来的财务状况进行预测。客户的财务状况分析主要包括收支情况分析、储蓄情况分析、偿债能力分析等，通过客户财务报表中的各种财务比率的计算，来说明客户的财务状况，以此提出对客户有针对性的、具体的理财目标。

（4）提出理财目标，制定理财方案。客户理财目标按时间长短可分为短期目标、中期目标和长期目标。短期目标通常预计在1年之内达成，像出国旅游、置办新家具等；中期目标通常预计在3~5年内完成，像买车、装修房子等；长期目标一般预计在5年以后完成，如筹措子女大学学费等。

在人生的不同阶段，每个人所设定的理财目标也必须与人生各阶段的需求相配合。因此，在进行理财规划时，必须根据不同的客户和每位客户在生命周期中不同阶段的需求来设定理财目标，综合考虑每一具体项目的规划，运用本书后续各章所介绍的专业理财知识与技巧，最后形成客户的整体理财方案。

（5）实施理财方案。一份书面的理财方案本身是没有意义的，只有实施理财方案，才能让客户的财务目标成为现实。为了确保理财方案的实施效果，理财规划师应遵循三个原则：准确性、有效性和及时性。理财方案要真正得到顺利实施，还需要理财规划师制定一个详细的实施计划。在这个实施计划中，理财规划师首先要确定理财方案的实施步骤，其次根据理财方案的要求确定匹配资金的来源，最后理财规划师还要列出理财方案实施的时间表。

（6）持续理财服务。理财服务并不是一次完成的，客观环境会不断发生变化，客户的经济条件、理财目标也会发生变动。因此，在完成方案后很长时期内，理财规划师仍需要根据新情况来不断地调整方案，帮助客户更好地适应环境，达到预定的理财目标，包括定期对理财方案进行评估及不定期的信息服务和方案调整。

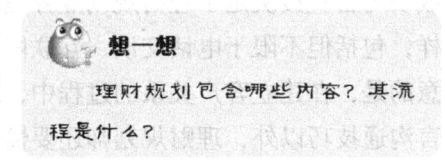

> **想一想**
> 理财规划包含哪些内容？其流程是什么？

1.2 理财规划业的发展与理财规划师职业资格认证

1.2.1 美国理财规划业的产生与发展

理财规划业首先出现在美国，其发展经历了初创期、扩张期、成熟稳定发展期三个阶段。

1. 初创期

现代理财规划起源于20世纪30年代美国保险业。在1929年10月股票暴跌引发的经济危机中，保险的"社会稳定器"功能使得保险公司的地位得到了空前提高。这个阶段还没有关于个人理财业务的明确概念界定，个人理财业务主要是为保险产品和基金产品的销售服务。

到了20世纪50年代，人们开始萌生了对个人生活的综合规划和资产配置的需求。在这一背景下，保险推销员在推销保险产品的同时，也提供一些生活规划和资产运用的咨询服务，尽管其主要目的是推销保险产品，却成为现代理财规划的萌芽，并显现出很强的生命力。

2. 扩张期

这一阶段是个人理财规划业务的形成与发展时期。20世纪60~70年代，个人理财规划业务开始时仍然以销售产品为主要目标，外加帮助客户规避繁重的赋税。这一时期，个人理财规划业务得到了加速发展，从业人员不断增加。1969年是现代理财规划业发展的标志性年份，首家理财团体机构——国际金融理财协会（International Associated for Financial Planner, IAFP）创立。

在20世纪70~80年代，个人理财规划业务的主要内容就是避税、年金系列产品、参与有限合伙（投资者投资合伙企业但只承担有限责任）及投资硬资产（如黄金、白银等贵金属）。1972年，IAFP开始推出注册理财规划师（CFP）资格认证。1986年，个人理财规划业务的视角逐渐扩展，开始从整体角度考虑客户的理财需求。

社会、经济环境的变化逐渐使富裕阶层和普通消费者无法凭借个人的知识和技能，通过运用各种财务资源来实现自己短期和长期的生活及财务目标。因此，消费者开始主动寻求称职的、客观公允的、以追求客户利益最大化为己任的专业理财规划人员，咨询问题并获取理财方面的帮助。

3. 成熟稳定发展期

20世纪90年代后期，个人理财规划业务进入了成熟稳定的发展时期，开始广泛使用衍生金融产品，而且将信托业务、保险业务及基金业务等相互结合，从而满足不同客户的个性化需求。1990年国际注册理财规划师协会正式成立，标志着理财规划服务有了国际统一的职业道德、胜任能力及实务操作标准，这使得理财规划师职业得以在全球迅速推广，理财规划业走向成熟。1995年，美国专户理财开始盛行，虽然当时的管理资产规模仅为1 000亿美元左右，但从20世纪90年代后期开始，随着越来越多的金融机构投入这个市场，包括银行、保险、证券公司、基金、投资管理公司等，专户理财的增长潜力逐渐显现，专户理财进入迅速发展的阶段。

有资料显示，在过去的几年间，美国的银行个人理财规划业务年平均利润率高

> **想一想**
> 美国理财规划业的发展经历了哪几个时期？

达 35%，年平均利润增长率为 12%~15%，显示出持续稳定的发展态势。

1.2.2 世界主要国家理财规划业的发展状况

20 世纪末期，理财规划业不仅在美国得到了迅速发展，而且在全世界范围内得到普及、推广。成立了规范的理财组织的除美国外，还有日本、澳大利亚、法国、英国、意大利、西班牙等十几个国家。虽然各国理财组织情况各异，但是理财组织已经在各国有了一定的社会地位。下面简要介绍日本、澳大利亚和法国的理财规划业情况。

1. 日本

日本最先引入理财规划的是国际证券株式会社的前身——野村投资销售。野村投资销售在 20 世纪 70 年代前期就设置了理财中心，但是在 80 年代后期，日本国内对理财规划才有了非常浓厚的兴趣。

20 世纪 80 年代，日本经历了个人金融资产的增加及金融制度的改革，加上当时日本特殊的国情，使得 80 年代后期的日经指数曾一度突破 39 000 点。此时，人们开始寻求理财师的帮助，探索如何利用金融资产、如何节税和避税、如何顺利实现遗产继承与事业继承等。因此，这一阶段，理财规划业在日本深得人心。

20 世纪 90 年代，日本理财规划业进入真正的成长时期。日本"泡沫经济"崩溃，理财规划再次受到人们的关注，由于理财需求不断提高，日本理财协会也应运而生。从那时起，以银行和保险公司为主的金融机构对理财规划业务的关注提高。不动产公司、非银行金融机构、流通系统企业都引入理财规划业务，掀起了理财规划高潮。此外，顾客对遗产继承设计、不动产开发利用等要求不断提高，精于此类业务的税务师、会计师事务所开始积极组建理财中心；与此同时，一些保险代理店也引入了理财系统。在此浪潮中，日本民众对于理财规划的需求也大大提高。这一阶段，日本的理财规划业进入高速成长期，并得到很大的发展。

2. 澳大利亚

澳大利亚的个人理财规划业的起源可追溯到近百年前。1909 年，澳大利亚成为最早提供政府退休金的国家之一。早期的覆盖高级管理人员和国家公共部门高级人员的退休金计划成为人们财富积累的重要工具。20 世纪 60 年代中期，人口老龄化趋势开始呈现，DB（Defined Benefit）计划出现，促使澳大利亚人更重视退休金的积累。

20世纪80年代初，澳大利亚退休人数开始大量增加，他们领取到丰厚的退休金并投向金融市场，导致澳大利亚投资者大量增加，也出现了理财规划师和相应的财务咨询网络。最早的理财规划师被视作投资顾问，大都来自澳大利亚投资和财务顾问者学会（ASIFA）。ASIFA通过与美国同业组织联合，一直关注着个人理财规划业的发展。

1990年，在国际注册理财规划师理事会（以下简称国际CFP理事会）成立之际，澳大利亚与国际CFP理事会商讨引入CFP资格认证体系事宜。同年，澳大利亚与国际CFP理事会签署了第一个国际许可证和联属协议，协议允许澳大利亚IAFP参照国际CFP理事会的模式向达到"4E"准则要求的理财规划师颁发CFP资格证书，从而使澳大利亚成为美国本土以外第一个国际CFP理事会成员国。澳大利亚CFP数量从1990年的49名增长到2005年的5 481名，居全球第四位。IAFP在推广CFP职业资格方面发挥了重要的作用，而美国同业的支持和帮助直接促使澳大利亚个人理财业的迅速发展。

3. 法国

法国的理财规划业是由投资行业演变而来的。1971年，法国在法律上详细定义了"金融投资顾问"的权利和义务。20世纪90年代，许多优秀的投资顾问看准机会，纷纷辞职独立创建了大量的第三方理财事务所。他们以在长期中使客户财富最优化为原则，对客户的情况进行全局观察。凭借他们的专业知识和多年积累的客户资源，打出"中立、客户利益"的口号。第三方理财公司一炮走红，"独立理财师"这个全新的职业也一举成为人们津津乐道的新话题。仅2005年，全法国就新增了174家第三方理财事务所，增幅达15%。这也充分证明以客户为中心的理念赢得了市场。法国的第三方理财公司一般采取合伙人制度，类似于律师和会计师事务所。第三方理财从诞生之初就把目标定在高端客户群上，最大的特点就是质量要求高。我国理财规划业的发展应该借鉴这种模式。但是，法国理财规划业在管理制度方面走过一段弯路：法国的理财规划职业人大都是由投资顾问转行而来的，后来，管理当局强调从业人员必须具有法律文凭，并直接剔除了通过专业培训或资格考试（即使AFP和CFP也无法执业）从业的可能性，使得大量优秀的、完全有执业能力的理财师不得不回到学校，考取相应的文凭。这一点在我国的理财行业发展规划中，要作为前车之鉴。

此外，在欧洲，英国1987年成立英国理财师协会，该协会于1995年与美国的理财师资格鉴定委员会合作，引入了理财师资格认证体系，德国理财师协会也于1997年成立。在亚洲，韩国、新加坡、马来西亚、印度、中国香港等国家和地区，对理财规划的需求也日益高涨，产生了与资产运用相关的理财咨询机构。

1.2.3 我国理财规划业的发展现状

我国的个人理财规划业务出现在20世纪90年代中期。1996年中信实业银行广州分行最早推出了"私人理财中心"，至今，先后有招商银行推出了"金葵花理财"、工商银行推出了"理财金账户"、建设银行推出了"乐当家"、中国银行推出了"中银理财"、交通银行推出了"交银理财"等业务。此外，国内保险公司和证券公司也推出一系列的理财产品和服务。据金牛理财网初步统计，截至2013年12月31日，2013年银行理财产品发行量接近47 000款。其中非结构性人民币理财产品超过43 000款，同比增长45%。按银监会官员披露的数据，2013年银行理财余额突破10万亿元，也就是说，规模较去年的7.1万亿元至少增长40.8%。因此，无论从发行量还是从银行理财产品余额规模上，2013年银行理财市场扩张程度都十分惊人。

但是，由于种种原因，我国个人理财市场这种迅猛增长的市场需求和目前国内以商业银行为主导的市场发展状况之间产生的一系列矛盾，阻碍了我国理财市场的发展，使得我国的理财市场尚处于发展中的初级阶段，这些矛盾主要表现在以下几点。

（1）理财市场不规范，导致恶性竞争。一些银行采取盲目承诺高保本收益率，搭售储蓄存款的方式销售理财产品，将个人理财产品演变为变相高息揽存的工具。不少股份制商业银行甚至在亏损让利的条件下推出理财产品，以理财产品为竞争手段吸引中高端客户，争夺零售客户资源。而国有商业银行推出个人理财产品的主要目的是应对股份制商业银行的同业竞争，巩固中高端客户，减少客户流失。

（2）银行理财产品营销不规范，产品透明度不高，售后服务不到位。部分银行在推销理财产品时，没有清楚、全面地告知客户该理财产品的收益和风险，甚至为了完成发售任务，采取模糊收益率、弱化风险提示等手段误导投资者，或吸引不适合该理财规划的客户购买，致使公众公信力下降。

从各商业银行理财实践活动看，客户在理财过程中投诉乃至诉讼最多的是开放式基金等代理业务。虽然商业银行个人金融业务不断创新，但相关的业务咨询、功能介绍、金融导购等售后服务却严重滞后，使得许多居民对个人金融服务项目一知半解，无法真正享有服务。

（3）理财人员知识结构不健全，缺少专业的理财规划师。理财业务是一项综合性的业务，它要求理财人员必须具备渊博的经济和法律知识，全面了解银行、证券、保险、房地产、外汇、税务、教育、法律等方面的相关知识，要求理财人员拥有丰富的金融从业经验，具有优良的职业操守、良好的人际交往能力和组织协调能力。专业的理财规划师匮乏是制约我国个人理财规划业务的主要瓶颈。据保守估测，中国理财规划师职业有 20 万人的缺口，仅北京市就有 3 万人以上的缺口。

（4）除商业银行、保险公司、证券公司兼营理财业务外，国内几乎没有专业的理财机构。在金融业分业管理的体制下，我国银行、证券、保险三大市场相互割裂，它们所提供的个人理财规划服务均以本行业的业务为主，个人理财规划业务发展空间受到限制，导致个人理财规划业务只能在较低的层面进行操作，高层次的专业化理财机构严重缺失。

（5）理财规划师国内尚没有一个权威的、统一的认证机构。目前，由于国外理财规划师（如 CFP、CFA、IFA 等）认证考试是基于发达国家的国情和当地个人财务状况而制定的，这些认证目前没有得到我国政府的明确认可。尽管国家职业鉴定中心组织有关专家根据我国国情制定了《理财规划师国家职业标准》，并于 2003 年 1 月 23 日开始施行，对于全国统一的认证做了一些有益的尝试，但是，一个权威的、得到政府和企业普遍认可的全国统一认证体系还没有建立，无法满足国内对专业的理财规划师巨大需求的缺口。

总之，居民个人财富增长和监管制度的改革给我国个人理财规划业务发展注入了强劲动力，但市场基础要素的缺失和不足制约了个人理财规划业务的快速发展，我国的个人理财规划业务正处于机遇与挑战并存的发展阶段。

1.2.4 理财规划师职业资格认证介绍

1. 国外主要理财规划师职业资格认证介绍

随着理财成为一门科学，传统的保险营销员式的非标准的咨询活动已经不再适合理财发展的需要，理财规划师协会作为培育理财师和维护行业发展方向的标准化组织应运而生。经过 20 世纪 70~80 年代的发展，理财规划师协会不断摸索出较为完善的管理制度，并初步形成了国外理财规划师认证体系和完善的课程体系。现将国外成熟市场认可度较高的几个主要理财规划师职业资格介绍如下。

（1）CFP（Certified Financial Planner）。CFP 最初是由 IAFP 于 1972 年推出的，由 CFP 标准委员会（CFP Board of Standards）考试认证，在美国广受认可。CFP 考试难度高，知识体系较完善。

（2）CFA（Chartered Financial Analyst，特许金融分析师）。CFA 由美国投资管理与研究协会（Association for Invest-merit Management and Research，AIMR）进行资格评审和认定，是一种国际通行的金融投资从业者专业资格认证。它于 1963 年设立，是目前金融领域最权威的考试，是世界上公认的金融证券业最高认证证书，也是世界上规模最大的职业考试之一。

（3）RFP（Registered Financial Planner，注册财务策划师）。RFP 是由美国注册财务策划师协会（Association for Registered Financial Planner，ARFP）所制定的国际权威认证资质，创立于 1983 年。会员组织包括美国、加拿大、英国、法国、德国、瑞士、澳大利亚、日本、韩国、新加坡、中国香港等 15 个国家和地区。

（4）CWM（Chartered Wealth Manager，特许财富管理师）。CWM 是由美国金融管理学会（American Academy of Financial Management，AAFM）推出的。AAFM 成立于 1995 年，是美国比较受欢迎的金融从业人员资格认证机构。CWM 已经获得了全球 100 多个国家及 800 多所大学、美国证券交易商协会、美国政府劳工部一级皇家学会联盟等国际知名组织的认可。

（5）CFC（Certified Financial Consultant，注册财务顾问）。CFC 是由理财规划顾问委员会（Institute of Financial Consultant，IFC）推出的。CFC 在全球理财行业具有一定的权威性，特别在美国、加拿大等北美地区影响更大，并在日本、新加坡、中国香港等 12 个国家和地区建立了分支机构。

（6）RFC（Registered Financial Consultant，注册财务顾问）。RFC 是由美国国际认证财务顾问协会（International Association for Registered Financial Consultant，IARFC）推出的。IARFC 成立于 1984 年，会员分布在美国、加拿大、英国、意大利、澳大利亚、新加坡等 40 多个国家和地区，主要为保险行业从业人员。

（7）IFA（Independent Financial Advisor，独立财务顾问师）。IFA 是英国的理财规划职业资格，主要指从事理财咨询行业的执业人员。我们通常将通过理财规划师考试并取得从业资格的从业人员叫作理财规划师，而英国对此的称谓是 IFA，即独立财务顾问师。英国独立财务顾问师并不是一项资格考试，而是一个从业资格，它的授予标准主要在于是否已经获得相关职业资格，而不是需要通过考试才能获得。

（8）CLU（Chartered Life Underwriter，特许人寿理财师）。CLU 是由美国人寿保险管理学会（Life Office Management Association，LOMA）于 1927 年推出的。LOMA 是一个国际性的保险学术组织，会员分布在美国、加拿大、日本、欧洲、中国香港等 30 多个国家和地区，是寿险专业领域最高级别的认证。随着 CLU 的发展，它的范畴超出了寿险的范围，现在是一个综合理财规划认证。

2. 我国理财规划师职业资格认证介绍

目前，我国经济持续增长，国民财富快速积累，金融产品及服务不断创新。鉴于市场对理财规划的需求，劳动与社会保障部国家职业鉴定中心考察了国际理财业的发展历史及国内其他行业的发展经验后认为，实行统一的、权威的认证考试体系是促进中国理财行业发展及提高从业人员水平的最好方法。

（1）理财规划师国家职业资格认证（CHFP）。2002 年，国家职业鉴定中心组织有关专家制定了《理财规划师国家职业标准（试行）》（以下简称《标准》），并于 2003 年 1 月 23 日开始施行，从而使得考试和资格鉴定工作有了一个全国统一的基本标准。《标准》规定了理财规划师资格鉴定的工作程序、资格考试、鉴定方式等基本内容。

2005 年 8 月，国家职业鉴定中心委托北京东方华尔金融咨询有限公司和中国人民大学财政金融学院在北京举办了首期理财规划师试点培训班，随后由国家职业鉴定中心举办了首次国家理财规划师试验性鉴定考试，考试合格的学员成为中国第一批具备国家职业资格的理财规划师。

目前，理财规划师国家职业资格认证分助理理财规划师和理财规划师两个层次。考试科目包括理财规划师基础知识、助理理财规划师专业能力或理财规划师专业能力；考试合格者，可获得相应的理财规划师职业资格认定。

（2）我国理财规划师职业资格的特点。

1）社会认可度较高。根据我国的实际情况，一般由政府推动的职业资格往往在公众心目中具有较高的信任度。因此，为更好地促进我国理财规划业的发展，国家职业资格鉴定专家委员会理财规划师专业委员会组织知名专家制定了理财规划师国家职业资格标准。

2）富于本土化色彩。国家职业资格鉴定专家委员会理财规划师专业委员会在充分考察其他国家发展经验的基础上，针对我国金融市场发展尚不完善的现实情况，在制定国家职业标准、执业准则、认证考试及后续教育培训方面融合本土特点，推广具有本土特色的理财规划师国家职业标准。

3）注重实务操作。由于我国的理财规划业处于发展阶段，具有资深素养的理财规划师严重缺乏，这导致一些非执照的理财规划师只有基本的专业知识，而不具备过硬的实务操作经验。国家职业资格鉴定专家委员会理财规划师专业委员会针对这一弊端，在理财规划师培训及考试方面加重专业知识和实务操作的比重，通过聘请在各个行业内具有第一线操作经验的资深专家来对学员进行培训，使学员在获得执业资格的同时，能基本掌握理财规划的实务操作技能。

> 想一想
> 国内外理财规划师职业资格证书主要有哪些？

我国于 2005 年 8 月正式成为 CFP 成员，并引进国际通行的 CFP 认证。2009 年起，中国金融协会在国内同时执行国内金融理财师（Associate Financial Planner，AFP）和 CFP 两级认证制度。也就是说，必须要首先获得 AFP 资格，才能进一步参加 CFP 的资格认证，这无疑加大了 CFP 的含金量。

评估练习

1. 单选题

（1）以下不属于个人财务安全衡量标准的是（　　）。

A．是否有稳定充足收入　　B．是否购买适当保险

C．是否享受社会保障　　　D．是否有遗嘱准备

（2）理财规划的最终目标是要达到（　　）。

A．财务主要功能　　　　　B．财务安全

C．财务自主　　　　　　　D．财务自由

（3）广义的理财可以理解为"人生一个大的财务计划"，它是在人生不同的生命周期阶段，从（　　）的角度审视和安排我们的生活方式。

A．投资　　B．收益　　C．风险　　D．财务

（4）（　　）是整个理财规划的基础。

A．风险管理理论　　　　　B．收益最大化理论

C．生命周期理论　　　　　D．财务安全理论

（5）理财规划的必备基础是（　　）。

A．做好现金规划　　　　　B．做好教育规划

C．做好税收筹划　　　　　D．做好投资规划

2. 多选题

（1）以下属于理财规划组成部分的有（　　）。
  A．现金规划　　　B．投资规划　　　C．风险管理和保险规划
  D．教育规划　　　E．消费支出规划

（2）建立客户关系的方式多种多样，通常包括（　　）。
  A．电话交谈　　　B．互联网沟通　　　C．书面交流
  D．面对面会谈　　E．熟人介绍

（3）理财规划师在为客户提供理财服务的过程中，应遵循一定的原则（　　）。
  A．整体规划　　　B．提早规划　　　C．现金保障优先
  D．追求收益优于风险管理　　　E．消费、投资与收入相匹配

（4）退休期的理财需求分析包括（　　）。
  A．保障财务安全　　　　　　B．储蓄和投资
  C．建立信托　　　　　　　　D．准备善后费用　　　E．遗嘱

（5）理财规划业首先出现在美国，其发展经历了（　　）三个阶段。
  A．初创期　　　B．扩张期　　　C．成熟稳定发展期　　　D．衰退期

3. 简答题

（1）什么是理财？如何理解这一概念的内涵？
（2）什么是理财规划？理财规划的目标是什么？
（3）美国理财规划业经历了哪几个发展阶段？
（4）个人理财规划业务包括哪些具体内容？
（5）理财规划的标准流程可以分为哪几个步骤？
（6）国内外理财规划师职业资格认证主要有哪些？

职业技能训练

请根据下面所给案例为于先生夫妇设计一份理财规划方案。要求写出完整的理财规划方案的思路。

于先生在国企工作，月收入5 000元，太太月收入约5 000元，两人合计1万元左右。另外，夫妻二人的年终奖金收入分别为2万元和1.5万元。现有活期存款5 000

元，无定期存款。两人共有两套住房，一套面积72平方米，市价约60万元，目前空置。另一套用于居住，面积88平方米，市价约140万元。至今，两套住房的贷款余额总计还有45万元，共需还款4 000元/月。两人目前每月基本生活花销3 000元，娱乐、置衣、外出就餐等费用2 500元左右，另外还有一部分人情支出600元左右。年度花销主要是支付车险，自用车现在市价5万元，车险保费约4 800元。于先生夫妇目前只有社保和公司团体保险，无任何个人商业保险。

思考题
1．想一想于先生应确立怎样的理财目标。
2．针对上述目标应实施怎样的理财活动？

第 2 章

现金与消费支出规划

✍ 学习目标

- ☑ 掌握家庭生命周期的构成。
- ☑ 能够独立填制两大主要的家庭财务报表。
- ☑ 能够针对特定的周期阶段制定家庭财务规划。

关键术语

家庭生命周期　　财务规划　　汇率　　货币时间价值　　家庭现金流量表
家庭资产负债表

引导案例

赵晖和钱梅是一对刚结婚的年轻夫妇。丈夫赵晖今年 30 岁,是一名广告设计师,月收入 5 000 元。妻子钱梅 26 岁,是一位中学英语教师,月收入 3 000 元。目前家庭的基本财务情况如下:夫妻两人税前月收入 8 000 元,税后月收入 7 400 元,月支出 6 900 元(其中包括月还房贷 1 500 元),盈余 500 元。家庭流动货币资产 10 000

元，实物资产 365 000 元，负债总额 280 000 元（房贷）。双方父母都有住房，经济条件较好，目前不存在赡养负担。

最近一段时间，小夫妻开始为今后的家庭生活做规划，大致有以下几个目标。

（1）大约在两年后要孩子，因此在孩子出生前先准备好一定的抚养教育经费。

（2）在保证家庭生活条件的前提下尽早还清房贷。

（3）夫妻二人尚未参加任何商业保险。为防范家庭意外，决定购买某种合适的商业保险。

思考题：赵晖和钱梅夫妇建立的小家庭属于家庭生命周期的哪一阶段？结合目前的每月收支情况，他们能否编制出简明易懂的家庭财务报表？为了今后的幸福生活，他们应该如何规划家庭消费支出？

现金是大家接触最早的一种货币形态。在商品经济社会里，每个人都知道"钱不是万能的，但没有钱是万万不能的"的道理，可是并非每个人都能很好地打理自己的财务。通过本章的讲解，我们要排列出家庭生命周期的不同阶段，分清不同阶段的收入、支出特点，并针对本案例制定一份现金与消费支出规划方案。

2.1 家庭生命周期阶段分析

正像一个人在不同的年龄段有不同的偏好兴趣一样，一个家庭在不同的存在阶段也表现出不同的收支结构和消费特点。要准确分析客户家庭的现金需求，我们必须先弄清楚一些基本问题：什么是家庭生命周期？家庭生命周期通常划分为几个不同的阶段？在不同的家庭生命周期阶段中，客户的现金需求、投资偏好有什么特点？只有先清楚这些基本情况，我们才有可能对目标客户进行理财规划。

2.1.1 家庭生命周期的概念及影响因素

1. 家庭生命周期的概念

家庭生命周期的概念最初是由美国人类学学者 P·C·格里克于 1947 年正式归纳出来的，其含义是指一个家庭诞生、发展、代际传递直至消亡的运动过程，反映了家庭从形成到解体呈循环运动的变化规律。

2. 家庭生命周期的影响因素

在研究家庭生命周期时，必须考虑到该家庭的组成成员的社会经济地位、种族、性别等因素。常见的影响家庭生命周期的因素包括以下三个方面。

（1）家庭成员的社会经济地位。一般来说，一个人接受教育程度的高低与其所从事工作的复杂程度成正比，而工作复杂程度的不同又直接与获得报酬的数量挂钩，而家长的收入能力决定家庭生命周期的长短。如果家长的收入能力比较高，子女对父母的依赖性强，就会推迟子女独立参加社会工作的时间，使得该家庭的整个家庭生命周期向未来推迟；反之，如果某个家庭父母收入水平较低，就会缩短整个家庭生命周期。

（2）家庭成员所隶属的民族。不同的民族有不同特色的社会习俗。例如，在中国传统观念中，父母必须一直为子女提供生活费用直到该子女结婚后独立生活。欧美国家在培养子女获得独立经济收入这个问题上比我们做得好。二者相比较，中国孩子对父母的依赖程度更高，依附于父母家庭的时间更长，因此也就推迟了家庭生命周期。

（3）家庭成员的性别。由于在社会中的定位不同，男性与女性参加社会工作时拥有不同的角色期望、工作信仰及价值观，因此在组建家庭后各自的家庭生命周期也大不相同。一般以男性为主导地位的家庭构成相对稳定，并会保持一个较长的生命周期。

在实务中，我们把某位家庭成员的生命阶段与家庭周期联系起来，将家庭生命周期更形象地划分为青年单身期、家庭形成期、家庭成长期、子女教育期、家庭成熟期和退休养老期，如图 2-1 所示。不同家庭生命周期的确切时点划分并不完全一致，但其时间顺序性却普遍适用。

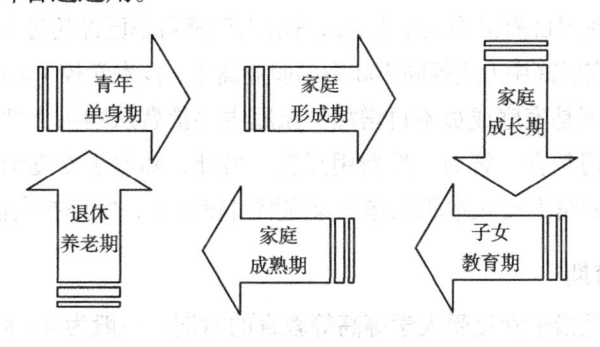

图 2-1 家庭生命周期循环

2.1.2 家庭生命周期的构成

1. 青年单身期

青年单身期是指一个人从参加工作至结婚的时期，一般为 1～5 年。从目前我国的实际情况来看，很多青年人都是在接受了高等教育之后（至少大学毕业）才正式参加社会工作，第一次获得独立而稳定的工作报酬。在这一阶段，个人的收入比较低，消费支出大，资产较少，甚至可能还有负债（如尚未偿还的个人大学教育贷款等），导致净资产为负。青年单身期是提高自身素质、投资自己的大好阶段。相对于整个家庭生命周期而言，虽然青年单身期的收入不高，却是整个周期的开端，因此年轻人应该把握时间充实自己，为今后组建个人的小家庭奠定基础。

2. 家庭形成期

家庭形成期是指夫妻从结婚到其第一个子女诞生的时间，一般为 1～5 年，夫妻双方的年龄集中在 25～30 岁。由于参加工作已经有一段时间，工作技能比较熟练，此时夫妻双方的经济收入远比单身时期要多，而且生活状态平稳，所组建的小家庭拥有一定财力和基本的生活用品。此阶段年轻人的家庭计划主要集中于改善生活条件，并为即将出生的新生儿做准备。一方面，为提高生活质量的夫妻往往需要筹划较大的家庭建设支出，如购买一些较高档的生活耐用品等，贷款买房的家庭还须按时固定支付一大笔购房按揭贷款；另一方面，夫妻还要定期存入一笔钱以应对孩子出生阶段的开支。

3. 家庭成长期

家庭成长期是指家庭中孩子从出生直到上大学前的接受初、中等教育阶段，一般为 9～12 年。我国目前接受九年义务教育的人口覆盖率已经超过 99%，城市地区青少年基本上都能完成高中（或等同于高中的职业高中、技术学校）学业。在这一阶段，最重要的家庭特征是家庭成员不再增加。家庭主要消费从购买大件耐用消费品转向医疗保健费、学习教育、智力开发费用开支。另外，随着子女逐渐具备自立能力，父母可以将更多的精力投入本职工作和家庭财富投资上，家庭投资能力大大增强。

4. 子女教育期

子女教育期是指子女接受大学等高等教育的时期，一般为 4～8 年。由于高等教育在我国属于非义务教育，因此不同的大学、不同的专业对所录取学生的收费各不相同，且有逐年上涨的趋势。在金额上，大学 4 年的学费开支往往比以前 9 年甚至 12 年初、中等教育的费用总和还多。而且随着子女年龄的增长，其日常生活开支也是父母必须考虑的一项内容。从全社会的角度来看，处于子女教育期的父母正是承上启下的中坚力量，不但要筹划这一阶段急速增加的子女教育费用、生活开支，还必须加大赡养夫妻双方父母的投入，形成上有老下有小的"4—2—1"模式（夫妻 2 人既要赡养 4 位老人，又要抚养 1 个子女），因此财务负担是整个家庭生命周期中最重的。

5. 家庭成熟期

家庭成熟期是指子女参加工作到家长退休为止这段时期，一般为 10～15 年。在这一阶段，夫妻自身的工作能力、经验、经济状况都达到巅峰状态，家庭构成稳定，夫妻有较多的财力和闲暇时间。同时子女参加工作后，能够获得独立经济来源，在个人积累的同时也相应减轻了家庭的财务负担。总体来看，处于这一阶段的家庭整体上比较稳定，家长的任务是完成子女真正独立生活之前的"传帮带"工作。

6. 退休养老期

退休养老期是指夫妻退休以后的时间。此时家庭结构的特点是父母已经完成了抚育子女的任务，基本上处于安度晚年的生活状态。

处于养老期的老人，已经摆脱了工作的束缚，拥有大量可以自由支配的时间，但收入来源趋于单一化，大多数老人都依靠固定的退休金生活。但是对于有知识、年轻时有过证券投资经验的老人来说，可能在退休后反而产生较高的投资热情，积极参与各类金融市场有价证券产品的买卖活动。

当然，以上模型仅仅是对家庭生命周期的一种最简单的划分。传统家庭生命周期的概念实际上反映出一种理想的家庭道德模式，与社会实际状况可能存在较大差异。针对这一现状，不少人类学学者提出了关于家庭生命周期理论的改进模型，如把整个周期分为 8 个阶段或 12 个阶段等。

本书使用的 6 个阶段主要适用于核心家庭。另外，在对家庭成员的分类讨论中我们也采取简化方法，对诸如离婚、丧偶、丧子及某些地区年轻夫妻流行的"丁克"（一对夫妻，无子女）模式不做深入讨论。

2.1.3 家庭生命周期各阶段的收支消费特点

1. 青年单身期的收支消费特点

青年单身期最明显的财务特点就是收入低且开销大。由于刚参加工作，一般年轻人收入水平不高，消费的时候往往并不注意量入为出，被人们形象地称为"月光族"。考虑到青年单身期是整个家庭周期的开端，青年人应该树立良好的收支分配习惯，即使不能迅速地增加收入，也应该合理安排支出。从纯消费的角度来看，一个人在青年单身期最应该支出的一笔消费就是投资自己，实现自我增值，为提升自己的专业能力而投资。另外，这段时期的年轻人可以尝试从事一些小额度金融投资，目的不在于获取巨额财富，而是培养自己的投资能力，为今后奠定基础。

2. 家庭形成期的收支消费特点

一般来看，此时家庭经济收入增加，生活稳定，具有一定的资产、财力积累。这一阶段消费的首要目标是为新组建的家庭购买耐用生活消费品，这往往会消耗年轻人较多的个人积蓄。但从今后组建起来的家庭来看，确实是必不可少的一项支出。在满足日常生活开支以后，有剩余经济能力的家庭可以考虑使用一小部分资金，从事风险较高的金融证券投资，以此弥补个人积蓄资金的减少，为新家庭获得工资以外的财富。

3. 家庭成长期的收支消费特点

这一阶段由于家庭成员不再增加，因此家庭消费模式逐渐趋于稳定。在家庭子女刚出生的时候，父母为新生儿支付大量的健康医疗支出，并伴随着子女长大增加学龄前教育开支。

由于家庭结构从二人世界转变为三口之家，家庭消费开始倾向于实惠型，对广告宣传中大批量采购优惠活动的关注度明显提高。另外，此时父母精力充沛，投资能力强，为了今后能够支付子女的长期教育资金、家庭住房改善资金，父母逐渐增加高风险投资。

4. 子女教育期的收支消费特点

在这一阶段，家长对子女的关心集中体现在子女学业上。为了能够让子女接受最好的教育，家长往往投入大量资金、精力，在课余时间为子女提供校外辅导，报名参加各类文化课、艺术课的辅导。在经济条件允许的情况下，部分家庭还会为逐渐长大的子女改善家庭居住条件，更换住房。

5．家庭成熟期的收支消费特点

此时家庭中的家长基本上已经处于退休或接近退休的年龄。由于子女已经有独立的经济来源，此时家长往往会进行少量的非生活必需奢侈消费，如外出旅行、为自己购买高档消费品等。同时，随着家长年龄的增长，其日常消费更加谨慎，并且明显增加了医疗保健品支出。

另外，这一阶段的家庭投资必须考虑投资风险。由于家长已经退休，基本上不能再获得更多的收入，因此处于不能亏损的投资阶段。如果家庭投资发生大额亏损，家长很难再通过重新应聘工作的方式积累财富。此时应尽量避免高风险投资。

想一想
家庭生命周期可以划分为哪几个阶段？各阶段的收支消费特点是什么？

6．退休养老期的收支消费特点

此时家长的收入来源主要是定期定额的退休金、以前投资产生的定期收益分配、少量子女支付的赡养费。这一阶段老人安度晚年，投资保守，大多数开支用于支付自身医疗保健。

家庭生命周期各阶段的收支消费特点及投资建议如表 2-1 所示。

表 2-1　家庭生命周期各阶段的收支消费特点及投资建议

阶　　段	收支消费特点	投资建议
青年单身期	收入少而支出大	应该学会投资自己，实现自我增值
家庭形成期	大量采购家庭耐用消费品	可少量尝试风险投资
家庭成长期	结构转型期，在新增子女后，家庭结构稳定不变	为家庭及子女考虑，可以开始投资高风险高收益类家庭理财产品
子女教育期	主要支付子女教育开支，以及少量子女健康开支	如果有换房需求，应尽早做资金规划
家庭成熟期	子女工作后家庭财务负担减轻，家长可以尝试奢侈消费	家庭投资趋于稳健
退休养老期	家长不存在新的收入来源，并且需要为自身支付大量的医疗保健开支	以风险极小的固定收益投资为主

2.2 现金规划与现金规划工具

"凡事预则立，不预则废"。一个家庭想要提高生活质量，享受生活乐趣，事先规划好未来的收入、支出绝对是明智之举。你为自己安排了怎样的发展路径，你就可以合理预期得到一个什么样的生活。本节介绍了家庭财务规划体系的构成，并在此基础上重点分析现金规划工具，并结合一系列常用家庭财务指标对现金规划做出量化考核。

2.2.1 现金规划与财务规划

现金规划是为满足个人或家庭的短期支出需求而进行的现金及现金等价物的日常管理活动。现金规划中所指的现金等价物一般指流动性比较强的活期储蓄、各类银行存款和货币市场基金等容易转变为现金的金融资产。

财务规划实质上是对个人或家庭整体财务收支情况的统筹安排。通常，完整的财务规划体系包括现金规划、消费信贷方案、债务管理、保险规划、税收规划和投资规划的主要内容，如图2-2所示。

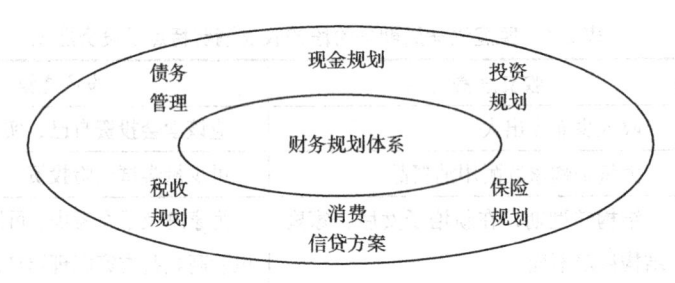

图2-2 财务规划体系

在个人或家庭的财务规划体系中，现金规划最主要的问题在于要保证现金及其等价物的流动性。在财务管理范畴，资产流动性特指某种资产转化为确定货币现金的能力，即能够迅速转化为已知金额现金的资产，被定义为流动性强；而很难甚至不可能被迅速转化的资产，被定义为流动性弱。按照资产流动性原则，一个家庭持有的现金不但必须满足日常生活开支，同时还要有一定的弹性额度应对突发事件。

在考虑制定现金规划时，必须准确估计家庭现金收支模式。大多数家庭现金收支模式的特点可以概括为"收入间断性,支出持续性"。这就是说,对于一个以工资收入为主的普通工薪阶层家庭来说,每个月中只有特定的日期可以获得收入,但其消费支出却可能贯穿该月的每天,如图 2-3 所示。

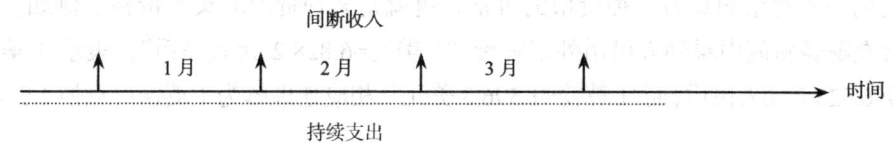

图 2-3 家庭现金收支模式

2.2.2 现金规划工具

在个人或家庭的理财规划中,我们希望能够使所拥有的资产保持一定的流动性,满足个人或家庭日常所需费用的支付,又能够使流动性较强的资产保持一定的收益。因此,在选择现金规划工具时,首先应以流动性为主要考虑因素,其次在满足流动性的前提下追求收益性。

从实际操作的角度来看,现金规划工具包括一般工具和特殊融资工具两大类。

1. 现金规划的一般工具

(1) 现金。现金是所有现金规划中最基本、最重要的工具,具备最好的流动性。由于国际交往日益加深,不少境内居民持有一些其他国家的现金货币。这些以现金形式存在的外币也属于理财规划中可以使用的工具。当然,为了方便计量、统一核算,我们经常需要对不同的外币进行汇率折算。

外汇是国际汇兑的简称,有静态和动态两层含义。静态的外汇是指能够以外币表示的可用于对外支付的所有金融资产。动态的外汇则强调了在不同货币之间相互转化的过程。

相关链接

《中华人民共和国外汇管理条例》第三条规定,本条例所称外汇,是指下列以外币表示的可以用作国际清偿的支付手段和资产:① 外国货币,包括纸币、铸币;② 外币支付凭证,包括票据、银行存款凭证、邮政储蓄凭证等;③ 外币有价证券,包括政府债券、公司债券、股票等;④ 特别提款权;⑤ 其他外汇资产。

在不同货币相互转化的过程中，我们引入汇率的概念。汇率是指两种不同货币之间的兑换价格。如果把外汇也看作一种商品（实际上，作为流通中使用的一般等价物，货币本身就是一种商品，而且是一种极其特殊的商品），那么汇率就是在外汇市场上用一种货币购买另一种货币的价格，也就是某种货币的买卖价格。例如，我们经常在财经新闻中看到人民币外汇牌价"1 美元=6.828 2 元人民币"，表示 1 美元可兑换 6.828 2 元人民币；而"1 英镑=1.596 3 美元"，相应地理解为 1 英镑可兑换 1.596 3 美元。

在国际汇兑实务中，人们根据兑换时依据的币种不同，把汇率的表示方法分为直接标价法和间接标价法。

直接标价法是指以一定单位的外国货币为基准，将其折合为一定数额的本国货币的标价方法，这也是目前大多数国家采用的标价法。可以简单地记为：

$$1（单位）外币=X 本币$$

以我国人民币直接标价法为例，为了表示人民币与美元、欧元、英镑、港元、日元等主要经济合作伙伴货币的汇率，中国人民银行某日实时对外提供的人民币汇率报价如下。

1 美元=6.828 2 元人民币；
1 欧元=9.811 1 元人民币；
1 港元=0.880 5 元人民币；
1 英镑=10.887 6 元人民币；
100 日元=7.449 1 元人民币。

> **想一想**
> 直接标价法和间接标价法有什么区别？

间接标价法是指以一定单位的本国货币为基准，将其折合为一定数额的外国货币的标价方法。目前世界上只有美元、欧元、英镑、澳大利亚元采用间接标价法。例如，1 英镑=1.599 7 美元；1 欧元=1.505 3 加拿大元；1 澳大利亚元=0.887 3 美元。

在国际汇兑实务中，通常把一国货币与美元的比价称为基本汇率。通过基本汇率，可以为没有直接汇率比较的两种非美元货币确定交易价格，这就是交叉汇率。例如，直接标价法中 1 美元=6.828 2 元人民币；间接标价法中 1 澳大利亚元=0.887 3 美元。通过套算可知澳元与人民币的交叉汇率为 $1×0.887\ 3×6.828\ 2=6.058\ 7$，即 1 澳大利亚元=6.058 7 元人民币。

（2）银行储蓄产品。银行储蓄是比较传统的理财方式。由于目前我国银行经营风险低，老百姓习惯将家庭财富以存款的形式长期持有，并根据未来资金需要选择

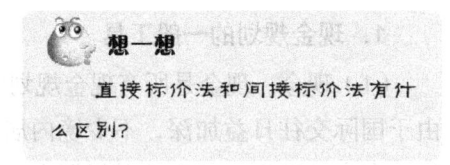

不同的储蓄产品。一旦家庭出现大额消费或者意外支出，居民可以到银行迅速提现，保证了理财规划的流动性要求。但是，在通货膨胀居高不下的情况下，居民储蓄得到的利息往往低于通货膨胀的增长，未能很好地保证收益性要求。在考虑通货膨胀的情况下，居民持有银行存款的实际收益率受到通货膨胀的影响，必须加以调整，其实际收益率的计算公式为：

$$实际收益率=名义收益率-通货膨胀率$$

【实例2-1】 假定居民赵某将手中10万元现金按照1年期整存整取的方式到银行办理定期存款业务，银行统一执行央行规定的利率2.52%，同时该年度全社会的通货膨胀率为1.5%。在这种情况下，赵某的名义收益率仍然是2.52%，但扣除通货膨胀率之后，实际收益率显然降低了，即实际收益率=2.52%-1.5%=1.02%。

> 想一想
> 假如当年的通货膨胀率为3.5%，赵某的实际收益率会变成多少呢？

（3）货币市场基金。货币市场基金是投资于货币市场，时间1年以内，平均期限120天的投资基金，主要投资于短期货币工具，如国债、银行大额可转让存单、商业票据、公司债券等短期品种。与传统的基金比较，货币市场基金具有以下特点。

1）货币市场基金的基金单位资产净值是固定不变的。目前我国一份货币基金单位是1元，这是与其他开放式基金、封闭式基金最主要的不同点。投资货币市场基金后，投资者可利用收益再投资，追加所购买的基金份额，不断积累投资收益。

2）货币市场基金的评价标准是收益率。主要有万份基金单位收益率和7日年化收益率两种，这与其他基金以净资产价值增值获利的评价标准不同。

3）货币市场基金的流动性好、安全性高。这主要得益于其投资的货币市场是一个风险低、流动性高的金融市场。

4）货币市场基金的风险性低、投资成本低。货币市场工具的到期日通常很短，货币市场基金投资组合的平均期限一般为4~6个月，因此风险较低，其价格通常只受市场利率的影响。我国货币市场基金通常不收取赎回费用，并且其管理费用也较低，大约为基金资产净值的0.25%~1%，比传统的基金年管理费率1%~2.5%低很多。

5）货币市场基金在用途上具有很多其他基金投资形式所不具备的优点。例如，货币市场基金在功能上类似于银行活期存款，却比中短期银行存款收益高、风险低。它可以在提供本金安全性的基础上，为投资者带来一定的收益，又具有很好的流动性。从我国目前证券市场的实际情况来看，货币市场基金在出售后按照$T+1$或$T+2$规则收回资金，流动性比银行7天通知存款还好。

另外，人们可以用基金账户签发支票、支付消费账单；货币市场基金可以作为进行新投资之前暂时存放现金的载体，这些现金可以获得高于活期存款的收益，并可随时撤回用于投资；一些投资人大量认购货币市场基金，然后逐步赎回用以投资股票、债券或其他类型的基金；还有一些投资人持有货币市场基金以备应急之需；少部分货币市场基金还允许投资人直接通过自动取款机提取资金。

> **想一想**
> 货币市场基金具有哪些特点？

2. 现金规划的特殊融资工具

有时个人或家庭有未预料到的支出，而与此同时，个人或家庭的现金及现金等价物的额度又不足以应付这些支出，临时变现其他流动性不强的资产可能会遭受额外损失（如在房价低迷时急于出售现房换取资金而遭受的价格损失），这时可以利用一些短期的融资工具解决问题。

适用于现金规划的短期融资方式主要包括信用卡融资、凭证式国债质押贷款、保单质押融资和典当融资。

（1）信用卡融资。信用卡是银行或其他财务机构签发给资信状况良好的人士，用于在指定的商家购物消费或在银行提取现金的特制卡片，是一种特殊的信用凭证。我国目前将信用卡按照是否可透支分为贷记卡、准贷记卡和借记卡。借记卡必须先存款后消费且不得透支；贷记卡则可以先消费后还款，具备信用融资功能；准贷记卡必须预存一定金额后才能消费，并允许在审核额度内透支。

信用卡的分类有多种，按使用范围分，有国内使用和国际使用两大类。专用于国内的信用卡，在卡面上带有"银联"标志；而可以进行国际支付的信用卡，主要有"维萨"、"万事达"、"运通"、"大来"和"日本信用局"等。

目前，信用卡借贷融资已经有多种方式可以使用。

1）分期付款。简单来说，当前国内银行推出的信用卡分期付款主要分为"指定消费分期付款"和"不限消费分期付款"两种。这两种分期方式在持卡人按月正常还款的情况下免收透支利息。

2）卡外套现。"卡外套现"即信用卡额度转为一般性贷款，这一业务在本质上属于个人信用小额贷款，目前仍处于市场测试阶段。

3）余额代偿。"余额代偿"即在获较低利率的情况下以 A 银行信用卡偿还 B 银行信用卡账款。银行可根据持卡人的申请，经审核通过后代持卡人支付其他行的信用卡欠款。此笔转账还款同时转为持卡人在该银行信用卡内 6 个月的免息分期付款，同时一次性收取持卡人 2%的服务费。

我国常见的国内、国际信用卡标志如图 2-4 所示。

图 2-4　我国常见的国内、国际信用卡标志

（2）凭证式国债质押贷款。居民购买国家政府发行的国债最大的好处在于风险低。由于有发行政府作为最终付款人，国债在证券市场得到了大多数人的认可，具有很强的流动性。我国目前规定凭证式国债质押贷款额度起点一般为 5 000 元，每笔贷款不超过质押品面额的 90%。凭证式国债质押贷款的贷款期限原则上不超过 1 年，并且贷款期限不得超过质押国债的到期日；若使用不同期限的多张凭证式国债做质押，以距离到期日最近者确定贷款期限。

凭证式国债质押贷款一般不得展期。因不可抗拒或意外事故而影响如期还贷的可以给予展期。每笔贷款只限展期一次，且不超过国债到期日。展期前的贷款利息仍按原借贷双方签订的质押贷款合同约定的利率计收。展期后累计贷款期限不足 6 个月的，后面展期部分的期限利率按 6 个月贷款利率计息；超过 6 个月低于 1 年的，自展期日起后面展期部分的期限利率按当日挂牌的 1 年期贷款利率计息；超过 1 年的，按中国人民银行规定的同档次法定利率计息。

根据中国人民银行和财政部关于凭证式国债质押贷款的有关规定，目前可接受抵押贷款的国债仅限于 1999 年（含）后由我国财政部发行的凭证式国债。

（3）保单质押融资。所谓保单质押融资，是保单所有者以保单作为质押物，按照保单现金价值的一定比例获得短期资金的一种融资方式。能够用于质押融资的保单必须具有现金价值。从目前的情况来看，可用来质押融资的是具有储蓄功能的养老保险、投资分红型保险及年金保险等人寿保险合同，此类合同只要投保人缴纳保费超过 1 年，人寿保险单就具有一定的现金价值，保单持有人可以随时要求保险公司返还部分现金价值，这类保单可以作为质押物。在个人或家庭急需用钱的时候，可以选择将具有现金价值的保单抵押给保险公司或商业银行换取资金。

医疗费用保险和意外伤害保险以及财产保险则不能质押。此外，目前不少保险都设有保费豁免功能，即投保人发生意外后，保单受益人不需继续缴纳保费，可以继续享受保单保障，保费豁免功能尤其体现在少儿保险产品中。根据有关规定，在已经发生保费豁免的情况下，保单将不能办理质押贷款。

虽然保单质押可解燃眉之急，但在进行保单贷款之前应慎重考虑，在贷款期满时一定要及时偿还，或先期归还贷款利息，办理续贷手续。一旦借款本息超过保单现金价值，保单将永久失效，保险公司不再承担任何保险责任。

通常情况下，在保险公司办理保单质押贷款，在贷款到期后都可以续借，但各保险公司具体规则略有不同。因此，在办理保单质押贷款前，应详细了解保险公司对续借的要求、对未偿还本息的处理方式，以及逾期还款贷款利率是否增加等。

最后，炒股等高风险投资不宜采用保单质押贷款。如果保单质押贷款不能正常还本付息，保险公司将以贷款与保单价值之间的差额支付利息，差额支付完后，保单将失效。因此，短期资金周转可以使用保单质押贷款，而炒股等高风险投资则不宜采用保单质押贷款。

（4）典当融资。典当是指当户将其动产、财产权利作为当物质押或者将其房地产作为当物抵押给典当行，交付一定比例费用，取得当金，并在约定期限内支付当金利息、偿还当金、赎回当物的行为。常见的典当融资包括汽车典当、房产典当和股票典当等。典当具有以下三个方面的优点。

1）具有较高的灵活性。采取抵押物典当时，当物的选择具有很大的灵活性。典当行一般均接受金银饰品、古玩文物、家用电器、机动车辆、生产资料、住宅房产和有价证券等，这就为个人、中小企业的融资提供了广阔的当物范围。

当期的选择具有很大的灵活性。典当的期限最长可达半年，在典当期限内当户可以提前赎当，经双方同意也可以续当。

当费的选择具有很大的灵活性。典当的息率和费率在法定最高范围内灵活制定，往往要根据淡旺季节、期限长短、资金供求状况、通货膨胀率的高低、当物风险大小及债权人与债务人的交流次数和关系来制定。

2）融资手续简便、快捷。通过银行申请贷款手续繁杂、周期长，而且银行更注重大客户而不愿意接受小额贷款。作为非主流融资渠道的典当行，向中小企业提供的质押贷款手续简单快捷，除了房地产抵押需要办理

> **想一想**
> 具体的现金规划工具包括哪几种？

产权登记以外，其他贷款可及时办理。这种经营方式也正是商业银行不愿做而且想做也做不到的。

3）融资限制条件较少。典当融资对客户所提供的当物限制条件较少。中小企业只要有值钱的东西，一般就能从典当行获得质押贷款。

中小企业所拥有的财产，如果不在上述范围之内，经与典当行协商，经后者同意，便可作为当物获得典当行提供的质押贷款。

典当行对企业的信用要求和贷款用途的限制较少。通常，典当行对客户的信用要求几乎为零，对贷款的用途很少过问。典当行向企业提供质押贷款的风险较小。如果企业不能按期赎当和交付利息及有关费用，典当行可以通过拍卖当物来避免损失。这与银行贷款截然不同。银行对中小企业贷款的运作成本高，对中小企业贷款的信用条件和贷款用途的限制较为严格。一次完整的典当融资运作流程如图 2-5 所示。

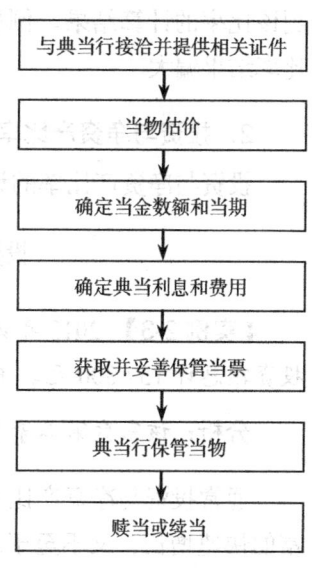

图 2-5　典当融资运作流程

2.2.3　现金规划常用的财务指标

为方便大多数家庭合理规划财务收支，人们在实践中总结出一系列财务指标，分别从不同角度衡量家庭财务规划的效率与效果。本节主要介绍适用于短期规划的财务指标。

1. 结余比率

结余比率的计算公式为：

$$结余比率 = \frac{当月家庭节余额}{当月税后收入} \times 100\%$$

【实例 2-2】 2013 年 10 月，李晓、梅好夫妇共取得工资收入 8 000 元，缴纳个人所得税及扣除相关公积金后的家庭税后收入为 6 800 元。在 2013 年 10 月 31 日，家庭当月结余额为 930 元。求 10 月该家庭的结余比率。

分析：该家庭10月结余比率=$\dfrac{930}{6\,800}\times 100\%=13.68\%$

一般月结余比率的数字控制在10%左右比较理想。但是有许多其他因素会影响到该比率的计算结果。例如，东方国家普遍比欧美国家更偏好储蓄，这样会导致该比率结果偏大。

2. 投资与净资产比率

投资与净资产比率的计算公式为：

$$投资与净资产比率=\dfrac{投资资产}{净资产}\times 100\%$$

【实例2-3】 2013年第二季度，李晓家净资产为468 200元，该季度末家庭各项投资额总计157 800元。求第二季度该家庭投资与净资产比率。

分析：该家庭第二季度投资与净资产比率=$\dfrac{157\,800}{468\,200}\times 100\%=33.70\%$

通常投资与净资产比率保持在50%左右具有较好的投资效率，既有助于家庭财富的快速增长，又不至于承担过多的风险。当然，投资过程中对风险的态度会影响该比率的结果。假如李晓家属于风险厌恶性，即十分担心承担风险遭受损失，那么必然会减少家庭投资额度，使该比率低于一般标准。

3. 清偿比率

清偿比率的计算公式为：

$$清偿比率=\dfrac{家庭净资产}{总资产}\times 100\%$$

【实例2-4】 2013年年末，李晓家净资产为468 200元，另外有尚未归还的信用卡透支额度47 000元，尚未偿还的住房按揭贷款225 800元，此外无其他债务。求2013年年末该家庭的清偿比率。

分析：2013年年末该家庭的清偿比率=$\dfrac{468\,200}{468\,200+47\,000+225\,800}\times 100\%=63.18\%$

一般来说，清偿比率应该高于50%，保持在60%~70%意味着家庭债务负担较小。对于大力鼓吹"提前消费"的欧美国家来说，很可能会出现债务额度超过家庭总资产一半的情况。而我国传统的不借债消费习惯会提高该比率结果，相对而言清偿能力更强。

4. 负债比率

负债比率的计算公式为：

$$负债比率 = \frac{家庭债务额}{总资产} \times 100\%$$

根据总资产=负债+净资产的会计公式可知，清偿比率与负债比率之和必然等于 100%，即 $\frac{家庭净资产}{总资产} + \frac{家庭债务额}{总资产} = \frac{家庭净资产+家庭债务额}{总资产} = 100\%$。

从偿还能力的角度来看，家庭负债比率控制在 50%以下，意味着该家庭有足够的资产偿还到期债务，风险比较小，家庭财务状况安全。但是较低的负债比率也暗示了该家庭无法提前享受到其他奢侈品。

5. 住房贷款比率

住房贷款比率的计算公式为：

$$住房贷款比率 = \frac{月偿还房贷额}{月税前总收入} \times 100\%$$

【实例2-5】 2013 年 9 月，李晓夫妇税前工资收入 7 500 元，投资债券获得利息 320 元，卖出股票净盈利 1 080 元，当月偿还住房贷款 2 600 元。求 2013 年 9 月该家庭住房贷款比率。

分析： 该家庭 2013 年 9 月住房贷款比率 $= \frac{2\,600}{7\,500+320+1\,080} \times 100\% = 29.21\%$

考虑到家庭生活支出的多样性，一般月偿还住房贷款额度占借款人月税前总收入的比例为 25%~30%。

> **想一想**
> 现金规划常用财务指标有哪些？

2.3 现金与消费支出规划方案的制定

通过对本章 2.2.3 节财务指标的学习，我们找到了一些可以从不同角度衡量家庭财务水平的短期指标，但随之而来的另一个问题是如何用更好的方法描述家庭中长期财务收支。在本节中将引入家庭财务报表的概念，通过报表揭示一个家庭的整体财务情况，并结合本章案例制定出一份适用于年轻夫妇的中长期家庭消费规划方案。

2.3.1 货币时间价值

在为本月家庭收支做财务计划的时候，我们总是直接根据收支情况的货币额度进行规划，从不考虑货币本身的变化。这在短期预测时并无不妥，但是随着财务规划周期的延长，许多在短期规划中并不存在的因素逐渐变得重要。这就需要重新考虑中长期财务规划中的一项重要影响因素——货币时间价值。

货币时间价值是指一定量资金在不同时点上价值量的差额，反映了在时间因素的作用下，现在的一笔资金价值量大于未来某个时期同等数量资金的差额，即货币资金随着时间的推延所具有的增值能力。

由于不同时点单位货币的价值不等，因此在时间跨度较长的财务规划中，不同时点的资金量首先必须换算到同一时点的价值量，然后才能进行分析比较。当然，以哪一个时间点为基准进行折算，完全取决于决策人的计算习惯。

货币时间价值的基本公式为：

$$F = P \times (1+r)^t$$

式中　P——现值；

　　　F——终值；

　　　r——年利率；

　　　t——年数。

【实例2-6】李晓于2014年1月1日存入银行10 000元，年利率6%，在2017年12月31日该笔存款的实际价值是多少？

分析：$F = 10\,000 \times (1+6\%)^4 = 12\,624.77$（元）

【实例2-7】李晓于2014年1月1日存入银行一笔定期存款，年利率6%，为了在2019年12月31日获得14185.19元，李晓开始必须存入多少元存款？

分析：$14\,185.19 = P \times (1+6\%)^6$

$$P = \frac{14\,185.19}{(1+6\%)^6} = 10\,000（元）$$

【实例2-8】李晓目前有闲置资金10 000元，若办理整存整取2年期银行存款业务，可以享受3%的年利率。另外，李晓的朋友因生意需要向李晓借款10000元，并答应2年后还钱时连本带利支付10 500元。假如仅从货币时间价值的角度来衡量收益，李晓应该把这笔钱存入银行还是借给他的朋友？

分析：存入银行时，$F=10\,000×(1+3\%)^2=10\,609$（元）

借给朋友时：$F=10\,500$（元）

显然，仅从收益角度来看，存入银行更有利。

2.3.2 家庭财务报表的编制

为了全面反映家庭在某一时期的整体收支情况，我们需要的不是几条孤立的财务评价指标，更重要的是编制出成系统、有体系的家庭财务报表，以此为准确规划家庭消费信贷方案奠定基础。通常，家庭财务报表体系包括家庭资产负债表和家庭现金流量表（也叫家庭收支明细表）两大主要报表。与具有标准格式的企业报表不同的是，编制家庭财务报表的目的仅仅是方便家庭成员弄清收支状况，并不需要统一格式，更不用经过第三方审计后对外报送。因此，家庭财务报表的格式、用法在细节上与企业报表并不完全相同。

1. 家庭资产负债表

家庭资产负债表是反映某一时点家庭财务状况的报表。该报表的结构和编制原理与企业通用的资产负债表大同小异，但在组成项目上明显具有家庭收支的色彩，如表2-2所示。其中，资产是指一个家庭所拥有的能以货币计量的各种财产、债权和其他权利等；负债是指家庭的各项借入资金，包括拖欠非家庭成员的所有债务、银行贷款、应付账单等；净资产就是总资产减去负债后的余额，体现了家庭成员对资产的一种所有权。

表2-2 家庭资产负债表　　　　　　　　　　　　　　　　　　单位：元

资产		金额	负债		金额
流动资产	货币		流动负债	短期借款	
	证券			应付款	
	保险			信用卡透支	
	应收款			小计	
	小计		非流动负债	长期借款	
实物资产	投资性	文物		按揭贷款	
		房产		小计	
	消费性	珠宝	负债合计		
		家电			

续表

资产			金额	负债	金额
实物资产	消费性	车辆		净资产合计	
		房产			
	小计				
资产合计				负债与净资产合计	

通过资产负债表，可以很清楚地看出某个家庭的"家底"，在进行财务规划时建议至少每年编制一次。

家庭资产负债表内容的排列顺序仍采用企业财务报表的"流动性"标准，即流动性强的、能迅速变现的项目在前；流动性弱的、很难甚至不打算变现的项目在后。当然，在每个大项的明细组成上，表2-2仅仅起到示例作用，不同家庭应该根据各自特点予以调整。

2. 家庭现金流量表

家庭现金流量表反映了家庭在某一时期各项收入、支出的明细情况，能够从数量上揭示该家庭收入的来源和支出的用途。对于绝大多数人来说，在参加工作的时候都按月获得劳动报酬，因此家庭现金流量表的编制周期为每月一次比较适宜。由于在进行家庭财务规划时偏重于既得收入支出情况，编制收支明细表实际上采用了企业会计准则中的"收付实现制"。通过现金流量表最后的"收支盈余"项目可以清楚地看出本月家庭结余（超支）多少现金，如表2-3所示。

表2-3　家庭现金流量表　　　　　　　　　　　单位：元

一、家庭收入			金额
	主业收入		
	兼职收入		
	投资、投机收入		
	其他收入		
收入总额			
二、家庭支出			
生存必需开支		食物	
		衣物	
		医疗保健	

续表

生存必需开支	房租	
	小计	
生活附加开支	家庭用品	
	水、电、煤气、物业、交通费	
	教育开支	
	社会保险、商业保险、税金	
	按揭贷款	
	投资、投机开支	
	娱乐开支	
	其他开支	
	小计	
支出总额		
三、收支盈余		

在家庭现金流量表的结构排列上，我们选择了主要性与必需性相结合的原则。收入部分考虑到大多数人的主要收入来源都是定期的工薪收入（包括奖金、津贴等），因此将主业收入作为最重要的收入排在首位。对于某些有一技之长，可以从事副业的人，兼职收入是其获得资金的第二来源。在公开的证券市场上买卖有价证券产生的收入及因投机产生的收入（如购买福利彩票、体育彩票等）排在第三位。其他收入指除上述来源以外的收入，如接受遗产捐赠收入等。

支出结构主要体现了生活必需性。我们将与生活息息相关的衣、食、住等开支作为生存必需部分排列在前，意味着一个人或一个家庭如果满足不了这些开支将无法生存。其次的生活附加开支则体现出较大的消费弹性，即有钱的时候可以加大消费额度，没钱的时候可以削减甚至完全停止该部分消费。例如，生活拮据的时候不但可以减少家庭用品的购买，还应该完全放弃娱乐支出。

2.3.3 现金与消费支出规划方案制定的程序

理财专业人员为客户制定现金与消费支出规划方案的主要工作是，根据客户的资产和收支情况，帮助客户选择合理的融资工具和消费信贷工具，制定出客户详细的消费支出计划，并提出有针对性的实施建议。其工作程序可以归纳为如下几个步骤。

（1）跟客户交流，了解初步的信息，确定客户是否有消费信贷或者信用卡消费的需求。

（2）收集客户的信息，包括家庭组成、家庭收入、支出以及拥有的资产情况等。

（3）在分析客户信息的基础上，编制家庭资产负债表和家庭现金流量表。由于家庭结构不同，这两个表的结构也有所不同，理财规划师只需掌握这两个表的内涵与基本的框架。

（4）帮助客户进行贷款规划，如选择何种融资工具和贷款方式、确定合理的还款方式及还款期限等，并运用相关税收及法律知识，为客户提供必要的支持。

（5）规划的实施。

（6）根据客户未来情况的变动，对规划做出及时调整。

2.4 现金与消费支出规划案例分析

基本情况

2009年5月1日，赵晖和钱梅夫妇家庭存放的现金有2 000元，银行活期、定期存款共36 000元，各种信用卡账户共有资金6 500元；家庭拥有股票、债券的市值为25 300元；二人累计的社会保险费为54 960元；赵晖送给钱梅的结婚钻戒现价值7 800元；各类家电价值32 800元；贷款购买的住房价值320 000元；钱梅欠单位同事1 500元资料费；赵晖委托朋友从国外代购的商品价值8 300元，暂时未付款；上月用工商银行贷记卡消费1 000元、用招商银行贷记卡消费1 650元，均未还款；尚未付清的购房按揭贷款279 000元。

2009年5月家庭收支情况：赵晖税前月收入5 300元，钱梅税前月收入2 800元，并从中按规定扣除相关税金、社会保险650元；赵晖利用周末时间为朋友设计产品包装，获得报酬1 000元；本月出售某只股票净损失490元，购买福利彩票、体育彩票200元，均未中奖；购买食品870元；购买新衣物630元；购买保健品300元；支付水、电、煤气、物业费420元；支付本月按揭贷款1 860元；外出踏青郊游消费1 550元；因钱梅母亲住院向老家汇款500元。

根据赵晖和钱梅的规划，二人打算在2年后生小孩，因此要提早为孩子积蓄教育资金。另外打算10年之后更换一套面积更大的住房。大约15年后夫妻双方步入中年，会增加对健康医疗的支出，因此打算从现在开始积累一些医疗保障资金。

理财解析

1. 家庭资产负债表的编制

编制赵晖和钱梅夫妇的家庭资产负债表。2009 年 4 月末的家庭资产负债表如表 2-4 所示。

表 2-4 家庭资产负债表

2009 年 4 月 30 日　　　　　　　　　　　　　　　　　单位：元

资产			金额	负债		金额
流动资产	货币		44 500	流动负债	短期借款	1 500
	证券		25 300		应付款	8 300
	保险		54 960		信用卡透支	2 650
	应收款		0		小计	12 450
	小计		124 760	非流动负债	长期借款	0
实物资产	投资性	文物	0		按揭贷款	279 000
		房产	0		小计	279 000
实物资产	消费性	珠宝	7 800	负债合计		291 450
		家电	32 800			
		车辆	0	净资产合计		193 910
		房产	320 000			
	小计		360 600			
资产合计			485 360	负债与净资产合计		485 360

其中，"货币"项目根据现金、各类银行存款和信用卡存款金额之和填列。在本例中，"货币"=2 000+36 000+6 500=44 500（元）。

"证券"项目根据有公开市场交易价格的股票、债券金额填列。在本例中，"证券"=25 300（元）。

"保险"项目根据二人缴纳的社会保险金额填列。在本例中，"保险"=54 960（元）。

"珠宝"项目根据购买钻戒的金额填列。在本例中，"珠宝"=7 800（元）。

"家电"项目根据家庭各家电价值之和填列。在本例中，"家电"=32 800（元）。

"房产"项目根据购买住房的金额填列。在本例中，"房产"=320 000（元）。

"短期借款"根据钱梅从同事处借款金额填列。在本例中,"短期借款"=1 500(元)。

"应付款"根据赵晖尚未偿还金额填列。在本例中,"应付款"=8 300(元)。

"信用卡透支"项目根据家庭未偿还的贷记卡消费额度填列。在本例中,"信用卡透支"=1 000+1 650=2 650(元)。

"按揭贷款"项目根据家庭尚未付清的住房贷款项目填列。在本例中,"按揭贷款"=279 000(元)。

2. 家庭现金流量表的编制

由于家庭记账与企业会计的差异,家庭成员的净投入金额往往很难直接量化,因此习惯上用资产合计扣减负债合计的余额作为净资产合计的数字,如表2-5所示。

表2-5 家庭现金流量表

2009年5月　　　　　　　　　　　　　　　　　　　单位:元

一、家庭收入			金　额
		主业收入	8 100
		兼职收入	1 000
		投资、投机收入	−490
		其他收入	0
		收入总额	**8 610**
二、家庭支出			
	生存必需开支	食物	870
		衣物	630
		医疗保健	300
		房租	0
	小计		**1 800**
	生活附加开支	家庭用品	0
		水、电、煤气、物业、交通费	420
		教育开支	0
		社会保险、商业保险、税金	650
		按揭贷款	1 860
		投资、投机开支	200
		娱乐开支	1 550

续表

二、家庭支出		
	其他开支	500
	小计	**5 180**
支出总额		**6 980**
三、收支盈余		**1 630**

其中,"主业收入"项目根据夫妻二人月税前收入之和填列。在本例中,"主业收入"为 8 100 元。

"兼职收入"根据赵晖业余时间劳动报酬填列。在本例中,"兼职收入"=1 000(元)。

"投资、投机收入"项目根据本月证券交易金额填列(投资盈利用"+"表示,投资亏损用"-"号表示)。在本例中,"投资、投机收入"=-490(元)。

"食物"项目根据本月购买日常食品金额填列。在本例中,"食物"=870(元)。

"衣物"项目根据本月购买衣物金额填列。在本例中,"衣物"=630(元)。

"医疗保健"根据本月医疗支出金额填列。在本例中,"医疗保健"=300(元)。

"水、电、煤气、物业、交通费"项目根据本月支付的费用填列。在本例中,"水、电、煤气、物业、交通费"=420(元)。

"社会保险、商业保险、税金项目根据本月从工资总额中扣除的金额填列。在本例中,"社会保险、商业保险、税金"=650(元)。

"按揭贷款"项目根据本月偿还的金额填列。在本例中,"按揭贷款"=1 860(元)。

"投资、投机开支"项目根据本月购买福彩、体彩的金额填列。在本例中,"投资、投机开支"=200(元)。

"娱乐开支"根据本月踏青郊游金额填列。在本例中,"娱乐开支"=1 550(元)。

"其他开支"根据本月为钱梅母亲汇款金额填列。在本例中,"其他开支"=500(元)。

理财建议

1. 家庭收入的构成

从本月家庭收入构成来看,最主要的收入来源是夫妻二人的工资收入。即使不考虑作为副业的金融投资收益项目,赵晖和钱梅的固定工作酬劳仍然占总收入的89%左右(8 100÷9 100)。这充分反映了目前工薪阶层的现状。对于丈夫赵晖本月取得的兼职收入,必须认清该收入仅仅是一项偶发性收入,而且金额不易确定,在夫妻俩进行财务规划时，不能过多地依赖该兼职收入获得稳定的现金流入。另外，本月夫妻俩投资金融证券的业绩不理想，收支相抵并扣除交易费用后实际净亏损490元。这也从侧面反映出夫妻俩的证券交易水平有待提高。与丈夫本月取得的兼职收入不同，证券交易可能会贯穿整个的家庭生命周期。因此，为了今后可以获得稳定的现金流入，夫妻俩有必要提高投资技巧。

2. 子女专项基金的积累

从目前赵晖和钱梅夫妇的家庭情况来看，想要为生育子女做准备，首先要设立专项子女生育基金。建议每月从收入中拿出500元，采用跟踪大盘指数方式的基金定投，时期锁定在2~3年（截至子女出生）。

另外应该拿出一笔专项资金，采取整存整取的教育储蓄，存期可以考虑3年或6年。根据2009年利率表，6年期教育储蓄执行5年期整存整取利率3.60%。这样，可以计算出未来可获得的第一笔子女教育基金。

假定该家庭从货币资金中拿出20 000元，通过货币时间价值公式可知，6年后现值为：

$$F=20\,000\times(1+3.60\%)^6=24\,728（元）$$

3. 保险险种的选择

目前赵晖和钱梅夫妇比较年轻，身体状况良好，二人均未参加商业保险。但从长期来看，随着家庭生命周期的过渡，二人不可避免地要从青年成长为中年、中老年。一旦身体健康出现异常，没有任何商业保险显然风险较大，建议该夫妇应该投保某种投资型商业保险。

投资型保险是国内保险市场近年来出现的新险种，同时具备保险保障、投资理财双重功能。总体上来说，投资型保险的投资回报，主要与保险公司的投资收益或经营业绩有关，保险公司资金运作得好，经营效率高，投保人就能获得较好的收益，即保险公司与投保人利益共享、风险共担。目前保险市场上常见的投资型险种主要有分红型险种、投资连结型险种和万能型险种。

从投资收益的角度来看，投资连结保险（简称投连险），是一种集保险与投资功能于一身的险种，保单提供人寿保险，保单价值在任何时刻都是根据其投资基金在当时的投资表现来决定的。投连险的费用主要包括初始保费、风险保费、账户转换费用、投资单位买卖差价、资产管理费、部分支取和退保手续费等，根据产品的不同，上述费用的收取也存在差异，一般前几年的费用较高，适合长线的理财规划。

4. 从该家庭 5 月消费支出来看，娱乐支出的比例过高

$$\frac{\text{娱乐支出}}{\text{家庭总支出}} \times 100\% = \frac{1\,550}{6\,980} \times 100\% = 22\%$$

$$\frac{\text{娱乐支出}}{\text{生活附加开支}} \times 100\% = \frac{1\,550}{5\,180} \times 100\% = 30\%$$

可能因为外出旅游的原因，该家庭娱乐支出项目开销过大。对于新成立的家庭来说，为了满足积累子女教育资金和医疗保健开支的要求，每个月的娱乐开支应该有所节制。

5. 住房贷款的支付

每月偿还住房贷款已经成为该家庭最大的单笔开支，而且与偶发性的大额娱乐支出不同，偿还房贷支出具有周期性。最有效减轻房贷压力的措施就是增加收入，赵晖和钱梅夫妇目前还处于事业起步阶段，可以合理预期今后的收入水平将逐年增长，届时偿还固定的 1 860 元房贷压力会减轻。

评估练习

1. 单选题

（1）下列选项中属于现金等价物的是（　　）。

A. 股票及权证　　B. 债券　　C. 货币市场基金　　D. 基金

（2）家庭成长期是指家庭中孩子从（　　）直到上大学前的接受初、中等教育的阶段。

A. 出生　　B. 小学　　C. 初中　　D. 高中

（3）（　　）是所有现金规划中最基本、最重要的工具，是具备最好的流动性的规划工具。

A. 银行储蓄产品　　　　　　B. 货币市场基金

C. 现金　　　　　　　　　　D. 债券

（4）信用卡是银行或其他财务机构签发给（　　）良好的人士，用于在指定的商家购物消费或在银行提取现金的特制卡片，是一种特殊的信用凭证。

A. 资产状况　　B. 经济状况　　C. 借款状况　　D. 资信状况

（5）家庭资产负债表内容的排列顺序仍采用企业财务报表的"流动性"标准，

即流动性强的、能迅速变现的项目在（　　）；流动性弱的、很难甚至不打算变现的项目在（　　）。

　　A．前、后　　　　B．后、前　　　　C．左、右　　　　D．右、左

2．多选题

（1）现金规划中所指的现金等价物是指流动性比较强的（　　）等金融资产。

　　A．活期储蓄　　　　　　　　B．各类银行存款

　　C．货币市场基金　　　　　　D．股票

（2）国际支付的信用卡，主要有（　　）等。

　　A．"维萨"　　　B．"万事达"　　　C．"运通"　　　D．"大来"

（3）现金规划工具中的一般工具主要包括（　　）等。

　　A．银行储蓄产品　　　　　　B．货币市场基金

　　C．现金　　　　　　　　　　D．债券

（4）个人通知存款按存款人提前通知的期限长短划分为（　　）两个品种。

　　A．1天通知存款　　　　　　B．5天通知存款

　　C．7天通知存款　　　　　　D．10天通知存款

（5）适于现金规划的短期融资方式主要包括（　　）。

　　A．信用卡融资　　　　　　　B．凭证式国债质押贷款

　　C．保单质押融资　　　　　　D．典当融资

3．简答题

（1）根据家庭生命周期理论，最基本的6阶段家庭生命周期包含哪几项内容？

（2）在6阶段家庭生命周期理论中，各阶段的主要收支消费特点分别是什么？

（3）对于大多数工薪阶层家庭来说，每月收支消费最主要的特点是什么？

（4）试以美元、港币、瑞士法郎3种货币为例，解释基本汇率与交叉汇率的主要区别。

（5）家庭财务报表与企业财务报表在编制目的上的主要区别是什么？

4．计算题

（1）钱梅将某笔资金10 000元存入银行，期限1年，银行规定1年后连本带息偿还钱梅10 252元。假定该期间我国通货膨胀率为1.86%，请问钱梅该笔存款的实际收益率是多少？

（2）已知英镑、美元、欧元之间的汇率关系为：1 英镑=1.599 7 美元，1 美元=0.695 8 欧元。试求 1 英镑可以兑换多少欧元？1 欧元可以兑换多少英镑？

（3）2009 年 10 月，赵晖取得收入 5 500 元，钱梅取得收入 3 200 元。当月二人扣缴的个人所得税为 570 元，缴纳的各项社会保险、公积金共 1 450 元，月底结余 1 860 元。请问该月赵晖夫妇的结余比率为多少？

职业技能训练

请根据下面所给材料，结合本章所学的知识，完成下列职业技能训练。

张先生 45 岁，在杭州经营一家广告公司，年税后收入 30 万元；妻子 41 岁，在一家国有公司供职，年薪 6 万元，且单位已经交了"五金"；双方父母身体健康，需提供经济资助，张先生夫妇每月分别给双方父母 3 000 元的生活费。他们的日常生活费用是：家庭基本生活支出 36 000 元，养车费 24 000 元，娱乐及旅游 12 000 元，儿子的教育费用约 10 000 元。张先生家庭现有银行活期存款 10 万元，现金 5 万元；有一辆价值 25 万元的车（预计 10 年使用寿命），且贷款到期总共需要还款 135 864 元，目前还有两年的车贷 90 576 元需要还，即每月需要偿还 3 774 元；张先生家庭已购住房，房子现在价值 60 万元；张先生希望能在 5 年内购买一套更大的房子，大概价格在 180 万元；儿子 16 岁，读高一，成绩比较好，而且张先生对儿子的期望也比较高，希望儿子在以后能得到更好的教育，大学毕业后准备送儿子去澳大利亚留学；同时夫妻俩希望在 60 岁时退休，退休后的生活能大致维持在中等水平。

思考题

1．根据所给数据制作出张先生家庭资产负债表和现金流量表。

2．根据所学公式及数据计算出结余比率、投资与净资产比率、清偿比率、负债比率、住房贷款比率。

3．判断第 2 题所计算出的比率是否符合正常值，如果不符合，张先生该如何调整自己的资产？

4．最后请帮张先生设计一下该如何为儿子准备教育基金。

第3章

教育规划

学习目标

- ☑ 重点掌握各种教育规划工具,能够根据客户的不同情况给出合理的理财规划方案,理解教育规划的原则。
- ☑ 了解教育资金的主要来源。

关键术语

教育规划　教育储蓄　教育保险　政府债券　大额存单　子女教育信托　共同基金

引导案例

"望子成龙,望女成凤"是每位父母的心愿。如何为子女筹集一笔充足的教育经费成为父母们的心头大事。中国人民银行的调查显示,城乡居民储蓄的目的,子女教育费用排在首位,所占比例接近30%。

徐女士家里现有成员 3 名,夫妻俩一个在机关事业单位工作,另一个在外企工作,两人年收入共 14 万元,有各种保险(人身、医疗、财产)。儿子今年读初一,计划在大学阶段送儿子出国留学。家庭资产包括两套房产,其中一套 135 平方米的自住,另一套 75 平方米的父母住;汽车一辆,目前价值 10 万元;20 万元投资股票,在下跌前已卖出,现投资有价债券;黄金投资 6.5 万元;现金定期存款 10 万元。家庭支出包括每月生活费 3 000 元,年开销 3.6 万元;每年汽车支出大约 2 万元;父母均有养老保险,无须徐女士家庭供养;孩子初一到高三的每年教育费用(包括课外辅导)1 万元;徐女士及丈夫各种保险支出每年 1 万元。

思考题:针对上述情况,徐女士应如何进行子女教育规划?

由于学费逐年上涨,家长积攒教育经费的压力陡增,子女的教育费用已经成为仅次于购房的一项重大家庭支出。因此,该项费用也成为家庭理财的重要需求,家长应尽早规划。

3.1 教育规划概述

理财规划师在帮助客户进行教育投资规划时,首先要对客户的教育需求、子女的基本情况(如子女人数、子女年龄、预期受教育程度等)和教育支出进行了解和分析,以确定客户当前和未来的教育投资资金需求。

3.1.1 教育支出与教育规划

1. 教育支出

教育支出是指家庭围绕子女教育活动或投资所需的必要支出。家庭的教育支出伴随子女教育活动的全部过程而时刻发生着,只要有孩子的家庭都必须要考虑到这项支出预算。

然而随着教育的重要性和费用的增加,现在孩子上学到底需要多少钱、要做多少预算,许多父母都比较迷惑。孩子从出生到全部教育过程结束,一般要经历幼儿园教育,小学、初中教育,高中教育和高等教育几个阶段。下面从子女接受教育的不同阶段入手,对家庭教育支出的构成做粗略的分析。

(1)幼儿园教育的费用支出。这个阶段并不属于义务教育阶段,因此各地的收费也不尽相同，当然收费的种类也不会相同。一般来说，幼儿园阶段每年的预算支出应该在 2 000～4 000 元。一般的幼儿园，平均每年的收费为 2 000 元，省市级示范幼儿园高一些，有的达到 4 000 元以上。若家长重视子女早期教育，给孩子报名参加各种兴趣班等，费用会稍微多一些。

（2）小学、初中教育的费用支出。这个阶段属于 9 年义务教育时期，大部分费用由国家来负担，个人家庭只负担学杂费、校服费等。一般按照正常收费来看，小学收费不到 1 000 元/年，初中收费大约为 1 500 元/年。然而，这一阶段最大的费用支出是一些补习班、兴趣班的费用，以及一些学校收取的择校费、赞助费等，使得这一阶段每年的预算支出在 3 000～4 000 元。尽管国家和各地教育部门有明确的规定禁止乱收费，但升学需求使这一阶段家庭教育支出还在进一步增加。

（3）高中教育的费用支出。这个阶段属于非义务教育时期，是各家庭教育支出较多的时期。各地、各校的收费标准也不尽相同。一般来说，高中费用每年 2 000～3 000 元，如果高中阶段加上高额的择校费和赞助费等，使得高中和大学的开销差不多，每年基本接近万元。

（4）高等教育的费用支出。

1）学费。高等教育的学费在 1997 年全面并轨后一直维持在 3 000 元/年左右；2000 年的收费在 1999 年的基础上提高了近 15%，大学生学费超过 4 000 元/年。从近年的收费情况来看，各高校学费逐年看涨，一般在 5 000～10 000 元/年，特殊专业每年超过万元。

2）生活费。在校学习期间，大学生一般住在学校，因此，地域差别对消费的影响并不是很大。大学生的生活费主要包括住宿费、伙食费、通信费、日用品费、交通费及其他费用。从目前情况来看，我国各高校住宿费每年通常为 1 000～1 500 元，伙食费每年大约为 3 000 元，通信费为 1 000 元，日用品费为 600 元，每年往返探亲交通费因地域不同而有所差异。大学生全年生活费用平均在 6 000～7 000 元。

阅读资料：培养一个孩子到底需要多少经济成本？

上海有关调查显示：以 2003 年的物价水平计算，0～16 岁孩子的直接成本达到 25 万元，如估算到子女上高等院校，家庭支出则高达 48 万元。这个数字还未将社会资助及学校免费的五六万元费用统计在内。在孩子的总经济成本中，小学、初中阶段教育费用成本占全部经济成本的比重平均为 21%。高中和大学阶段，这一比重分别高达34%和41%，而且这一比重仍处于上升趋势。

从严格意义上讲，子女的教育支出应该涵盖子女从幼儿时期到接受高等教育结束所支付的全部费用。但是，由于国家义务教育制度的存在和统计方面的原因，使得人们在研究教育支出的过程中，只将高等教育支出作为研究对象。

因此，这里所说的教育支出，即指高等教育的支出，它包括子女在接受高等教育过程中，家庭所支付的高等教育学费、住宿费、伙食费、通信费、日用品费、交通费及其他费用等。在子女教育规划中，我们只对高等教育费用的估算、筹集和使用作出规划设计。

2. 教育规划

根据教育对象不同，教育规划可分为个人教育规划和客户对子女教育费用进行财务规划两种。一方面，个人教育规划在消费的时间、金额等方面的不确定性较大，子女教育规划特别是高等教育的规划通常成为个人家庭理财规划的核心内容；另一方面，大学教育费用普遍很高，对其进行理财规划的需求也最大。因此，本书所讨论的主要是高等教育规划。

教育规划是指围绕高等教育的过程，对子女教育费用所进行的关于教育费用支出的估算、筹集和运用的全面、系统的财务筹划。可以从以下三个方面对教育规划做进一步理解。

（1）子女教育支出是一项长期的投资，从子女出生到子女大学教育期，子女高等教育规划是理财规划的核心。因此，在这段时期内做好规划，使资金得到合理的安排是非常重要的。

（2）子女成长的每个阶段都需要规划。无论在子女成长的哪个阶段，都有相应的教育目标需要去实现，而实现这些目标，不可避免地要涉及各种费用和支出，同时这些阶段的各目标之间都有着延续关系。

（3）教育规划的主要内容是教育费用支出的估算、筹集、运用的全面、系统的筹划方案，其核心内容是制定如何筹集子女教育经费的计划与实施方案。

想一想

教育是不是一项长期投资？

3.1.2 教育规划的必要性

1. 良好的教育对于个人意义重大

随着市场对优质人力资本的需求增大，接受良好的高等教育成为提高自身素质和适应市场变化的重要条件。在市场经济条件下，劳动者收入与受教育程度成正比例关系。

教育在一定程度上具有社会分配与社会分层的功能。较高的教育收益预期加上日渐增加的教育支出，使教育规划成为个人理财规划中的一项重要内容。

2. 教育费用逐年增长

随着人们对接受教育程度的要求越来越高，教育费用也在持续上升，这使得教育开支的比重占家庭总支出的比重越来越大。通常用教育负担比来衡量教育开支对家庭生活的影响。教育负担比的计算公式为：

教育负担比=届时子女教育金费用/家庭届时税后收入×100%

【实例3-1】 客户冯先生有一个女儿，刚考入国内某著名大学。女儿正式入学之前，冯先生计算了一下女儿读大学1年的费用，主要包括全年学费12 000元；住宿费3 000元；日常各项支出预计每月1 000元，以全年10个月计，共需10 000元。预计冯先生和太太全年税后收入为80 000元。对冯先生家庭来说，届时教育金费用和教育负担比是多少？

分析：届时教育金费用=学费+住宿费+日常开支=12 000+3 000+10 000=25 000(元)

教育负担比=届时子女教育金费用/家庭届时税后收入×100%=25 000/80 000×100%=31.25%

因此，冯先生女儿就读大学所需要的费用占家庭税后收入的31.25%，对冯先生家庭来讲尽管可以承受，但显然会影响到家庭的其他财务安排。通常情况下，如果预计教育负担比高于30%，就应尽早进行规划，以免影响孩子来之不易的大学生活。

另外，在运用教育负担比指标时应注意，由于学费增长率可能会高于收入增长率，所以以现在水准估计的负担比可能会偏低。

> **想一想**
> 教育规划是必要的吗？如何计算教育负担比？

3. 高等教育金的特性

（1）没有时间弹性。一般子女到了 18 岁就要步入大学。届时父母就应该准备好至少 1 年的高等教育金。

（2）没有费用弹性。高等教育费用相对固定，不管各家庭收入与资产状况如何，负担基本相同。

（3）高等教育金需提早规划。子女就读大学时年龄多为 18 岁，而家长的年龄届时通常为 40 多岁，距离退休还有十几年。子女高等教育金支付期与退休金准备期高度重叠，为了平衡两种需求，提早进行教育规划十分必要。

3.1.3 教育规划的步骤

教育规划方案的最终确立是在理财规划师对客户家庭财产状况、收入能力、承受风险能力，以及子女教育目标都已明确的前提下进行的，在进行规划时通常需要完成以下步骤，如图 3-1 所示。

1. 了解客户家庭成员结构及财务状况

（1）对客户家庭的成员结构和收支水平进行全面的了解。

（2）收集完信息后，理财规划师通过编制客户的家庭财务表，将个人（家庭）信息整理归类到资产负债表、现金流量表中，并通过对两张表进行分析以及对客户问询，判断客户对风险的态度及其风险承受能力。

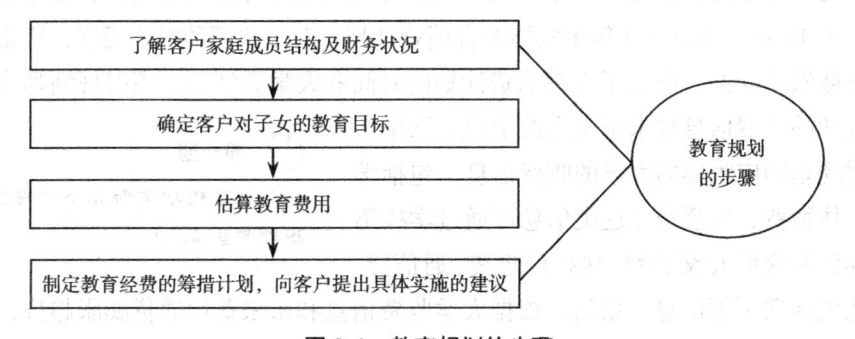

图 3-1 教育规划的步骤

2. 确定客户对子女的教育目标

（1）理财规划师应对客户的教育需求进行分析。理财规划师应明确客户希望子女上什么类型的大学，客户子女目前的年龄是多少。

（2）利用理财工具，依实际需求，试算出未来的教育经费预估金额，并针对目标金额选择适宜的理财工具进行规划。

3. 估算教育费用

（1）设定一个通货膨胀率。

（2）按预计通货膨胀率计算所需要的最终费用。

（3）分别计算采用一次性投资计划所需金额的现值和采用分期投资计划每月所需支付的年金。

【实例3-2】 假设学费上涨率每年为6%，客户子女年龄为10岁，预计18岁上大学，目前大学四年学费为24 000元。客户打算以目前已有的10 000元作为子女教育启动资金，投资于收益率为7%的项目。试估算客户未来教育费用总额和需补缺额。

提示： 教育费用总额=$24\,000 \times (1+6\%)^8$=38 252.35（元）

教育启动资金=$10\,000 \times (1+7\%)^8$=17 181.86（元）

需补缺额=38 252.35–17 181.86=21 070.49（元）

4. 制定教育经费的筹措计划，向客户提出具体实施的建议

客户子女的入学年龄是教育费用筹集的重要变量。如果客户的子女现在只有6岁，则其教育消费计划时间为12年（假设子女入大学年龄为18岁）；如果客户子女现在为14岁，则只有4年来实施教育消费计划。对于这两种客户而言，资金安排方式是截然不同的。确定了教育消费计划的时间和大学类型后，理财规划师应收集有关大学的收费信息和未来相应的学费上涨率。

理财规划师应收集的大学的收费信息，包括学费、住宿费、生活费（这类信息可通过学校招生办公室获取）、交通费、医疗保险费、通信费、其他生活费用等信息。最后，根据大学收费信息和未来费用通货膨胀趋势，理财规划师就可以估算未来费用并决定客户每月必须储蓄投资的数额。

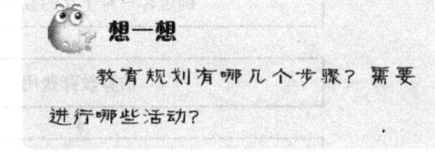

想一想

教育规划有哪几个步骤？需要进行哪些活动？

3.1.4 教育规划的原则

理财是设立并达成财务目标的过程。虽然每位客户对子女教育设定的目标并不相同，自身情况也千差万别，但制定教育规划都应遵循一定的原则。

1. 切合实际、适度宽松的原则

父母的期望与子女的兴趣、能力可能会有差距，而且子女在人生的不同阶段，其兴趣爱好也在发生变化。因此，理财规划师帮助客户为其子女设定最终教育目标时，应充分考虑孩子自身的特点，并结合客户家庭实际经济情况、风险承受能力设定理财目标。

从数量上看，在制定规划时要相对宽松些，在教育费用估算中以防有超出计划的需要，充分考虑教育费用上涨和通货膨胀的因素，本着"适度宽松"的原则进行。

2. 提前规划、适量积累的原则

子女教育基金的设立与制定并非仅学费那么简单，这笔开销还包括子女的饮食、交通、衣着、托育、教育、娱乐和医疗费用等，若考虑未来不确定的通货膨胀因素，子女教育费用将成为家庭仅次于购房的一项重要支出。所以，理财规划师应该使客户认识到子女教育规划的重要性，尽早规划子女的教育基金。当然，在保证客户家庭日常开支的前提下，积累足够的教育基金才是合理的选择。

3. 定期定额的原则

利用定期定额计划，用实际数字来量化理财目标，对定期储蓄自制力差的人采取强制储蓄措施，通常可以奏效。目前有很多投资工具可以用来强制储蓄，如教育储蓄、教育保险等。

4. 稳健投资的原则

理财规划师切不可因筹资的压力而选择高风险的投资工具，因为本金遭受损失对未来子女教育的不利影响会更大。根据收益与风险配比原则，任何可能获得高收益的投资都将伴随着高风险，所以，投资还是要坚持稳健性原则。

相关链接： 如何掌握子女教育理财规划的原则？

针对子女教育金的规划，保险理财专家强调应遵守四项原则：一是宜及早规划，以充分享有时间的复利价值；二是要有明确的理财目标，即孩子在多大年龄需要多少费用作为教育金支持，这些费用何时取得，来源在哪里等；三是从整个家庭的保障规划而言，投保从顺序上应先保父母，再保子女，夫妇双方作为家庭的经济支柱，对意外、医疗、重大疾病和寿险的保障需要充分；四是挑选有豁免条款的保险产品。

在具体选择子女教育金类的保险产品时，家长需要根据自身情况选择最适合自己的保险方案。理财专家指出，不同保险产品其保险利益、缴费周期、领取时间及保障范围等都有所差别。例如，纯粹的教育金保险，其风险保障范围较为有限，属于强制储蓄、专款专用类别；有些能够实现自主规划，灵活选择，保证领取，全面满足孩子成长多层次经济需求。

值得注意的是，在规划子女教育金的同时，父母也要关注子女的健康保障。年纪幼小的儿童往往因为身体尚未发育完全，抵抗力较弱，容易受到疾病侵袭；加之不能完全用语言表达身体的不适，所以他们更需要家长的悉心呵护。除了日常的小毛病，儿童重大疾病发病率也在不断上升。中宏保险2012年重疾理赔数据显示，重疾发病呈现低龄化趋势；发生在0~17岁年龄段的理赔数量，占公司重疾理赔总数的 5%。在当今婴幼儿食品安全问题突出、重疾低龄化趋势明显等复杂背景下，尽早为年幼的子女设计重疾保障计划，愈发显得重要。因此，在为子女选择教育金保险的同时，可附加意外险、重大疾病险、住院医疗保险等，兼顾孩子在成长过程中各方面的保障。

3.2 教育规划工具的选择

教育规划也涉及对投资工具的选择。除了常用的财务投资工具外，教育规划也有很多特有的投资工具。这些工具的特点和适合对象，将在下面的内容中逐一介绍。

> **想一想**
> 教育规划的原则是什么？

如果客户较早进行教育投资规划，财务负担和风险都将较低，所以与其他投资计划相比，教育投资规划更重视长期工具的运用和管理。

3.2.1 长期教育规划工具

1. 传统教育规划工具

（1）教育储蓄。

1）教育储蓄的含义。教育储蓄是指为接受非义务教育积蓄资金，分次存入，到期一次支取本息的服务。

2）教育储蓄的开户对象。教育储蓄的开户对象是在校小学四年级（含四年级）以上学生。

3）教育储蓄的存期。教育储蓄的存期分为1年、3年、6年。教育储蓄50年起存，每户本金最高限额为2万元。

4）教育储蓄的优缺点。教育储蓄的优点是收益稳定，风险小，与活期存款相比回报较高。教育储蓄的缺点包括：① 能办理教育储蓄的投资者范围比较小，即只有小学四年级以上的学生才能办理教育储蓄。② 规模比较小，教育储蓄的最高限额为2万元。③ 存款利率的变动会带来较大的风险。

【实例3-3】王先生今年45岁，月收入5 000元，张女士今年40岁，月收入3 500元，两人年终奖共计1万元。他们有一对双胞胎女儿，刚上初中。家庭拥有20万元的定期存款和5万元的活期存款，没有股票或基金、债券投资。另外，还有1万美元存于银行；自住一套现价80万元的公房，房屋贷款已还清。家庭的每月基本生活开销维持在3 000元；房屋物业管理费每月100元；双胞胎女儿教育费用每月大概800元；给双胞胎女儿各投了一份综合险，每年的保费总支出为5 000元。家庭的理财目标是，6年内准备双胞胎女儿的大学教育费用。王先生该如何选择教育规划工具实现理财目标？

（2）教育保险。

1）教育保险的含义。教育保险相当于将较短时间内急需的大笔资金分散开逐年储蓄，投保年限最高为18年。

2）教育保险的优点。与教育储蓄相比，教育保险的优点包括：① 客户范围广泛。一般孩子只要出生60天就能投保教育保险，有的保险公司还扩展到出生仅30天的婴儿。② 有的教育保险可分红。分红型的教育保险可以从孩子上中学开始，分期从保险公司领取保险金，在一定程度上可规避物价上涨带来的货币贬值风险。③ 教育保险具有强制储蓄的功能，保障性强。买了保险以后，每个月强制缴纳保费。④ 投保人出意外保费可豁免。所谓保费豁免，是指投保人不幸身故或者因严重伤残而丧失缴纳保费的能力，保险公司将免去其以后要缴纳的保费，而领保险金的人却可以领到正常的保险金。这一点也是教育保险与银行储蓄的本质区别。

注意：教育保险也不宜多买，因为保险金额越高，每年需要缴付的保费越高。有的保险产品的回报率是参照购买时的银行存款利率设定的，一旦存款利率上升，这些险种的现金回报率就将低于银行存款。

2. 其他长期教育规划工具

（1）政府债券。

1）政府债券的种类。政府债券分为国家债券和地方债券。国家债券，是指中央政府发行的债券。地方债券，是指由地方政府各职能部门发行的债券。我国目前尚未发行地方债券。

2）政府债券的特点。政府债券的特点包括：① 安全性高。由于政府债券由政府发行，信用程度高，风险较小。② 流动性强、易于变现。政府债券的二级市场十分发达，流通和转让十分方便。③ 可抵税。我国现行政策规定国债利息可免征所得税。

（2）股票和公司债券。股票和公司债券收益高，但风险也大。股票和公司债券更多地依赖所投资企业经营业绩的好坏，还受到宏观经济环境的影响。

【实例3-4】 李先生45岁，是某公司高管，月薪2万元；李太太43岁，家庭主妇；儿子今年16岁，刚上高一。目前家庭资产如下：房产三套，一套自住，两套出租，月租金收入5 500元，每月还贷5 000元；家庭储蓄10万元；股票投资15万元；除按揭贷款外，目前家庭每月日常支出4 000元。李先生希望儿子在国内上完大学就到国外留学读硕士，预计花费为50万元。李先生应如何选择子女教育规划工具？

提示：激进型家庭可以选择债券和股票作为理财工具。

（3）大额存单。

1）大额存单的含义。大额存单又称大额可转让存单，是银行或银团发行的一种固定面额、固定期限、可以在金融市场上流通转让的银行定期存款凭证。固定面额是指存单的面额有法律的限定，不得随意变更；固定期限是指大额存单有法定的期限档次，不得提前支取，不分段计息，到期后一次还本付息，不计付逾期利息。

2）大额存单的特点。大额存单的特点是固定面额、固定期限、可转让、利率相对于一般定期存款要高。

（4）子女教育信托。

1）子女教育信托的含义。子女教育信托是指信托委托人（家长）基于财产规划的目的，将其财产所有权委托给受托人（信托机构），受托人按照信托协议的约定为受益人（客户子女）的利益或特定目的，管理或处分信托财产的行为。

相关链接

信托是指委托人基于对受托人的信任，将其财产权委托给受托人，由受托人按委托人的意愿以自己的名义，为受益人的利益或者特定目的，进行管理或者处分的行为。

2）子女教育信托的意义。子女教育信托的意义包括：① 鼓励子女努力奋斗。家长设立信托时可以给子女制定相应的预定目标，当子女实现预定目标时，才能取得相应的资金，对子女具有一定的激励作用。② 防止子女养成不良嗜好。受托人对教育金的管理可以防止受益人对资金的滥用。③ 从小培养子女的理财观念。设立信托后，孩子在学习和生活上的开支都将与银行、信托机构紧密联系，有利于从小培养孩子节俭、合理规划的理财意识。④ 规避家庭财务危机。设立教育信托可以避免家庭财务危机给孩子的学习和生活造成的不良影响，实现风险隔离，这是设立信托的最大优势。⑤ 实现专业理财管理。受托人一般是具有雄厚实力的资深机构或专业理财规划师，可以使信托资产得到很好的规划与配置。

子女教育信托的运作方式如图 3-2 所示。

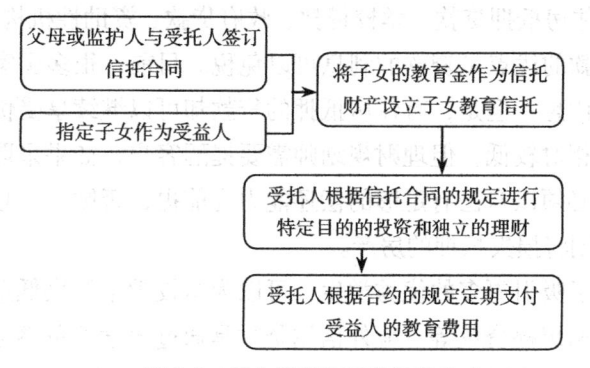

图 3-2 子女教育信托的运作方式

（5）共同基金。

1）共同基金的含义。共同基金是指以公开发行基金单位的方式，集中投资者的基金，由基金托管人托管，由基金管理人管理和运用资金从事股票、债券等金融工具投资。

2）共同基金的优点。共同基金的最大优点就是其多元化的投资和灵活性。同样，它可以在需要时将资金在不同的基金中转换。

想一想

长期教育规划工具有哪些？

【实例3-5】 卫先生，34岁，单位主管，年收入10万元。太太，34岁，某公司会计，年收入6万元。目前有价值60万元住房一套，价值10万元汽车一辆，房贷支出每月2 800元，孩子现6岁，9月刚上小学。除各项生活开支外，年结余6万元，由于刚买新房，目前存款约5万元。目前，夫妻二人无其他负担，有着传统的"望子成龙"的心态。面对日益增长的教育费用，他们希望有一个合理的理财教育规划，为孩子将来12年后欧美留学积累资金。如果你是理财规划师，你认为选择共同基金投资是否合理？

提示： 选择教育储蓄风险小，但收益低；证券投资预期收益高，同时承担的风险也较大；共同基金的最大优点就是专业性、多元化的投资，集储蓄和证券投资之优点，避二者之缺点，是一种适宜的理财工具选择。

3.2.2 短期教育规划工具

如果客户的教育规划进行得比较晚，但其在短期内就需要一笔资金来支付子女的教育费用，理财规划师就应该建议客户考虑通过贷款实现目标。

贷款可分为住房抵押贷款、学校贷款、政府贷款、资助性机构贷款和银行贷款。

住房抵押贷款的优点是贷款的利息可以免税。目前，很多国家都对所有个人贷款利息停了税收优惠，但是，有住房抵押的贷款却可以继续享受优惠。所以，住房抵押贷款的成本相对较低。但理财规划师需要提醒客户，如果采取这种方式来完成教育投资规划，必须以自己有足够的偿还能力为前提，否则，一旦客户无法按期支付本金和利息，则将损失抵押的房产。

不少大学为了吸引更多的优秀学生，可以为本校学生提供低息贷款，如美国有额外信用贷款和斯坦福贷款等。额外信用贷款是通过大学的董事会发放的，可以提供给学生全额的大学费用贷款。贷款的利率为浮动利率，每个季度根据3月期的国库券利率调整，通常比之高出4.5个百分点。斯坦福贷款又称保证学生贷款，可以分为津贴性贷款和非津贴性贷款两种。尽管两者的贷款资格限制和贷款条件基本相同，但前者需要贷款人出示财力需求证明。对于取得津贴性贷款的学生，他们在校期间的贷款利息由联邦政府支付，并且，贷款可以在他们毕业6个月后偿还。而取得非津贴性贷款的学生

> **想一想**
> 用于教育的贷款分为哪几种？各有什么特点？

则要自己支付所有的贷款利息，他们可以选择分期支付利息，也可以把利息支付推

迟到毕业之后，到时将本金和利息一起偿还。此外，学生还可以争取政府和资助性机构的贷款，如我国的政策性助学贷款，但这类贷款有严格的限制，不容易取得。学生也可以选择银行贷款，银行贷款一般对客户没有特别的要求和限制，但学生必须支付较高的利息。

3.3 教育规划方案的制定

3.3.1 教育资金的主要来源

教育支出最主要的资金来源是客户自身的收入和资产。除此之外，理财规划师还应了解和利用其他教育资金来源，帮助客户节约成本。具体来说，其他教育资金来源主要有以下几种。

1. 政府教育资助

政府教育资助主要包括特殊困难补助、减免学费政策和"绿色通道"政策等。

（1）特殊困难补助和减免学费政策是高校资助政策的辅助性措施，二者的共同特点是无偿性资助。

1）特殊困难补助是各级政府和高校对经济困难学生遇到的特殊性、突发性困难给予的临时性、一次性的无偿补助。

2）减免学费政策是国家对部分确因经济条件所限，交纳学费有困难的学生，特别是孤残学生、少数民族学生及烈士子女、优抚家庭子女等实行减免学费政策。

（2）"绿色通道"政策是指让经济困难、无法交足学费的新生在不交学费的情况下顺利办理全部入学手续。

相关链接

理财规划师为客户提供子女教育规划时应注意的问题：① 理财规划师应充分收集客户及其子女争取政府教育资助的相关信息；② 由于政府拨款有限，拨款数量具有很大的不确定性，子女教育规划方案应减少对这种筹资渠道的依赖，特别在客户子女距离上大学时间长于5年，而客户本身有稳定收入时，则规划方案应先考虑以客户自有资源满足子女大学教育费用。

2. 奖学金

政府的教育资助有时以奖学金方式资助，但这类奖学金所占比例相对较小。各类民间机构和组织，如企业、公司、基金、宗教慈善团体、服务机构等都通过学校设立种类繁多的奖学金。无论哪种奖学金都是有条件限制的，一般要求申请人在学业、社会活动或体育技能方面有所专长。

根据我国现行的奖学金制度，目前国家设立的奖学金如下。第一，本、专科生奖学金，分为优秀学生奖学金、专业奖学金和定向奖学金。第二，研究生奖学金，分为研究生优秀奖学金和研究生普通奖学金。第三，国家奖学金。

3. 工读收入

高等学校组织学生参加勤工助学活动，是高等学校收费制度改革的一项重要配套措施。客户子女上学期间通过假期和课余打工获得的工读收入也可作为教育费用来源。但工读收入取得的时间、金额都不容易确定，所以在做教育规划时不应将工读收入计算在内。

4. 教育贷款

教育贷款是教育费用重要的筹资渠道。我国的教育贷款政策主要有以下三种贷款形式。

（1）国家教育助学贷款。国家教育助学贷款包括商业性教育助学贷款和财政贴息的国家助学贷款两种。

1）商业性教育助学贷款。商业性教育助学贷款是指贷款人向借款人发放的，用于借款人自己或其法定被监护人就读国内中学、普通高校及攻读硕士、博士等学位，或已获批准在境外就读大学及攻读硕士、博士等学位所需学杂费用（包括出国的路费）的消费贷款。

2）财政贴息的国家助学贷款。财政贴息的国家助学贷款是指贷款人向借款人发放的，由中央财政或地方财政贴息，用于借款人本人或其直系亲属、法定被监护人在国内高等学校就读全日制本、专科或研究生所需学杂费和生活费用的助学贷款。

（2）学生贷款。学生贷款是指学生所在学校为那些无力解决在校学习期间生活费的全日制本、专科在校学生提供的无息贷款。

目前，在各高校的实际运作中，学生贷款的具体审定工作通常由学校学生处牵头负责。如果贷款的学生违约，不能如期归还所借贷款，其担保人要承担全部还款责任，并缴纳一定数额的违约金。目前各高校学生贷款实际额度一般每年在1 000元以上。

学生偿还贷款的形式主要有以下几种。

1）学生毕业前，一次或分次还清。

2）学生毕业后，由其所在的工作单位将全部贷款一次垫还给发放贷款的部门。

3）毕业生见习期满后，在2~5年内由所在单位从其工资中逐月扣还。

4）毕业生工作的所在单位，可视其工作表现，决定减免垫还的贷款。

注意： 对于贷款的学生，因触犯国家法律、校纪，而被学校开除学籍、勒令退学或学生自动退学的，应由学生家长负责归还全部贷款。

（3）一般商业性助学贷款。一般商业性助学贷款是指各金融机构以信贷原则为指导，对高校学生、学生家长或其监护人办理的，以支持学生完成学习为目的的一种商业性贷款形式。

一般商业性助学贷款是对国家资助政策的有益补充。

申请一般商业性助学贷款的条件是，必须有符合条件的信用担保，贷款人为当地居民。

目前国内银行与学校合作，共同开办商业性助学贷款业务，主要有中国银行、中国工商银行、中国建设银行和交通银行等。

学生贷款、国家教育助学贷款和一般商业性助学贷款的区别如表3-1所示。

表3-1　学生贷款、国家教育助学贷款和一般商业性助学贷款的区别

	学生贷款	国家教育助学贷款	一般商业性助学贷款
贷款经办机构	学生所在学校	政府按隶属关系委托助学贷款管理中心，通过招投标方式确定国家助学贷款经办银行	开办此项业务的商业银行和城乡信用社
贷款对象	无力解决在校学习期间生活费的全日制本、专科在校学生，但不包括实行专业奖学金制度的学生	无力支付学费、住宿费和生活费的全日制本、专科学生（含高职生）、研究生和第二学士学位学生	年满18周岁，具有完全民事行为能力的在校大学生、研究生

续表

	学生贷款	国家教育助学贷款	一般商业性助学贷款
贷款利息	无息	在校期间的贷款利息全部由财政补贴,毕业后全部自付	按法定贷款利率执行
贷款担保	采用信用担保的形式,由学生家长担保	无担保信用贷款	采用保证担保、抵押担保、质押担保等形式,担保人可以为法人也可以为自然人
学校介入程度	完全由学校负责	学校负责协助经办银行办理	学校一般只负责证明借款学生的身份及其在校表现
贷款额度	贷款数额等于基本学习、生活费用减奖学金(额度较小)	贷款数额每人每学年最高不超过6 000元	一般在2 000~20 000元(额度较大)
贷款期限	最长为毕业后6年内	毕业后视就业情况,在1~2年内开始还贷,6年内还清	各商业银行规定期限不同
贷款减免偿还措施	有	无	无

5. 留学贷款

(1) 留学贷款的概念。留学贷款是指银行向出国留学人员或其直系亲属或其配偶发放的,用于支付出国留学人员学费、基本生活费等必需费用的个人贷款。但是,留学贷款比国内住房信贷、汽车信贷条件要苛刻得多,手续也比较复杂。

(2) 留学贷款的担保抵押方式。

1) 房产抵押。贷款最高额不超过经贷款人认可的抵押物价值的60%。

2) 质押(国债、贷款行存单质押)。贷款最高额不超过质押物价值的80%。

3) 信用担保。以第三方提供连带责任保证的,若保证人为银行认可的法人,可全额发放;

想一想

教育资金的来源主要有哪几种?各自的特点是什么?

若为银行认可的自然人,贷款最高额不超过 20 万元。

目前我国商业银行中开办留学贷款业务的主要有中国银行、中国工商银行、中国建设银行和民生银行等。

3.3.2 制定教育规划方案的步骤和注意事项

【实例 3-6】张先生预计女儿小小留学的费用大约每年 20 万元,在国外念大学 4 年的费用是 80 万元。张先生可以把 50 万元作为信托财产委托给某信托机构,约定 10 年后,当小小 18 岁时才将信托资金交给她,并约定在未来 10 年,每年追加 3 万元的信托资金,到小小 18 岁时恰好达到 80 万元,可以满足小小未来留学的费用。

双方还可以在信托合同中约定,信托期间如果小小出国深造,则由该信托机构每年支付 20 万元作为留学资金。如果小小以后没有出国,这部分资金将用来支付小小购买房子的费用。此外,由该信托机构代为管理、运用及投资这笔信托资金产生的收益每年定期支付给张先生。

在上面的实例中,张先生设立信托的目的是为女儿小小积攒未来出国留学的费用,受益人是女儿小小。通过规定信托财产的管理方式,可以使小小的教育费用得到保证。

1. 制定教育规划方案的步骤

第一步:选择适当的规划工具。在选择教育规划工具时,理财规划师不但要了解具体的理财工具,还要清楚各种工具的优缺点,为客户选择最适合的理财规划工具。

第二步:制定理财规划方案。

第三步:子女教育规划方案要定期(一般为 1 年)审视,并做出评估和调整。

2. 制定教育规划方案的注意事项

(1)选择教育规划工具时应注意的问题。

1)考虑安全性。教育基金作为孩子将来得到良好教育的经济基础,不能大量投资风险过高的理财产品。

2)考虑收益性。作为长期投资,在相对安全的前提下,能够有一个稳定的高收益,孩子将来的教育将会得到有力的经济支持。

3)考虑利率变动的风险。我国目前还处于利率相对较低的水平,如果大量买入教育保险或者进行长期银行存款，一旦银行存款利率上调，就会出现不可避免的利息损失。所以，在选择受利率影响较大的理财产品时，不要全部投资在教育保险或者长期银行存款方面，可以扩大投资范围，如国债、信托、基金等方面。

（2）选择教育贷款时应注意的问题。教育贷款的归还依赖于客户或其子女工作后的现金流，可能会影响客户的其他生活计划，如退休计划。客户可能为了归还贷款推迟退休，或者将用于退休的储蓄挪用，以致影响其退休后的生活。理财规划师的作用就在于为其安排贷款计划，使教育消费和其他支出之间不产生冲突。

（3）汇率问题。如果客户有意让其子女去国外留学，就必须考虑汇率问题。因为在国外留学，除了测算以当地货币计算的留学成本外，还要充分考虑汇率的波动风险。

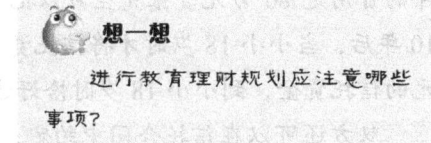

> **想一想**
> 进行教育理财规划应注意哪些事项？

3.4 教育规划案例分析

基本情况

王先生月收入 11 000 元，王太太月收入 5 000 元，存款 10 万元。夫妻两人没有理财经验，也没有进行任何风险投资。除了给 12 岁的儿子买了一份月保额为 2 000 元的保险外，夫妻二人都没有购买保险。夫妻日常开支每月 2 000 元，为儿子单独支付的相关费用每月 1 200 元。关于孩子的教育问题，王先生夫妇有以下设想：18 岁时在国内上 4 年大学本科。为此，他们想了解如何进行孩子的教育规划。

理财解析

1. 客户需求分析

（1）收入与支出分析如表 3-2 所示。

表 3-2　收入与支出分析　　　　　　　　　　　　　　　　　　　　单位：元

收　入		支　出	
月工资基本收入	16 000	保险费	2 000
		日常开支	2 000
		小孩费用	1 200

续表

收 入		支 出	
合 计	16 000	合 计	5 200
每月结余	10 800		

从家庭收支情况来看，夫妻两人都有收入，不是过分集中在某个人身上。家庭的收入来源是工资性收入（主动性收入），理财收入（被动性收入）很少，距离财务自由还有很大的距离。

（2）其他财务情况分析。

1）保障缺失。由于没有保险，作为家庭经济支柱的先生和太太的保障缺失，将会严重威胁到整个家庭的财务安全，一旦发生意外，该家庭将会出现较为严重的经济问题。因此在理财规划中首先应增加两人的保障需求。

2）风险特征。从客户金融资产全部为银行存款且没有做过任何投资来看，客户的投资经验和投资知识匮乏，风险承受能力较低。

2. 教育费用需求分析

（1）国内本科教育费用估算如表3-3所示。

表3-3　国内本科教育费用估算　　　　　　　　　　　　　单位：元

	学杂费	生活费	其 他	合 计
费用	40 000	32 000	8 000	80 000
增长率	5%	3%	3%	
6年后终值	53 603	38 210	9 552	101 365

假定通货膨胀率=生活支出增长率=3%，大学学费增长率=5%。表中的数字为大学4年的总费用估计数。

估计现在每年一个大学生的学杂费一般在10 000元，生活费每年8 000元，其他费用4年合计8 000元。

（2）计算所需教育费用总额及每月应准备金额（假定投资的平均实际报酬率为8%）。

1）费用总额。6年后需要的本科教育费用为101 365元。

2）计算得出每年应准备的费用总额。

3. 教育资金规划

由于大学教育在时间上没有弹性，所需费用总额又非常高，所以王先生夫妇应立即对这笔教育资金的来源进行规划。从教育规划工具来看，教育储蓄受最高 2 万元额度的限制，这笔钱相比所需的巨额教育费用来说实在太低；投资于债券或股票，风险偏大，不太适合王先生夫妇的风险偏好。

理财建议

结合王先生家庭的基本情况，应该采取组合产品方案实现其子女的成长教育基金储备计划，这个组合方案如下。

（1）进行定期定投，投资于一个投资组合，建议这个投资组合中 1/3 是债券型开放式基金，1/3 是指数型基金，1/3 是股票型基金。这样一个稳健型的组合投资方案既可以有效规避风险，又可以获得相对较高的收益。

（2）为预防夫妇身故或残疾致使小孩教育费用可能无从着落的情况发生，王先生夫妇应该买一份人寿或健康保险。

评估练习

1. 单选题

（1）个人教育规划在消费的时间、金额等方面的不确定性较大，（　　）通常是个人家庭理财规划的核心。

A．住房消费规划　　　　　B．子女教育规划
C．汽车消费规划　　　　　D．投资规划

（2）理财规划师在为客户进行教育规划，估算教育费用时，第一步要做的是（　　）。

A．设定一个通货膨胀率
B．计算所需要的各项费用
C．按预计通货膨胀率计算所需要的最终的费用
D．分别计算如果采用一次性投资计划所需的金额现值和如果采用分期投资计划每月所需支付的年金

（3）（　　）是各级政府和高校对经济困难学生遇到一些特殊性、突发性困难给

予的临时性、一次性的无偿补助。

　　A．特殊困难补助　　　　　　B．减免学费政策
　　C．国家教育助学贷款　　　　D．学生贷款

（4）留学贷款的借款人须提供贷款人认可的财产抵押、质押或第三方保证。抵押财产目前仅限于（　　）。

　　A．不动产　　　　　　　　　B．房屋
　　C．建筑物　　　　　　　　　D．可设定抵押权利的房产

（5）信托委托人（如家长）基于财产规划的目的，将其财产所有权委托给受托人（如信托机构），使受托人按照信托协议的约定为受益人（如客户子女）的利益或特定目的，管理或处分信托财产的行为是（　　）。

　　A．投资信托　　　　　　　　B．子女教育信托
　　C．养老信托　　　　　　　　D．资产信托

2．多选题

（1）高等教育费用主要包括（　　）。

　　A．学费　　　　　　　　　　B．交通费
　　C．住宿费　　　　　　　　　D．生活费

（2）确定大学教育费用时，理财规划师首先要充分考虑（　　）。

　　A．客户的家庭情况　　　　　B．客户子女目前的年龄是多少
　　C．确立教育消费计划时间　　D．大学类型

（3）政府教育资助是指政府每年都会在财政预算中拨出一部分资金用以对符合条件的人提供教育资助。这类教育资助主要包括（　　）。

　　A．特殊困难补助　　　　　　B．奖学金
　　C．减免学费政策　　　　　　D．“绿色通道”政策

（4）一般性商业助学贷款是指各金融机构以信贷原则为指导，对高校学生、学生家长或其监护人办理的，以支持学生完成学习为目的的一种商业性贷款形式。申请商业性助学贷款的条件是（　　）。

　　A．贷款人为当地居民　　　　B．必须有抵押担保
　　C．贷款人没有申请其他贷款　D．必须有符合条件的信用担保

（5）教育贷款是教育费用重要的筹资渠道，我国的教育贷款政策主要包括三种贷款形式（　　）。

A．"绿色通道"政策　　　　　B．学生贷款
C．国家教育助学贷款　　　　D．一般性商业助学贷款

3. 简答题

（1）什么是教育支出？高等教育的支出包括哪些项目？
（2）什么是教育规划？教育规划的主要内容及核心内容是什么？
（3）高等教育金的特性是什么？
（4）教育规划的原则有哪些？
（5）教育储蓄的优缺点是什么？
（6）教育贷款包括哪些种类？
（7）如何制定子女教育规划方案？
（8）在选择教育规划工具时应注意哪些问题？

职业技能训练

请根据下面所给的家庭状况为赵小姐和王先生设计一份教育规划方案。

赵小姐和丈夫王先生今年都已30岁，打算年内生个宝宝，两人月收入均万余元，加上每年的奖金，年收入约30万元。家庭目前有自住房一套，价值120万元，房贷支出每月约3 500元，日常生活开支每月需5 000元，夫妻俩人均已购买了医疗、人寿保险，保额充足，保费支出每月约1 500元；家庭资产状况优良。

目前，夫妇俩将闲置的资金全部投入股市，面对动荡的投资市场，2013年的收益不甚理想。面对即将出生的宝宝，赵小姐希望做出一个合理的家庭理财规划，既要有效规避风险，又能积累家庭财富，同时还能为宝宝的教育积累资金。

思考题

1．根据所给数据制作现金流量表，做出教育规划的一个总体设计。
2．根据教育规划的一般原则及教育规划工具的特点和使用对象考虑，赵小姐应该选择怎样的工具来支配家庭财产，并为宝宝储备教育基金。
3．针对选择的工具，充分阐述选择的理由和实施的具体操作方法或步骤。

第4章

住房规划

✎ 学习目标

- ☑ 理解住房需求分析的方法,并能决策是购房还是租房。
- ☑ 理解我国住房贷款的主要类别,能够完成完整的购房融资方案。
- ☑ 了解房地产投资的优缺点及房地产价格的基本构成要素。

∽ 关键术语

商业性个人住房贷款　住房公积金　个人住房组合贷款　房地产
房地产投资　商品房　安居房　经济适用房　房改房

▶引导案例

王修身,45 岁,在美国某高端研究机构工作 10 年,5 年前回国,现在某知名大学担任教授。张雅娴,王教授的妻子,家庭主妇。王齐家、王治国是王教授双胞胎儿子，6岁。张平、陈雍、张雅娴父母。现住在王教授家帮忙照顾一对外孙。

王教授目前全家住在大学教师宿舍，没有租金。王教授在美国有一栋房子，价值40万美元，目前出租，年租金2万美元。有一部使用3年的进口车，价值20万元人民币。有5万元人民币存款，美国上市公司股票价值6万美元，全球科技股票基金价值6万美元，另外投资国内某生物科技公司人民币100万元，该公司为股份有限公司，资本额500万元，王教授的投资占20%。王教授在国内无负债，但在美国的房子还有房贷20万美元，固定利率6%，还有10年还清。王教授在美国投保的定期寿险保单，保额为10万美元，年缴保费为500美元，缴费到60岁。在美国投保的万能寿险保单，保额为5万美元，目前的现金价值为4万美元。在中国投保的大病保险保单，保额为50万元，年缴保费为25 000元，缴费期为20年。

王教授想尽快购买郊区的别墅现房，查看后中意的标的物每平方米8 000元，300平方米，总价240万元。此外，王教授搬出宿舍时，学校每月多2 000元房租津贴补助。理财规划师给出的购房方案是：考虑中国经济增长率为8%，投资美国股票收益成长率相对较低，建议出售美国股票获得80万元人民币收入，作为购房首付款。房屋总价240万元，首付款30%，贷款168万元，15年，采用组合贷款，等额本息还款法，其中公积金贷款20万元，每年还款18 250元；商业贷款148万元，每年还款145 208元，合计每年还款163 458元。退休后要到美国生活，因此保留美国的房产。

思考题：此项理财规划是否合理？作为理财规划师，你能给他们更好的建议吗？

从以上案例可以看出，买房子是人生大事，首付款的支付与购房后贷款偿还的负担，可能影响家庭生活水准长达10~30年，若不事先规划，可能陷入低首付款的陷阱，买自己负担不起的房子，也无法选择最佳的贷款配合。导致的结果将是大部分时间为购房的事情烦恼，得不偿失。学习完本章后，你将会对住房规划有更深一步的认识，了解我国住房贷款的主要类别，能够完成完整的购房融资方案。

4.1 住房需求分析

住房规划包括租房、购房、换房的规划，规划是否合理会影响家庭资产负债状况与现金流量的方向。住房规划的第一步是决定以租房或购房来满足住房需求。

4.1.1 影响住房需求的因素

1. 家庭类型

不同家庭类型的住房类型可能有所不同,如表 4-1 所示。

表 4-1 不同家庭类型的可能住房类型

家庭类型	可能住房类型
单亲家庭	租赁住房:提供一个适合孩子成长的环境及一定的安全感 购买住房:不太需要维修,能满足家人财务和社会需求
无子女的年轻夫妇	租赁住房:提供一定的便利性,使生活方式易于变化 购买住房:可以获得财务优惠,同时建立长期的理财安全感
有小孩的夫妇	租赁住房:可为子女提供家庭的温馨感及合适的设施 购买住房:可以满足理财和其他家庭需求
子女独立后离开家的夫妇	租赁住房:在各种需求和理财环境变化时提供一定的安全感和灵活性 购买住房:不太需要维修,符合生活方式需求
退休人士	租赁住房:可以满足理财、社会及生理需求 购买住房:不太需要维修,提供一定的便利性,并提供必需的服务

2. 个人支付能力

在进行住房需求分析时,正如前面所讲,财务因素会对最终的决策产生影响,而财务因素中的核心是对个人支付能力的评估。评估个人支付能力的核心是审慎地计算个人的净资产,即个人总资产减去个人总负债后的余额。

(1) 个人总资产的概念。个人总资产即个人拥有的所有财富,包括自用住宅、家具、艺术收藏品、交通工具、现金、债券和股票等。其中有些固定资产,如住房、家具,应该以能够脱手变现的价格加以计量。这类资产的取得是为了让你和家人可以长期使用和享受。所以自住性的房地产属于个人资产,不属于长期投资。就财务规划的观点而言,自住以外的房屋或土地只有在以赚取租金收入或将来的差价为购置目的时,才算投资性房地产。

(2) 个人总负债的概念。个人总负债是个人应偿还的债务,包括按揭贷款、汽车消费贷款和其他短期借款等。对于普通工薪阶层,实际总负债额不宜超过 3 个月的家庭日常支出总和。

对中国的工薪阶层来说,个人资产中还包含已缴存的住房公积金。住房公积金是职工在其工作年限内，由职工本人及所在单位分别按职工工资收入的一定比例逐月缴存至职工个人住房公积金账户的资金。该项资金全部归职工个人所有，由政府设立的公积金法定机构统一管理，用于以贷款形式支持职工买房。

（3）个人支付能力评估。评估个人住房规划的支付能力时，不仅要看个人的净资产，还要分析个人的固定收入、临时收入、未来收入、当前支出和预计的未来支出。

例如，在一个购买住房的理财规划中，个人净资产中可用于购买住房的金额为 12 万元，家庭月收入 8 000 元，月平均日常支出 4 000 元，其他投资支出 1 000 元，预期未来收入平稳，月平均可偿还银行按揭贷款本息的最大数额为 8 000–4 000–1 000=3 000 元。此时可以购买总价值为 60 万元的住房，首付款 20%为 12 万元，其余 48 万元可以申请银行按揭，以每月归还 3 000 元为限。如果对未来收入感到不确定性较大，就需要降低购买住房的总价值。

3．住房政策

住房政策是国家指定的有关居民房屋居住的一系列制度和政策的总和。20 世纪 90 年代以前，我国居民住房都是由政府通过居民所在单位无偿分配的，住房环境的好坏、住房面积的大小是由居民个人单位效益好坏和福利状况决定的。

20 世纪 90 年代中期，国家取消了全民福利分房的做法，采取了货币化的分房制度。即在城市职工工资中，增加住房补贴一项，每月发给职工，然后由职工和职工单位每月按工资收入一定比例，向城市住房基金管理中心缴纳住房公积金，以此解决城市职工的住房问题。同时，政府和企业以产权转让的方式卖给居民个人，以此来实现城市住房制度的彻底改革。

在这种制度背景下，城市居民住房主要通过市场化的手段来解决，这对城市居民的住房理念、投资决策将产生深刻的影响。

4．住房贷款政策

在居民收入有限的情况下，大多数居民都采用银行住房按揭贷款的方式来解决。因此，银行的贷款政策也是影响人们住房需求的决定性因素。在住房贷款政策方面，人们普遍关心以下几个问题。

（1）贷款的首付比例。首付比例是银监会根据国家的房地产政策制定的。首付比例定得过高，会提高老百姓贷款购房的门槛，在目前抑制房价上涨过快和房地产市场投机的背景下，这一比例高达 40%（2010 年 1 月数据）；而在振兴房地产时期，这一比例将为 10%，甚至有的银行实行零首付。对于实际购房者，首付比例并不是越低越好，因为首付比例定得过低，会加大贷款购房者的还款负担和贷款购房的风险，合理的首付比例应该在 20%～30%。

（2）还款期限。还款期限越短，贷款购房者的总的利息负担就越少，但每期还款额的负担增大；反之，还款期限越长，每期还款额的负担减轻，但总的利息负担会增大。表 4-2 给出的是 10 000 元住房贷款在利率一定的情况下，月还款额、总利息支出与还款期限之间的关系。

表 4-2　个人住房按揭贷款本息金额

年份	月数	月利率（‰）	年利率（%）	月还款额	本息总额	总 利 息
1	12	—	7.29	到期一次还本付息	10 729.00	729.00
2	24	6.23	7.47	448.86	10 796.63	796.63
3	36	6.23	7.47	310.92	11 193.28	1 193.28
4	48	6.38	7.65	242.49	11 639.50	1 639.50
5	60	6.38	7.65	201.09	12 065.58	2 065.58
6	72	6.53	7.83	174.50	12 564.25	2 564.25
7	84	6.53	7.83	155.02	13 021.39	3 021.39
8	96	6.53	7.83	140.50	13 488.41	3 488.41
9	108	6.53	7.83	129.31	13 965.23	3 965.23
10	120	6.53	7.83	120.43	14 451.74	4 451.74
15	180	6.53	7.83	94.59	17 025.55	7 025.55
20	240	6.53	7.83	82.59	19 821.39	9 821.39
25	300	6.53	7.83	76.06	22 217.66	12 217.66
30	360	6.53	7.83	72.19	25 990.14	15 990.14

（3）贷款利率。由于复利计算的原因，贷款利率的高低直接关系到贷款期间的每期还款额和总的利息支出。国家对用于首套自住普通住房的贷款实行七折优惠，对于符合条件的贷款购房者，要充分运用这一优惠政策，减少购房成本，降低贷款购房的风险。

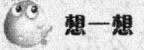

想一想

影响住房需求的因素有哪些？

4.1.2 购房与租房决策分析

1. 购房与租房优缺点比较

居民安排个人住房不像子女教育与退休一样具有不可替代性,对买不起房子的人而言,租房是不错的选择。可以通过多种因素的比较来解决这一问题。表4-3对租房与购房的优缺点进行了比较。

表4-3 租房与购房优缺点比较

	优 点	缺 点
租公寓房	方便转移,灵活,不需负维修责任,财务负担较小	没有自己的产业,无法重新布置,房租可能提高
租别墅房	居住环境好,财务负担相对较小,灵活,不需负维修责任	没有自己的产业,比公寓房使用费用高,重新布置受限制
购新房	崭新,拥有自己的产业,抵抗通货膨胀,保值、增值,可按自己的意愿进行布置	财务负担大,需要维修费用,迁移受到限制
购二手房	周围配套环境成熟,拥有自己的产业,价格比新房低,选择余地大	维修费用高,设施陈旧,迁移受限制

2. 从财务角度分析购房与租房决策

租房与购房哪个更加划算,涉及拥有自己房产的心理效用与对未来房价的预期。因购房者可期待房地产增值的利益,而租房者只能期待房东不要随时调涨房租。因此,同一个标的物可租可售时,不同的人可能会在租房与购房间做出不同的选择。下面以财务角度——年成本法分析购房与租房决策。

如果用于自住,购房者的使用成本主要是首付款与房屋贷款利息(不考虑诸如物业费等使用成本),而租房者的使用成本为房租。

【实例4-1】 李先生看上了一处60平方米的房产,房地产开发商可租可售。若租则房租每月1 000元,以3个月的房租作为押金。购房则总房价为25万元,首付款为房价的20%,即5万元,可获得20万元、利率为5.5%的房屋抵押贷款。问李先生是租房还是购房?

分析: 李先生租房与购房的成本分析如下(假设押金与首付款的机会成本为5%,1年期的存款利率以3%计算)。

租房年成本=1 000×12+1 000×3×5%=12 150（元）

购房年成本=50 000×5%+200 000×5.5%=13 500（元）（静态计算法）

因此，租房比购房年成本低1 350元，每月低112.5元，租房比较划算。不过还要考虑以下因素。

（1）房租是否会每年调整。购房后成本固定，而且租与购的月成本只差112.5元，只有月租的11.25%。因此只要未来房租的调整幅度超过11.25%，则购房比租房划算。

（2）房屋贷款与房租所得税扣除额。购房还要考虑税收方面的问题，若考虑契税和土地增值税后购房比租房更贵。

（3）房价上涨潜力。若房价未来看涨，那么即使目前计算的购房年成本稍高，未来出售房屋的资本利得也足以弥补居住期间的成本差异。以实例4-1而言，租房成本率为4.86%(12 150÷250 000×100%)，购房成本率为5.4%(13 500÷250 000×100%)，差距只有0.54%。若计划住5年，只要房价可能在5年内上涨2.7%(0.54%×5)，购房仍然划算。不过如果房价回落，则租房成本高于购房成本的情况也有可能发生。因此，租房与购房究竟哪个划算，当事者对未来房价涨跌的主观认定也是决定性因素。

（4）利率的高低。利率越低，购房的年成本越低，购房会相对划算。如果预期房贷利率进一步降低，而房租保持不变，则租房与购房的成本的差异也会缩小。

从财务计算角度分析购房与租房决策的优劣，有一个事实不要忽略：在所有上述考量的因素不变的情况下，李先生如果可以拿出首付款，再用支付房租的24.3万元来偿还银行贷款，虽然比租房居住多支出2.7万元，但是20年后，李先生实实在在得到一笔价值25万元（假设房产价值不变）的房屋资产。如果是在房地产价格不断上涨的情况下，这种方案更为可取。

全球知名理财大师大卫·巴赫在《起步晚，照样致富》一书中写道："不买房是你承受不起的残酷现实，到头来你还是原地踏步——一贫如洗。如果选择买房，花同样的钱支付了贷款，却是截然不同的结果——完全拥有一套自己的住房！"

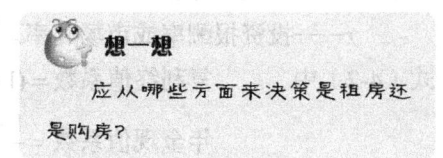

> **想一想**
> 应从哪些方面来决策是租房还是购房？

4.2 购房的财务策略与融资方案

如果在租房和购房决策过程中,经过精细的计算决定购房,则应该考虑的首要问题是衡量自己的负担能力,然后还要考虑购房所要支付的相关税费。

4.2.1 购房的财务策略

1. 衡量自己的负担能力

就理财的范畴而言,购房的财务策略就是确定购房规划,按照自己的经济能力确定购房目标和制定切实可行的付款计划。衡量自己负担能力的方式包括以下两种。

(1)按每月的负担能力估算能负担得起的房屋总价。计算公式为:

$$可负担首付款 = 目前年收入 \times 负担首付的比率上限 \times 年金终值系数 + 目前净资产 \times 复利终值系数 \quad (4-1)$$

$$可负担房屋贷款 = 目前年收入 \times 复利终值系数 \times 负担首付的比率上限 \times 年金现值系数 \quad (4-2)$$

$$可负担房屋总价 = 可负担首付款 + 可负担房屋贷款$$

$$可负担房屋单价 = 可负担房屋总价 \div 需求面积$$

式(4-1)中　　年金终值系数 $= \dfrac{(1+r)^n - 1}{r}$

复利终值系数 $= (1+r)^n$

式中　n——离购房年数;

　　　r——投资报酬率或市场利率。

式(4-2)中　　复利终值系数 $= (1+i)^n$

年金现值系数 $= \dfrac{1-(1+i)^{-n}}{i}$

式中　n——贷款年限;

　　　i——房贷利率。

【实例4-2】 李先生年收入为10万元,预估收入成长率为3%,目前净资产2万元,储蓄首付款与负担房屋贷款的上限为40%,打算5年后买房,投资报酬率为10%,

贷款年限为 20 年，利率以 6%计算。李先生可以负担贷款买房的房价是多少？

分析：可负担首付款 $=10\times 40\%\times \dfrac{(1+10\%)^5-1}{10\%}+2\times(1+10\%)^5=27.7$（万元）

可负担房屋贷款 $=10\times(1+6\%)^{20}\times 40\%\times \dfrac{1-(1+6\%)^{-20}}{6\%}=53.2$（万元）

可负担房屋总价=可负担首付款（27.7 万元）+可负担房屋贷款（53.2 万元）=80.9（万元）

购买多大面积的房子，取决于家庭人口数及对空间舒适度的需求。如果在 5 年后才购买房子，应以届时的家庭人口数计算所需面积。在刚成家时，由于储蓄积累有限，且家庭人口比较少，一般都是夫妇两人，这时并不需要大面积的住宅，一般两室一厅即可满足需求。如果为了小孩考虑，且想一次性购买 100 平方米的住房，则可负担的房屋单价为 80.9÷100（平方米）=8 090（元/平方米）。

（2）按想要购买的房屋价格来计算每月需要负担的费用。计算公式为：

欲购买房屋总价=房屋单价×需求面积

需要支付的首付款部分=欲购买房屋总价×（1- 按揭贷款成数比率）

需要支付的贷款部分=欲购买房屋总价×按揭贷款比率

每月摊还的贷款本息费用=需要支付的贷款部分÷年金现值

$$年金现值=年金\times \dfrac{1-(1+r)^{-n}}{r}$$

式中　n——离购房年数；

　　　r——投资报酬率。

例如，如果想购买 100 平方米的住房，市面上的一般价格是 3 000～6 000 元/平方米，则购买 100 平方米房屋所需要的费用为 30～60 万元。假设按七成按揭，30 万元的房屋需要支付首付款 9 万元，60 万元的房屋需要支付首付款 18 万元。30 万元的房屋需要贷款 21 万元，每月需要摊还的本息费用为 1 526 元(21÷11.47÷12×10 000)；如果是 60 万元，则需要贷款 42 万元，每月需要摊还的本息费用为 3 052 元(42÷11.47÷12×10 000)。因此，如果每月除了应付日常生活外，还能结余 3 000 多元，就可以买 6 000 元/平方米的房子；而当每月收入结余只有 1 526 元左右时，就只能负担 3 000 元/平方米的房子。

2. 考虑购房的各种税费

购房时除了要支付购房款之外，还涉及许多其他费用。在我国，涉及购房交易的税费主要包括契税、印花税、营业税、房屋所有权登记费、房屋买卖手续费、公证费、贷款保险费或担保费和中介费等。以下举例说明具体的税费。

契税：普通住宅按总房款×1.5%；非普通住宅按总房款×3%缴纳，由购房者负担。

合同印花税：按总房价的0.05%在交易签证时缴纳。

房屋产权证印花税：5元/本。

营业税：普通住宅在购买后5年内，按总房款的5.55%征收，5年以上免征。本税种应该由卖方承担，但大多数情况转嫁给了买方。

房屋所有权登记费：80元/套。

房屋买卖手续费：按2.5元/平方米×建筑面积缴纳。

公证费：按总房款×0.3%缴纳，由引发方承担。

中介费：按总房款×2%缴纳，由买方缴纳或由买卖双方各支付1%。

贷款保险费或担保费：按贷款额×比例系数缴纳。

需要注意的是，上述各种费率在不同时期会有所调整，而且不同省市执行标准也有所不同。

在实际的购房税费计算时，不必一项一项去计算，每个房产网站都提供免费的"购房税费计算器"，只要输入购房总价，系统会自动输出购房相关的各种税费金额，如图4-1所示。

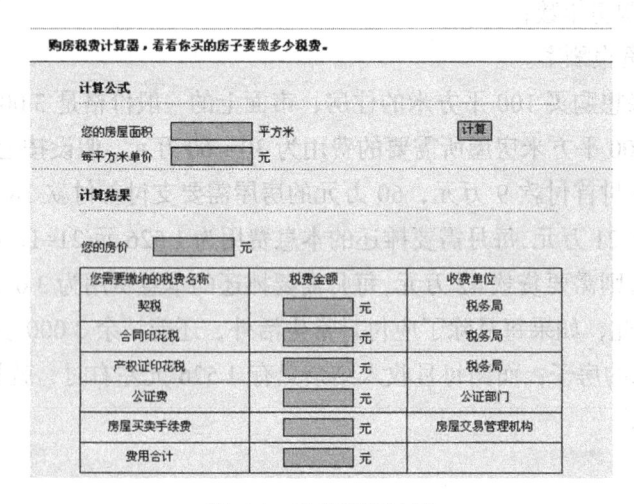

图4-1 购房税费计算

4.2.2 目前我国个人住房贷款的主要类别

目前我国个人住房贷款的类别主要有商业性个人住房贷款、住房公积金贷款和个人住房组合贷款。

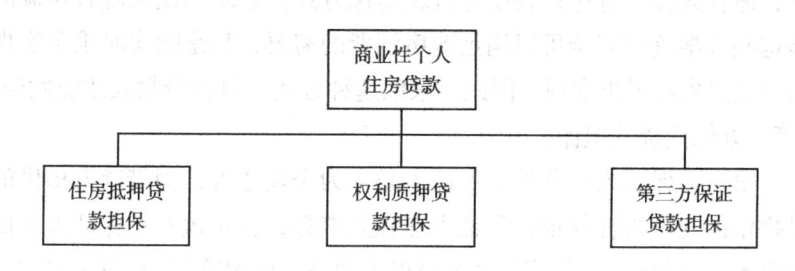

1. 商业性个人住房贷款

（1）商业性个人住房贷款的概念。商业性个人住房贷款又称"按揭"，是银行用其信贷资金所发放的自营性贷款。具体指具有完全民事行为能力的自然人购买本市城镇自住住房时，以其购买的产权住房（或银行认可的其他担保方式）为抵押，作为偿还贷款的保证而向银行申请的住房商业性贷款。

（2）商业性个人住房贷款可选择的贷款方式。目前，商业性个人住房贷款有三种贷款方式可供借款人选择，如图 4-2 所示，借款人可以根据自己情况选择其中一种。

1）住房抵押贷款担保。

第一，担保标的。贷款银行可接收的抵押物有借款人所购买的住房、借款人已经拥有（有产权）的住房。

第二，担保标的评估。如果借款人以所购住房做抵押，按贷款银行的规定，则不需要对抵押物进行评估，对借款人来说，可以节省一笔评估费用。

图 4-2　商业性个人住房贷款的方式

如果以借款人已经拥有产权的住房做抵押，则该抵押物需要经过银行指定的评估机构进行评估，抵押人需要支付一笔评估费用。目前评估费用是按照政府规定的房地产评估收费标准收费的。

第三，住房抵押贷款相关规定。以住房做贷款担保，借贷双方要按有关法律规定到房地产管理机关办理抵押物登记手续，抵押登记费用由借款人承担。借款人选择抵押做贷款担保方式，还需按规定到贷款银行认可的保险公司购买抵押物财产保险和贷款保证保险，并明确贷款银行为本保险的第一受益人。保险期不短于贷款期，保险金额不低于贷款的全部本息，抵押期间保险单由贷款银行保管，保险费用由借款人承担。采取抵押担保方式，借款人要支付抵押登记费用、保险费用和抵押物评估费用。

第四，适合人群。如果借款人经济条件较为富足，这种方式是较为理想的选择，也是银行最愿意接受的贷款担保方式。

2）权利质押贷款担保。

第一，担保标的。以权利质押做贷款担保，银行可接受的质押物是特定的有价证券和存单。有价证券包括国库券、金融债券和银行认可的企业债券，存单只接收人民币定期储蓄存单。

第二，权利质押贷款担保相关规定。借款人申请权利质押贷款担保，质押权利凭证所载金额必须超过贷款额度，即质押权利凭证所载金额要至少大于贷款额度的10%。各种债券要经过银行鉴定，证明真实有效，方可用于质押。人民币定期储蓄存单要有开户银行的鉴定证明及免挂失证明，借款人在与银行签订贷款质押合同时，要将有价证券、存单等质押物交由贷款银行保管，并由贷款银行承担保管责任。如果借款人要求进行公证，双方可以到公证机关办理公证手续，公证费用由借款人承担。

第三，适合人群。选择权利质押贷款担保方式，要求居民家庭有足额的金融资产，依靠这些金融资产完全可以满足购房消费的需要，只是购房时难于实现或因变现会带来一定损失而不想变现。因此，采取这种方式，只有少数人才能做到。

3）第三方保证贷款担保。

第一，第三方保证人的条件。保证人必须为企业法人，为借款人提供的贷款保证为不可撤销的连带责任保证；保证人能独立核算，自负盈亏；保证人有健全的管理机构和财务管理制度，有相当于AA级以上的企业信用等级；保证人在建设银行开有存款账户；保证人无重大债权债务纠纷。

若第三方法人不符合这些条件或不符合其中任何一条，都不能通过贷款银行的审查。

第二，第三方保证贷款担保的局限性。选择第三方保证做贷款担保有一定难度。首先，第三方法人是否愿意做这种承担连带责任的保证人；其次，第三方法人做承担连带责任的保证人的资格是否会被银行认可。因此，对大多数购房借款人来说，这种方式不易成功。

（3）商业性个人住房贷款可选择的还款方式。

1）一次性还本付息。根据各银行的规定，贷款期限在1年之内（含1年）的，还款方式采取一次性还本付息，即一次性还清期初的贷款本金加整个贷款期内的利息的总额。计算公式为：

到期一次还本付息额=贷款本金×[1+年利率（%）]（如贷款期为1年）

或

到期一次还本付息额=贷款本金×[1+月利率（‰）×贷款期（月）]

[本公式适用于贷款期不到1年的情况，其中，月利率=年（名义）利率÷12]

【实例4-3】假设李先生的商业性个人住房贷款总额为1万元，贷款期限为7个月，月利率为6‰。到期一次还本付息额是多少？

分析：李先生到期一次性还款本息金额=10 000×(1+6‰×7)=10 420（元）

2）等额本金还款法。等额本金还款法是一种计算非常简便，实用性很强的还款方式。其计算原理是在还款期内按期等额归还贷款本金，并同时还清当期未归还的本金所产生的利息。还款方式可以是按月还款和按季还款。由于银行结息惯例的要求，很多银行都采用按季还款的方式。具体计算公式为：

每季还款额=贷款本金÷贷款期季数+（本金−已归还本金累计额）×季利率

【实例4-4】假设李先生的商业性个人住房贷款总额为20万元，贷款期为10年，如采用季等额本金还款法，假设名义年利率为5.58%，每个季度的还款额是多少？

分析：李先生第一个季度还款金额=200 000÷40+200 000×5.58%÷4=5 000+2 790=7 790（元）

第二个季度还款金额=200 000÷40+(200 000−5 000)×5.58%÷4=5 000+2 720.25=7 720.25（元）

依次类推，李先生的每季还款金额逐季减少，直到还清贷款为止。

3）等额本息还款法。等额本息还款是根据贷款金额、贷款期限以及还款次数计算出的一个固定值，每期的还款额中包括本金和利息。随着贷款本金的逐步归还，贷款利息逐渐减少，而每期的还款额中归还贷款本金的金额则逐渐增加。其计算公式为：

每月还款额=[贷款本金×月利率×（1+月利率）×还款月数]÷（1+月利率）×

（还款月数-1）]

【实例4-5】假设李先生的商业性个人住房贷款总额为20万元,贷款期为20年,如采用等额本息还款法,假设名义年利率为5.58%,每月的还款额是多少?

将实例4-5中的数字代入上述计算公式,则李先生每月还款金额为1 380元。在每月还款金额1 380元中,随着月份的推移,利息比重逐渐减少,其中用于归还贷款本金的金额则逐渐增加。

2. 住房公积金贷款

(1) 住房公积金的概念。住房公积金由国家机关、事业单位、各种类型企业、社会团体和民办非企业单位及其在职职工各按职工工资的一定比例逐月缴存,归职工个人所有。住房公积金专户存储,专项用于职工购买、建造、大修自住住房,并可以向职工个人住房贷款,具有义务性、互助性和保障性特点。

小贴士

(1) 住房公积金不能直接用作购房首付款。

(2) 住房公积金的提取总额不能超过房款总额。

(3) 结清住房公积金贷款后可以再用公积金购房。

(2) 住房公积金贷款的概念。住房公积金贷款为政策性住房公积金发放的委托贷款,指缴存住房公积金的本市职工,在本市城镇购买、建造、翻建、大修自住住房时,以其所拥有的产权住房为抵押物,作为偿还贷款的保证而向银行申请的住房公积金贷款。

(3) 与商业性个人住房贷款相比,住房公积金贷款有以下几个显著的特点。

1) 住房公积金贷款利率比商业性个人住房贷款利率低。

2) 对贷款对象有特殊要求,即要求贷款人是当地公积金系统中的公积金缴存人。

3) 对贷款人年龄的限制不同。住房公积金贷款不如商业性个人住房贷款那么严格,没有年龄上限的限制。

4) 贷款额度大于商业性个人住房贷款。商业银行个人住房贷款最高可以贷到房屋总价的80%,而根据所购住房性质不同,住房公积金贷款可以贷到房屋总价的90%或95%。

5) 对单笔贷款最高额度的规定有所不同。

6) 贷款的担保方式不同。商业性个人住房贷款一般在房产证抵押登记前采用开发商阶段性连带责任保证担保方式,在抵押登记后采用抵押担保方式。公积金贷款担保方式主要是住房贷款担保中心所提供的连带责任担保。

7）所需要费用不同。商业性个人住房贷款一般需要律师费用和保险费用，而住房公积金贷款一般需要担保费和评估费。

（4）住房公积金贷款的还款方式。与商业性个人住房贷款相类似，住房公积金贷款也主要以一次性还本付息、等额本金还款法和等额本息还款法为主。

3．个人住房组合贷款

（1）个人住房组合贷款的概念。个人住房组合贷款是指向缴存公积金的购房借款人同时发放个人住房公积金贷款和个人商业性贷款的一种贷款方式。

（2）个人住房组合贷款的贷款对象。个人组合贷款的贷款对象是在本地购买自住住房，同时在当地住房资金管理中心系统缴存住房公积金的住房公积金缴存人和汇交单位的离退休职工。

（3）个人住房组合贷款的还款方式。与个人住房商业贷款相类似，主要以一次性还本付息、等额本金还款法和等额本息还款法为主。

> **想一想**
> 目前我国住房贷款的主要类别有哪些？

4.3　房地产投资

人们购买住房的另一个目的是用来投资增值，许多购买住房的人最终会成为房地产交易的另一方。要出售住房，必须要有房地产投资方面的知识，了解房地产投资的行情。

4.3.1　房地产的概念与类型

1．房地产的概念

房地产是房产和地产的合称。地产是指购买土地使用权的开发投资；房产是指物业建成后的置业投资。对个人投资者来说的房地产一般是指房产。家庭购买房产的目的一般有两个：一是自己居住；二是获得预期收益。前者是消费行为，后者是投资行为。在现实中，自住和投资并没有区分得很严格，有时自用房产也可作为投资对象，如出租、出售等；同样，投资性的房产也可自住（如在出售前）。

2. 房地产的类型

（1）按照性质，房地产可以分为商品房、安居房、解困房、经济适用房和房改房。

1）商品房。商品房是指由房产开发企业开发建设并出售、出租的房屋。

2）安居房。安居房是指直接以成本价向城镇居民中低收入家庭出售的住房，优先出售给无房户、危房户和住房困难户，在同等条件下优先出售给离退休职工、教师中的住房困难户，不售给高收入家庭。

3）解困房。解困房是指各级地方政府为解决本地城镇居民中的特别困难户、困难户和拥挤户住房问题而专门修建的住房。

4）经济适用房。经济适用房是指根据国家经济适用住房建设计划安排建设的住宅。由国家统一下达计划，用地一般实行行政划拨的方式，免收土地出让金，对各种经批准的收费实行减半征收，出售价格实行政府指导价，按保本微利的原则确定。

5）房改房。房改房，即已购公有住房，是指城镇职工根据国家和县级以上地方人民政府有关城镇住房制度改革政策规定，按照成本价或者标准价购买的已建公有住房。按照成本价购买的，房屋所有权归职工个人所有；按照标准价购买的，职工拥有部分房屋所有权，一般在5年后归职工个人所有。

（2）按照取得的时间，房地产可分为期房和现房。

1）期房。期房，即预售商品房，是指从开发商取得"商品房预售许可证"可以公开发售开始，直至取得之前的商品房。期房一般没有整体竣工，购买者在购买期房时签订的是"商品房预售合同"，购买后一般需要等待一段时间后才能入住。

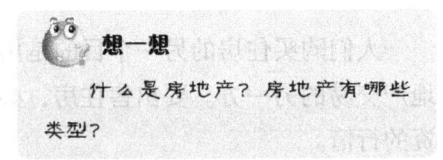

> 想一想
> 什么是房地产？房地产有哪些类型？

2）现房。现房是指开发商已办妥所售项目的"房地产权证"的商品房。现房必须整体竣工并通过验收，购房者在购买现房时签订"商品房买卖合同"，购买后即可入住。

4.3.2 房地产投资的方式及效益评估

1. 房地产投资的概念

房地产投资是以获取期望收益为目的，将货币资本投入房地产开发、经营、中介服务和房地产金融资产的经营活动。同时，房地产投资涉及房地产与金融资产的组合安排。因此，房地产投资一方面表现为实物资产的投资活动，另一方面又表现为金融资产的投资活动。

2．房地产投资的方式

（1）直接购房。投资者用现款或分期付款的方式直接购置房屋，可自住，也可出租或出售，以获得利润。这种方式适合资金实力较强的家庭。

（2）以租代购。投资者签订购租合同，租户可在一定期限内购买此房，并以租金抵消部分房款。这种方式适合开始资金不够，以后收入增加有能力购买的家庭。

【实例4-6】张先生最近准备购买一套面积为65平方米、总价为35万元的二手商品房用于出租。张先生想大概了解一下，以目前这个价位，即总价35万元，每月租金至少应是多少才比较划算？

（3）以租养贷。投资者先付首期房款（一般是全部房款的 2~3 成），其余部分通过银行贷款解决。然后出租此房屋，用租金来偿还贷款，贷款还清后将完全拥有此套房屋。此种方式与"以租代购"相反，适合当前已经有相当数量的资金，但以后收入可能不稳定的家庭。

（4）买卖楼花。购买预建的楼盘（可能两三年后才能建成），只需房价的10%左右，如果房价上升，可卖出获利。相当于期货功能，风险较大。这种方式适合风险承受力较强、激进型的投资者。

（5）房地产投资券。购买房地产投资券到期可得本息。这种方式实际上不通过房屋的租售来获得，相当于股票，流动性较好，收益稳定。

（6）房地产证券。通过发行证券，将小资金汇集后购买房地产或产权单位。所购房地产可统一通过管理机构出租，从租金收入中分得利润。这种方式把房地产的所有权与使用权分离，可提高经营效率。这种方式适合小额投资者。

3．房地产投资的优点

房地产投资，由于其商品的特殊性，存在不同于其他投资类型的优点，认识和掌握这些优点是从事房地产投资的关键所在。房地产投资的优点主要有以下几个方面。

（1）房地产是一种耐用消费品。房地产是人们生活的必需消费品，但不同于一般的消费品。一般情况下，房子的寿命都在百年以上，少的可达几十年（产权期限

70年)。所以这种长期耐用性为投资赢利提供了较多的时间。

(2)可观的收益率。投资房地产的收益主要来源于持有期的租金收入和买卖价差。一般来说,投资房地产的平均收益率要高于银行存款和债券,仅次于投资股票的收益率。对于像我国这样的人口大国,在未来10年之内,城市化率将从目前的近50%提高到65%,就有2亿人需要到城市居住。庞大的市场潜力意味着现有城市规模的扩张,这必然伴随着城市边缘地价的升值以及城市现有土地或住房价格的升值。

(3)房地产的价值相对比较稳定。房地产相对于其他消费品,具有相对稳定的价值,科技进步、社会发展等对其影响相对较小。不像一般消费品,如汽车、电脑、家用电器等,随着科技水平的发展,价值只会不断下降。所以房地产具有较好的保值、增值的功能。

(4)房地产具有不断升值的潜力。由于土地资源的稀缺性、不可再生性,以及人口上升、居民生活水平的提高,整个社会对房地产的需求长期处于上升趋势。具体来说,人总是要住房子的,而且在不断地换房,小换大、低换高。这种变换机会为房地产投资带来可预期的收益。

4. 房地产投资的缺点

(1)缺乏流动性。房地产作为不动产,最大缺点是流动性较差。它不像其他金融产品,可随时变现或较容易变现。房地产一般出售或出租都需有一定的时间,不可知、不可控。有时为了快速变现,可能要损失收益甚至亏损。所以,房地产作为固定资产投资,一般是长期投资项目,家庭必须没有现金压力才行。为了减少这种风险,一般考虑将房地产投资作为投资组合的一部分,而非全部。另外,在急需资金时,可把房地产抵押进行贷款。

(2)需要大笔首期投资。房地产投资额的起点都比较大,一般动辄数十万元,甚至上百万元。对有些家庭来说,一辈子的结余就是为了购一套房。但是,随着房地产市场的发展,各种房地产投资手段的推出,也为普通家庭的房地产投资提供了选择的余地,具体可参考前面介绍的几种房地产投资方式。

(3)政策风险。房地产投资是一项政策性很强的经济活动,如土地政策、城市规划、房地产税收、租金管制等的变化都可能给房地产投资带来一定的风险。随着国家体制转型、政策完善、法制健全,以上风险可相应减少。

(4)道德风险。国内房地产市场的不成熟,也给少数开发商提供了违规、欺骗的机会,如房屋的质量、合同的不公正、产权的不完善等,都可能给房地产投资带来损失。这些道德风险在现阶段特别明显，各种房地产纠纷、官司层出不穷就是明证。所以投资者须全面地掌握各种信息。

5. 房地产价格的基本构成要素及影响因素

（1）房地产价格的基本构成要素。

1）土地成本。包括征地费或拆迁补偿费或土地转让费及相关税费，如土地出让金、耕地占用费、菜田基金、防洪费、征地服务管理费、拆迁管理费、拆迁服务费、不动产评估费、出让业务费及基础设施建设费等。

2）勘察设计和前期工程费用。包括正式开工前发生的规划设计、水文、地质勘探和测绘，"数通一平"等费用。

3）建安工程费及相关税费。包括房屋建安工程费，即由开发商向施工单位支付的土建工程、设备安装工程及粗装修费用；相关税费，如公共配套设施费、绿化费、管理费、水电增容费和投资方向调节税等。

4）开发商支付的交易税费。包括房地产转让（包括商品房销售）时支付的营业税、城市维护建设税、教育费附加、土地增值费（在转让房地产获取增值时支付）、印花税（按买卖合同金额的一定比例支付）、房屋买卖综合服务费、房屋销售费用（包括代理费、广告宣传费、管理费、销售人员提成奖励费用等）。

5）代政府部门收取的规费。

6）利息。包括利用金融机构贷款进行前期投资所必须支付的利息，或按上述标准计算的应当向资金所有者支付的利息。

7）利润。指土地开发、房屋建设及销售各环节应获取的合法利润，一般以当时的行业平均年投资利润或项目利润计算。

（2）房地产价格的影响因素。除上述房地产价格的基本构成要素外，许多因素将影响房地产的价格，主要包括以下几种因素。

1）一般因素，包括社会因素、经济因素和行政因素。

2）地域因素，指房地产所在地区、城市、区位、地段的因素。

3）个别因素，可分为宗地条件和建筑物类别的影响。

6. 房地产投资价值与效益评估

考察一处房产是否值得投资，最重要的就是评估其投资价值，即考虑房产的价格与期望的收入关系是否合理。以下三个指标可以帮助投资者估算房产的投资价值。

（1）租金乘数。这是比较全部售价与每年的总租金收入的一个简单公式，其公式为：

$$租金乘数 = 投资金额 \div 每年潜在租金收入$$

例如，一套房子 2002 年售价 44 万元，月租金为 3 000 元，那么它当时的租金乘数是 12 倍。一般来说，这个数字被看成大多数租赁房产的分界线。如果一处房产的租金乘数超过 12 倍，很可能会带来负现金流，就不值得投资了。如今这套房子的售价已经上涨到 80 万元，而月租金仍为 3 000 元，租金乘数上升到 22 倍，已经大大超过了合理的范畴。

投资者可以将目标物业的总租金乘数与自己所要求的进行比较，也可在不同物业间比较，取其较小者。不过这个方法并未考虑房屋空置与欠租损失及营业费用、融资和税收的影响。

（2）投资回收期。投资回收期指标考虑了租金、价格和前期的主要投入，比租金乘数适用范围更广。其方法是估算资金回收期的长短来衡量投资效益的高低。其公式为：

$$投资回收年数 = (首期房款 + 期房时间内的按揭款) \div (月租金 - 按揭月供款) \times 12$$

一般来说，回收年数越短越好，合理的年数在 8~10 年。仍以上面提到的那套房子为例，假设 2002 年时首付款 10 万元，每月按揭供款 2 000 元，1 年后交房，当时它的投资回收年数是 10.33 年。但是到了 2006 年，由于房价上涨，而租金却没有同步增长，现在购买这套房产每月的租金收入无法弥补月供款，面临投资无法回收的境地。

（3）15 年收益指标。房产投资价值还可以参考国际专业理财公司评估物业的公式。如果该物业的年收益×15 年=房产购买价，那么该物业物有所值；如果该物业的年收益×15 年>房产购买价，该物业尚具升值空间；如果该物业的年收益×15 年<房产购买价，那么该物业价值已高估。

仍以上面提到的房子为例，2002 年时年租金收益为 3.6 万元，乘以 15 等于 54 万元，大于当时的售价 44 万元，因此是值得投资的。但是现在以 3 200 元月租金计算，合理价值为 57.6 万元，远远小于当前 80 万元的售价，价值已经被过度透支了。

以上是三种常用的指标，有的只需进行简单的预测和分析即可帮助投资者快速做出判断；有的还需要进行专业性的投资分析，另外，还可以利用一些辅助性的指标增加预测的可靠性。例如，一个地段好的房产可能现在的租金回报率不高，但具有较佳的升值前景；或者一套普通住宅能够享受税收减免，在一定程度上能够弥补过高的租金乘数。

> **想一想**
> 房地产投资有哪些方式？房地产投资有哪些优缺点？

4.4 住房规划案例分析

📖 基本情况

赵先生今年27岁，在某城市工作3年，单身，月收入大约9 000元，预计在未来3年内结婚生子。首先赵先生希望解决的是住房问题，想在离单位近点的地方买一套两居室的住房，方便上班。经人介绍，看上了一套1985年左右竣工的两居室、76平方米，房屋位置、朝向、楼层等都很符合赵先生的要求，最终决定以84万元的价格购买。赵先生的单位一直为他缴纳住房公积金，已经有两年，问题是赵先生手中的资金有限，只有大约37万元，希望能够通过贷款的方式购买，但不知如何办理。同时赵先生还希望能够在偿还月供的同时保障现有的生活水平不变甚至有所提高。作为理财规划师，你会为赵先生如何制定住房规划方案？

📝 理财解析

1. 客户需求分析

（1）买方赵先生手中的资金有限，贷款额要求越高越好，希望留部分资金做装修款。

（2）赵先生与卖方互不相识，没有很高的信任度。

（3）对相关的贷款政策不了解，尤其如何制定贷款方案以及日后的贷款理财方案。

2. 解决方案分析

（1）根据所要购买房产的情况，如果赵先生做商业贷款，他的最高贷款额度只能为评估价的70%，但因为赵先生一直在缴纳公积金，所以建议赵先生申请住房公积金贷款，最高贷款额为评估价的80%，可以减轻赵先生首付款的压力。

（2）在买卖双方办理房产交易手续时，建议寻找一家资质良好的担保公司为买卖双方提供居间中保责任（或银行对交易资金进行监管），在为买卖双方将风险控制到最低的同时保证双方的利益，保证房产交易的安全性。

（3）买方的首付款在做贷款时交至担保公司或通过银行进行资金监管，过户之后由担保公司或银行支付给卖方,而赵先生的贷款部分则直接由银行支付给卖方。因此,卖方不必担心拿不到所出售房产的房款。

（4）建议办理房贷之前,先咨询一下房屋贷款方面的理财专家,因银行政策及贷款品种各不相同,而且在加息周期紧密、银行政策调控频繁的情况下更需要如此。

3. 实施结果分析

（1）通过专业的房产评估,得出该套房产的评估价为 65 万元,根据该价格,赵先生最终可申请 52 万元的公积金贷款,实际交纳首付款 32 万元,可使他有 5 万元左右的资金用于房屋装修。

（2）与担保公司签订三方协议,或者通过银行资金监管,确保买卖双方各自的利益得到保证。

（3）买方的首付款在房产过户后由担保公司或银行支付给卖方,而赵先生的贷款部分则直接由银行支付给卖方。

理财建议

（1）理财专家建议赵先生申请 25 年 52 万元公积金贷款,按照等额本息还款方式计算,月供在 3 100 元左右,比商业贷款的同档次月供及利息要低很多。

（2）市管公积金的还款方式为自由还款法,即规定一个最低还款额,然后每月月供只要不低于这个数字即可,提前还款也非常方便。

（3）赵先生月收入 9 000 元,减去月供 3 100 元后,自由支配的月收入为 5 900 元,建议用其中一部分资金购买基金或股票,以定投的方式强制储蓄或投资,这样既能轻松还贷,还可以保证生活质量。

> **想一想**
> 怎样通过实际案例进行购房规划方案的设计?

评估练习

1. 单选题

（1）评估个人住房规划的支付能力时,不仅要看个人的净资产,还要分析个人的固定收入、临时收入、未来收入、（　　）和预计的未来支出。

　　A. 生活支出　　B. 家庭支出　　C. 当前支出　　D. 教育支出

（2）20 世纪 90 年代中期，国家采取了（　　）的分房制度。即在城市职工工资中，增加住房补贴一项，每月发给职工，然后由职工和职工单位每月按工资收入一定比例，向城市住房基金管理中心缴纳住房公积金，以此解决城市职工的住房问题。

A．集体化　　　B．单位化　　　C．公积金化　　　D．货币化

（3）房屋月供款占借款人税前月总收入的比率，一般不应超过（　　）。

A．15%～20%　　　　　　　B．25%～30%

C．35%～40%　　　　　　　D．45%～50%

（4）（　　）是指贷款银行向贷款者提供大部分购房款项，购房者以稳定的收入分期向银行还本付息。

A．住房抵押贷款　　　　　B．抵押综合贷款

C．质押担保贷款　　　　　D．连带责任保证贷款

（5）住房公积金专户存储，不能用于的支出项目是（　　）。

A．用于职工购买自住住房　　B．建造自住住房

C．偿还住房贷款　　　　　　D．用于个人租房居住

2．多选题

（1）个人支付能力评估包括（　　）。

A．个人净资产　　　　　　B．个人固定收入、临时收入、未来收入

C．当前支出和未来支出　　D．个人总资产和总负债

（2）按照其性质分类，房地产可以分为（　　）。

A．商品房　　　B．安居房　　　C．解困房　　　D．经济适用房和房改房

（3）商业性住房贷款可选择的还款方式有（　　）。

A．一次性还本付息　　　　B．等额本金还款法

C．等额本息还款法　　　　D．等额递减还款法

（4）目前的个人住房贷款品种主要有（　　）。

A．商业性个人住房贷款　　B．住房公积金贷款

C．个人住房组合贷款　　　D．以上都不是

（5）在住房贷款政策方面，人们普遍关心（　　）几个问题。

A．贷款的首付比例　　　　B．还款期限

C．贷款利率　　　　　　　D．还款方式

3. 简答题

（1）影响住房需求的因素有哪些？

（2）"购房还是租房"应从哪两方面决策？

（3）购房的各种税费有哪几种？

（4）目前我国住房贷款的主要类别有哪些？

（5）房地产投资的优缺点是什么？

（6）如何评估房地产投资的效益？

职业技能训练

请根据下面所给的情况为张先生分析一下，应选择哪一种还贷方式。

张先生年工资 75 000 元，奖金和津贴 10 000 元，银行存款 18 万元，投资于证券市场的资产 30 000 元，每月各类支出共 3 000 元。张先生计划通过贷款的方式买一套商品房，建筑面积 150 平方米，总价 60 万元。首付 20 万元，其余 40 万元通过贷款的方式支付，贷款期限为 20 年。

方案一：等额本息还款，月供 2 800 元，20 年共还款 672 000 元。

方案二：等额本金还款，每月还款金额不同（由多变少），20 年共还款 628 000 元。

思考题

1．说明所给两种还贷方案的优缺点。

2．根据张先生的财务状况，回答张先生应如何选择还款方式。

第5章

投资规划

📝 学习目标

- ☑ 掌握投资需求的相关知识,正确把握投资和投资规划的含义。
- ☑ 了解投资的影响因素,熟悉各种投资工具。
- ☑ 掌握投资规划方案制定的步骤,并能制定完整的投资规划方案。

🔑 关键术语

投资　投资规划　股票　债券　基金　远期合约　期货　期权

🚩 引导案例

小张和妻子两人的月薪总共大约6 500元,在没有添置任何固定资产的情况下,每月竟然用得一分不剩。一清算,发现钱基本上是这样花掉的:妻子每月购买化妆品和衣服1 500元,小张每月购买香烟600元,添置衣物鞋类每月平均500元,健身房每月 300 元，饭馆吃饭每月 1 500 元，水电费每月 200 元，家中各类物件的更新及维修平均每月 800 元，妻子的宠物狗"笨笨"每月要花 400 元，再加上各种各样零碎开支，两人的工资见底了。经过精心规划，小张夫妻二人终于制定了一个"省钱计划"：妻子购买化妆品和衣服每月控制在 300 元左右；小张购买香烟每月控制在 60 元左右；健身卡从此作废，在小区的健身公园里也可以锻炼；尽量节约家中的水电气；宠物狗送给朋友；家中购置各类物件尽量买便宜的。时至今日，他们将这套"省钱计划"严格执行了 1 年多。在这 1 年中，他们竟然破天荒地在账户上存了 5 万多元。小张不由得感慨："'你不理财，财不理你'这话说得确实有些道理啊。"

思考题：小张夫妻二人的"理财"是真正的理财吗？

以上案例的最大误区是小张夫妻二人只顾着埋头省钱，而没有真正理解理财。所谓理财，不光要考虑省钱，更重要的是如何以钱生钱。只省不理，如何生财？为了理财而使生活水准大降，这绝不是正常也不是正确的理财行为。进行合理的投资规划，既能降低风险，又能提高投资收益，对一个家庭来说具有十分重要的意义。通过本章的学习，你将了解投资规划的关键术语，认识投资工具，掌握投资规划方案制定流程，并能制定出一份完整的投资规划方案。

目前，大众的一个理财误区是把理财等同于投资，主要是由于从形式来看，投资在理财中非常重要。因为理财规划的核心思想是通过一系列的规划来实现客户的目标，如子女教育目标、退休养老目标等，而这些目标大多数需要通过投资来实现。所以，投资规划在理财规划中非常重要。

5.1 投资需求与投资规划

5.1.1 投资规划前的准备工作

1. 收集与投资规划相关的信息

与投资规划相关的信息大体有以下几种。

（1）反映客户现有投资组合的信息。这类信息反映了现有的资产配置情况：金融资产和实物资产、流动资产和固定资产各占多大比重，各类资产中具体又有哪些投资产品。

（2）反映客户风险偏好的信息。一般来说，风险偏好可以分为五种类型，如图 5-1 所示。客户究竟属于哪种风险类型的投资者，可以通过问卷方式来进行测试和划分。测试和划分的方法详见附录 A。

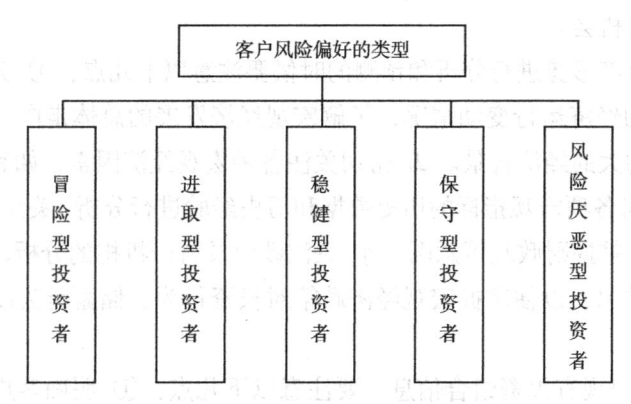

```
                    客户风险偏好的类型
         ┌──────┬──────┬──────┬──────┬──────┐
        冒险型  进取型  稳健型  保守型  风险厌恶型
        投资者  投资者  投资者  投资者  投资者
```

图 5-1　客户风险偏好的类型

（3）反映客户家庭预期收入情况的信息。客户的收入、支出信息是客户最为重要的财务信息之一，客户家庭预期收入成为客户未来现金流入的主要来源，也成为客户投资的主要依据。

（4）反映客户投资目标的各项相关信息。客户往往不能明确地指出自己的投资目标，需要理财规划师通过适当的方式，循序渐进地加以引导，帮助客户将模糊的、混合的目标逐渐分析、细化、具体化。为了帮助客户较为客观地制定出适合自己的投资目标，理财规划师需要掌握反映客户对于投资的收益，以及投资收益用途的各项相关信息。

2. 整理与分析客户资料

理财规划师为了分析客户投资的相关信息以及客户未来的各项需求，帮助客户确定各项投资目标，首先要掌握客户的所有基本信息，对各项与投资规划相关的信息以及反映客户未来需求的信息进行分类、汇总。

（1）分析客户投资的相关信息。

1）分析相关财务信息，回顾相关的财务信息和财务预测信息，以便从中分析出影响投资规划的因素。

2）分析宏观经济形势。在不同的经济环境下，制定的理财方案可能会完全不同。经济运行上升期间，居民收入将随之提高，各类投资者对经济前景抱有信心，从而会有较高的投资预期；企业在经济上升期可以取得较好的利润水平，客户投资股票与企业债券可以获得较高的投资收益。而在经济萧条期，宏观经济运行则会产生相反的效果。只有密切关注各种宏观经济因素，如利率、汇率、税率的变化，才能抓住最有利的投资机会。

在对宏观经济形势进行分析和预测的时候要注意以下几点：① 关注经济统计信息，掌握实时的经济运行变动情况，了解宏观经济发展的总体走向，以便明确客户投资规划进行的大的经济背景。② 密切关注各种宏观经济因素，如利率、汇率、税率的变化。③ 对各项宏观指标的历史数据和历史经验进行分析，关注财政预算报告，分析收支变化，掌握财政政策意图。④ 关注政府及科研机构的分析、评论，判断财政政策的作用效果，以便掌握宏观经济政策对投资行为、储蓄行为以及金融市场的影响。

3) 分析客户现有投资组合信息。要注意以下几点：① 明确客户现有投资组合中的资产配置状况。② 注意客户现有投资组合的突出特点。根据对客户投资组合的分析，理财规划师应该归纳出客户现有投资组合的基本特点。例如，有的客户投资基本都是股票投资且集中于某一类股票。③ 根据经验或者规律，对客户现有投资组合情况做出评价。

4) 分析客户的风险偏好状况。根据已经收集到的客户的风险偏好信息，要确定以下两点：① 客户的风险偏好类型属于哪一种。② 确定客户的风险承受能力。风险偏好类型能够在一定程度上反映客户的主要投资偏好。但是客户的投资要受到一些现实因素的影响，客户的投资规划必须建立在确保财务安全的基础上。因而，根据客户的家庭实际情况综合确定的客户风险承受能力才是制定投资规划时要考虑的主要风险因素。

5) 分析家庭预期收入信息。通过已经收集和整理的信息，应该掌握以下几点：① 各项预期家庭收入的来源。预期收入来源决定了该收入项目的性质，而不同性质的收入项目对客户财务状况、投资规划的影响以及相应的用途不同。例如，预期某客户的家庭收入，来自薪金工资、奖金、利息和红利所得等属于客户的经常性收入，这些收入发生的频率、金额相对确定性较大。② 各项预期家庭收入的规模。预期家庭收入是财富基础，预期家庭收入的规模在一定程度上决定了投资规模。③ 预期家庭收入的结构。不同性质的收入由于发生频率、确定性、规模等的不同，对客户财务状况、投资理财的影响不同，可以安排的用途也不同。因而明确客户家庭收入的结构，确定客户各种类型的预期收入在客户家庭收入总额中所占的比例，一方面有助于理财规划师发现客户财务结构的缺陷并提出改进意见，另一方面也有助于理财规划师根据客户的收入结构安排客户的投资规划。

（2）分析客户的未来需求。客户投资规划的目标往往就是客户未来需求的一方面或者其中的一个组成部分。每个客户由于基本情况的不同，对未来的各种需求也不同。只有明确了客户未来的各项需求，才可能根据客户的情况帮助客户确定合理的投资规划目标，从而为客户制定出能够满足其需求的投资方案。

（3）确定客户的投资目标。

1）投资目标的概念。投资目标是指客户通过投资规划所要实现的目标或者期望。

2）客户的投资目标按照实现的时间进行分类，可以划分为短期目标、中期目标和长期目标。

第一，短期目标。短期目标是指在短时间内（一般在 1 年左右）就可以实现的目标。短期目标一般需要客户每年或者每 2 年重新制定或修改，如装修房屋、休闲旅游、购买笔记本电脑等。

第二，中期目标。中期目标是指一般需要 1~10 年才可能实现的愿望。中期目标可以进一步细分，通常 2 年之内仍可视为短期目标。2~5 年可视为中短期目标，5~10 年可视为中长期目标。

第三，长期目标。长期目标是指一般需要 10 年以上才能实现的愿望，如 30 岁的客户设定的退休保障目标。

需要说明的是，短期目标、中期目标和长期目标之间的界限并不是绝对的。特别是短期目标和中期目标之间，界限不是特别明显。

3）确定投资目标的原则。投资目标的原则包括：① 投资目标要具有现实可行性。② 投资目标要具体、明确。③ 投资期限要明确。④ 投资目标的实现要有一定的时间弹性和金额弹性。⑤ 投资目标要与总体理财规划目标相一致。投资规划是客户整个理财规划的一个组成部分，投资是实现其他财务目标的重要工具，投资目标应该是客户整体理财目标的组成部分。⑥ 投资目标要与其他目标相协调，避免冲突。在制定规划目标的时候，各个规划要相互协调，不能只为某一项规划独立地设定目标而忽视与其他规划的配合。⑦ 投资规划目标要兼顾不同期限和先后顺序。

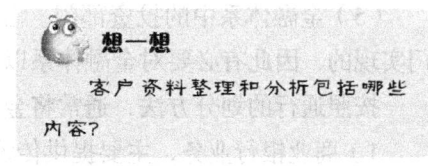

想一想

客户资料整理和分析包括哪些内容？

5.1.2 投资与投资规划

1. 投资

（1）投资的概念。投资是指牺牲或放弃现在可用于消费的价值以获取未来更大价值的一种经济活动。投资活动的范畴非常广泛，这里所指的投资主要是家庭投资，又称个人投资。简单来讲，本金在未来能增值或获得收益的所有活动都可称为投资。

（2）消费与投资的比较。消费是现在享受，放弃未来的收益，投资是放弃现在的享受，获得未来更大的收益。

（3）投资的资本来源。它既可以通过节俭的手段增加，如每个月工资收入中除去日常消费等支出后的结余，也可以通过负债的方式获得，如借入贷款等方式。

（4）按照投资投入行为的直接程度，投资可分为直接投资和间接投资。

1）直接投资。直接投资是指投资者将货币资金直接投入投资项目，形成实物资产或者购买现有企业的投资。通过直接投资，投资者可以拥有全部或一定数量的企业资产及经营的所有权，直接进行或参与投资的经营管理。直接投资的主要形式如下：① 投资者开办独资企业，直接开店等，并独自经营。② 与当地企业合作开办合资企业或合作企业，从而取得各种直接经营企业的权利，并派人员进行管理或参与管理。③ 投资者投入资本，但不参与经营，必要时可派人员任顾问或指导。④ 投资者在股票市场上买入现有企业一定数量的股票，通过股权获得全部或相当部分的经营权，从而达到收购该企业的目的。

2）间接投资。间接投资是指投资者以其资本购买公司债券、金融债券或公司股票等各种有价证券，以预期获取一定收益的投资。由于其投资形式主要是购买各种有价证券，因此间接投资也被称为证券投资。

（5）金融体系中的投资部门。客户的投资行为往往是通过金融体系中的投资部门实现的，因此有必要对金融体系以及金融体系中的投资部门有一个基本认识。

按照通行的划分方法，通常将金融业务分为以下四大部门。

1）商业银行业务，主要提供传统的金融服务，如存贷款业务，包括面向个人的零售业务和针对机构的公司业务。

2）保险业务，提供寿险和非寿险产品，用于客户的风险管理需求。

3）证券业务，既涉及一级市场的投资银行业务，也涉及二级市场的经纪业务，与个人投资有关的主要是经纪业务。

4）资产管理业务，狭义上就是指投资管理业务，如证券投资基金的管理；广义上包括全面的资产管理服务。目前世界上的资产管理业务主要包括基金管理、养老金管理、保险资产管理和私人客户资产管理等。

2. 投资规划

（1）投资规划的概念。投资规划是指根据客户投资理财目标和风险承受能力，为客户指定合理的资产配置方案，构建投资组合来帮助客户实现理财目标的过程。

（2）投资与投资规划的关系。

1）投资更强调创造收益，而投资规划更强调实现目标。

2）投资的技术性更强，要对经济环境、行业、具体的投资产品等进行细致分析，进而构建投资组合以分散风险、获取收益。

投资规划的程序性更强，要利用投资过程创造的潜在收益来满足客户的财务目标，投资只不过是工具。

3）投资目标主要有两个，一是追求当期收入，二是追求资产增值，也可能是两者的结合。只是实现的当期收入或者资产的增值用到何处，并无明确的目标。

投资规划是在既定的目标约束下实施投资行为，这些目标具体而言就是资金需求，如子女高等教育费用、购房款、重大旅游计划费用、退休养老生活费等，是对应于生活需要的，具有时间和金额的特定要求。

4）投资规划通常针对不同的客户以及不同的投资目标单独设计，因而具有较为明显的个体性特征，需要量身定制。

（3）投资规划与理财规划的关系。

1）投资规划包含于理财规划中，是理财规划的一个组成部分。理财规划师需要为客户制定具体的投资规划方案。每个单项规划可以具体解决某一方面的具体问题，但仅仅依靠单项规划并不能全面实现客户的理财目标。因此，理财规划必须是一个全面、综合的整体性解决方案。如果把整个理财规划看作一个拼图，各个具体的规划就是构成整个拼图的分块。那么要完整地完成这个拼图，其中任何一块都是必不可少的，并且各部分要很好地结合才能成为一幅完美的图画。

2）投资规划是实现其他理财规划财务目标的重要手段。如果没有通过投资实现的资产增值，客户可能没有足够的财务资源来完成诸如购房、养老等生活目标。因而，投资规划对整

想一想

投资规划与投资和理财规划有什么区别？

个理财规划都具有重要的基础性作用。

5.2 投资的影响因素及投资工具的选择

5.2.1 投资的影响因素

1．影响投资的宏观因素

（1）经济周期或景气变动因素。经济景气的周期波动直接影响整个社会的投资、生产和消费，影响上市公司的业绩和投资者的预期。

（2）政治因素。政治因素是指影响投资的国内外政治活动和政府的政策与措施。主要包括对外关系的变化、政权的更替、战争爆发、政策变动以及国际政治的重大变化。

（3）通货膨胀或物价水平。由于物价上涨，相同数量的货币所能购买的商品和劳务就会明显减少，这会对整个社会的政治经济以及投资产生重大影响。

（4）利率及其变动。利率是一个很敏感的信号，是重要的经济杠杆。

（5）货币政策和财政政策。货币政策是通过对货币供应量的调整来影响投资的。财政政策是通过改变财政收入和财政支出来影响宏观经济水平的经济政策。

（6）法律因素。市场经济是法制经济，在投资过程中要遵守相应的法律、法规和规章等。

2．影响投资的微观因素

（1）流动性。

1）流动性是指某种资产迅速地转变为现金而不遭受损失的能力。通常用立刻将资产销售出去时的价格折扣幅度来衡量流动性。

现金和银行支票存款的流动性最高，而股票和债券的流动性稍差，房产和艺术品等资产的流动性最差。

一般来说，如果两种资产的其他条件相同，投资者对流动性差的资产要求的回报率也高。投资者在制定投资策略的时候必须考虑将来什么时间需要多少现金。从流动性需求出发，可以确定在投资组合中持有现金或现金等价物的最低比例。

例如，客户计划在不久的将来装修房屋，对于现金具有较大的需求，这就需要以更大比例投资于流动性高的资产。

2）投资期限是指开始投资到预先确定的投资回收日为止的期限长度。例如，为子女的大学教育费用进行储蓄的期限就是距离子女上大学的时间；而为退休生活进行储蓄的投资期限就是这个人的剩余工作年限。

当客户在各种投资对象间进行选择时，投资期限是重要的因素。例如，某种债券的到期日如果正好与客户需要使用资金的时间一致，这种债券对于客户来说就会具有更大的吸引力。

（2）投资的可获取性。市场上金融产品繁多，投资者的选择也就很多。出于竞争，很多金融机构推出的金融产品的特点明显具有市场细分的特点。例如，市场上的证券投资集合资金信托计划收益较高，但是其设置了较高的进入门槛，少则 100 万元，多则上千万元，这让很多人望而兴叹。另外，有些金融产品虽然很适合客户，但是也可能出现无法直接购买的情况。例如，资产支持证券目前只能在银行间市场进行交易。因此，个人投资者目前还不能投资资产支持证券。

（3）税收状况。在对投资决策的结果进行评价时，应该以税后收益率来衡量。对于面临较高税率的客户而言，采取适当的投资策略以达到合理避税和延迟纳税的目的，对投资策略的成功是非常重要的。

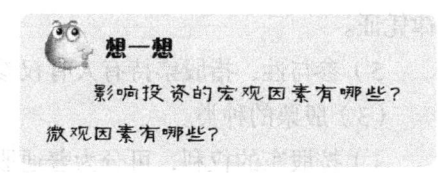

> 想一想
> 影响投资的宏观因素有哪些？微观因素有哪些？

（4）特殊需求。每个客户都具有不同的特征，因此必须考虑客户的特殊需求。一般而言，职业可以看作个人最主要的投资。职业的风险状况在客户的投资决策过程中常常发挥重要的作用。

5.2.2 投资工具的选择

1. 股票

（1）股票的定义及用途。

1）股票是一种有价证券，是股份有限公司在筹集资本时向出资人公开发行的，代表持有人（股东）对公司的所有权，并根据所持有的股份依法享有权利和承担义务的可转让的书面凭证。股票可以转让、买卖或作价抵押。

2）股票的用途。股票的用途包括：① 股票可以作为一种出资证明。② 股票的持有者可以参加股东会，对公司的经营发表意见。③ 股票持有人凭借股票可以参加股份公司的利润分配（分红）。

（2）股票的特征（见图 5-2）。

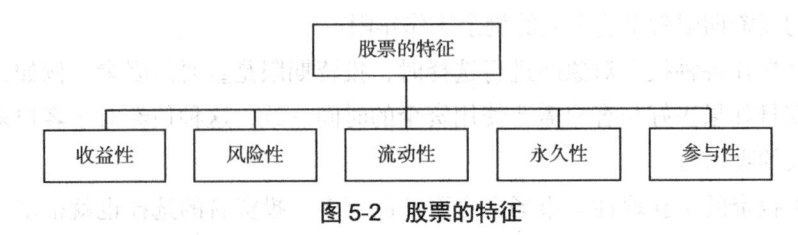

图 5-2　股票的特征

1）收益性，指持有股票可以为持有人带来收益的特性。收益性是股票最基本的特征。

2）风险性，指股票产生经济利益的不确定性。

3）流动性，指股票可以自由地进行交易。

4）永久性，指股票所载有权利的有效性是始终不变的，股票是一种无期限的法律凭证。

5）参与性，指股票持有人有权参与公司的重大决策。

（3）股票的种类。

1）按股东的权利，可分为普通股和优先股。

第一，普通股。普通股是指随着企业利润变动而变动的一种股份，是股份公司资本构成中最普通、最基本的股份，是股份企业资金的基础部分。普通股的特点：持有普通股的股东有权获取股利；当公司因破产或结业而进行清算时，普通股股东有权分得公司剩余资产，但普通股股东必须在公司的债权人、优先股股东之后才能分得财产；普通股股东一般都拥有发言权和表决权，即有权就公司重大问题进行发言表决；普通股股东一般具有优先认股权。

第二，优先股。优先股是股份公司发行的在分配红利和剩余财产时比普通股具有优先权的股份。优先股的特点：预先定明股息收益率；优先股的权利范围小。优先股股东一般没有选举权和被选举权，对股份公司的重大经营行为一般无投票权。

优先股的优先权主要表现为股息领取优先权和剩余资产分配优先权。

2）按股票持有者，可分为国有股、法人股和社会公众股。

第一，国有股。国有股指有权代表国家投资的部门或机构以国有资产向公司投资形成的股份。

第二，法人股。法人股指企业法人或具有法人资格的事业单位和社会团体，以其依法可经营的资产向公司非上市流通股权部分投资所形成的股份。

第三，社会公众股。社会公众股指我国境内个人和机构，以其合法财产向公司可上市流通股权部分投资所形成的股份。

3）按票面形式，可分为有面额、无面额股票，以及有记名、无记名股。

有面额股票在票面上标注出票面价值，一经上市，其面额往往没有多少实际意义。无面额股票仅标明其占资金总额的比例。我国上市的都是有面额股票。记名股将股东姓名记入专门设置的股东名簿，转让时须办理过户手续。无记名股的股东名字不记入名簿，买卖无须过户。

4）按发行范围，可分为A股、B股、H股、N股和S股。A股即人民币普通股，是由我国境内公司发行，供境内机构、组织或个人（不含台、港、澳投资者）以人民币认购和交易的普通股股票。B股即人民币特种股票，是以人民币标明面值，以外币认购和买卖，在上海和深圳两个证券交易所上市交易的股票。H股即在中国内地注册，在中国香港上市的外资股。例如，建设银行股份在中国内地注册，但是在中国香港上市，因此称为H股。N股即在中国内地注册，在纽约上市的外资股。例如，中国人寿股份在中国内地注册，在纽约证券交易所上市，因此称为N股。S股即在中国内地注册，在新加坡上市的外资股。

5）按风险和收益标准，可分为蓝筹股、绩优股和垃圾股。

第一，蓝筹股。投资者把那些在其所属行业内占支配性地位、业绩优良、成交活跃、股利优厚的大公司股票称为蓝筹股。

第二，绩优股。在我国，衡量绩优股的指标是每股税后利润和净资产收益率。一般而言，每股税后利润在全体上市公司中处于中上水平，公司上市后净资产收益率连续3年显著超过10%的股票就是绩优股。

第三，垃圾股。这类股票或者由于行业前景不好，或者由于经营管理不善，出现困难，甚至亏损，其股价走低，交易不活跃。

（4）股票交易市场。按股票的交易方式，可以分为一级市场和二级市场。

1）一级市场，又称股票的初级市场，即发行市场。在一级市场中，资金筹集者按照一定的法律规定和发行程序通过发行股票来筹集资金，投资者通过认购股票成为公司的股东。

2）二级市场，又称流通市场，是进行股票买卖交易的场所。已发行的股票在投资者之间进行转让，必须通过二级市场交易，以维持股票的流动性。

> **相关链接**
>
> **1. 大型股票投资策略**
>
> 大型股票是指股本额在12亿元以上的大公司所发行的股票。这种股票的特点是，其盈余收入大多呈稳步而缓慢的增长趋势。由于炒作这类股票需要较为雄厚的资金，因此，一般炒家都不轻易介入这类股票的炒买炒卖。
>
> 对应这类大型股票的买卖策略如下。
>
> （1）可在不景气的低价圈里买进股票，而在业绩明显好转、股价大幅升高时予以卖出。同时，由于炒作该种股票所需的资金庞大，故较少有主力大户介入拉升。因此，可选择在经济景气时期入市投资。
>
> （2）大型股票在过去的最高价位和最低价位上具有较强支撑阻力作用。因此，其过去的高价价位是投资者现实投资的重要参考依据。
>
> **2. 中小型股票投资策略**
>
> 中小型股票的特点是，由于炒作资金较大型股票要少，较易吸引主力大户介入，因而股价的涨跌幅度较大；其受利多或利空消息影响，股价涨跌的程度也较大型股票敏感得多，所以经常成为多头或空头主力大户之间互打消息战的争执目标。
>
> 对应中小型股票的投资策略是耐心等待股价走出低谷，开始转为上涨趋势，且环境可望好转时予以买进；其卖出时机可根据环境因素和业绩情况，在过去的高价圈附近获利了结。一般来讲，中小型股票在1~2年内，大多有几次涨跌循环出现，只要能够有效把握行情和方法得当，投资中小型股票，获利大都较为可观。
>
> **3. 蓝筹股投资策略**
>
> 蓝筹股的特点是，投资报酬率相当优厚稳定，股价波幅变动不大，当多头市场来临时，它不会首当其冲而使股价上涨。经常的情况是其他股票已经连续上涨一截，蓝筹股才会缓慢攀升；而当空头市场到来，投机股率先崩溃，其他股票大幅滑落时，蓝筹股往往仍能坚守阵地，不至于在原先的价位上过分滑落。
>
> 对应蓝筹股的投资策略是，一旦在较适合的价位上购进蓝筹股后，不宜再频繁出入股市，而应将其作为中长期投资的较好对象。虽然持有蓝筹股在短期内可能在股票差价上获利不丰，但以这类股票作为投资目标，不论市况如何，都无须为股市涨落提心吊胆。而且一旦机遇来临，却也能收益甚丰。长期投资这类股票，

即使不考虑股价变化，单就分红配股，往往也能获得可观的收益。对于缺乏股票投资手段且愿做长线投资的投资者来讲，投资蓝筹股不失为一种理想的选择。

2. 债券

（1）债券的含义。债券是一种有价证券，是社会各类经济主体，如政府、企业等为筹措资金而向债券购买者出具的、承诺按一定利率定期支付和偿还本金的债权债务凭证，它是一种重要的信用工具。

（2）债券的特征（见图 5-3）。

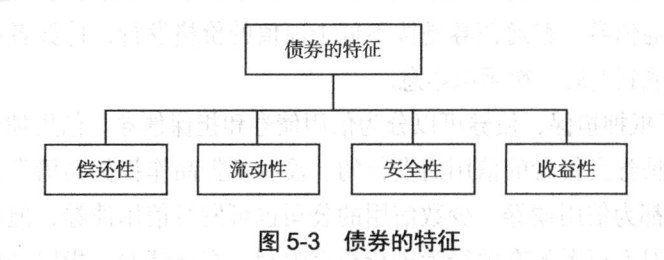

图 5-3　债券的特征

1）偿还性，指债券的持有者按期获取利息及到期收回本金。

2）流动性，指债券能迅速和方便地变现为货币的能力。

3）安全性，指债券在市场上能抵御价格下降的能力，债券在发行时都承诺到期偿还本息，安全性一般都较高。

4）收益性，指获取债券利息的能力。由于债券的风险比银行存款要大，所以债券的利率也比银行存款高。

（3）债券的种类。

1）按发行主体，债券可分为政府债券、金融债券和公司债券。

第一，政府债券。政府债券指由政府发行的债券。由中央政府发行的债券也称公债或国债，国债利息收入在我国免税；由各级地方政府机构（如市、县、镇等）发行的债券称为地方政府债券。

第二，金融债券。金融债券指由银行及其分支机构或非银行金融机构依照法定程序发行并约定在一定期限内还本付息的有价证券。金融债券的利息在我国免税。

第三，公司债券。公司债券指依照法定程序发行的，约定在一定期限还本付息的有价证券。公司债券具有较大的风险，所以其利率要高于政府债券和金融债券。

2）按偿还期限长短，债券可分为短期债券、中期债券和长期债券。一般的划分标准是期限在 1 年以下的为短期债券，期限在 10 年以上的为长期债券，而期限在 1～

10年的为中期债券。

3）按利息的支付方式，债券一般可分为附息债券、贴现债券和普通债券。

第一，附息债券。附息债券是在券面上附有各期息票的中长期债券，息票的持有者可按其标明的时间期限到指定的地点按标明的利息额领取利息。息票通常以6个月为一期，由于它在到期时可获取利息收入，是一种有价证券，因此它也可以流通、转让。

第二，贴现债券。贴现债券是在发行时按折扣率将债券以低于面值的价格出售，在到期时持有者仍按面额领取本息，其票面价格与发行价之差即为利息。

第三，普通债券。普通债券是按不低于面值的价格发行，持券者可按规定分期分批领取利息或到期后一次领取本息。

4）按有无抵押担保，债券可以分为信用债券和担保债券。信用债券也称无担保债券，指仅凭债券发行者的信用而发行的、没有抵押品作担保的债券。一般政府债券及金融债券都为信用债券。少数信用的公司也可发行信用债券，但在发行时须签订信托契约，对发行者的有关行为进行约束限制。担保债券，指以抵押财产为担保而发行的债券。

5）按债券利率浮动与否，债券可以分为固定利率债券和浮动利率债券。固定利率债券指债券的息票利率在偿还期内不发生变化的债券。浮动利率债券指债券的息票利率会在预先规定的基准上定期调整的债券。

（4）债券与股票的比较。

1）相同点。两者都是有价证券；两者都是筹措资金的手段。

2）不同点。债券与股票的不同点如表5-1所示。

表5-1 债券与股票的不同点

	股 票	债 券
权利	所有权凭证，股东有参与经营决策的权利以及获取股利的权利	债权凭证，债券持有者只可按期获取利息及到期收回本金
性质	公司的资本	公司的负债
期限	无期投资	有期投资
收益	股息红利不固定	有固定的利率，收益相对固定

3. 基金

（1）基金的含义。基金是指一种利益共享、风险共担的集合证券投资方式，即通过公开发行基金单位，集中投资者的资金，由基金托管人托管，由基金管理人管理和运用资金，从事股票、债券等金融工具的投资，并将投资收益按基金投资者的投资比例进行分配的一种间接投资方式。

基金的当事人包括基金投资人、基金管理人和基金托管人。

（2）基金的优点。

1）集合小额投资。基金可以把零星资金汇集成巨额基金，以便参与到各种投资市场，投资者通过基金的分红来享受投资收益。

2）提高投资效率。通过基金进行投资，不但免除了普通投资者繁重的工作量，又可提高整体的投资效率。

3）发挥专家优势。基金管理人具有熟悉投资理论、操作经验丰富、信息渠道广泛等优势。

4）流动性强。开放式基金可直接购买与赎回；封闭式基金可通过交易所实时买卖。所以基金的变现能力非常好，高于定期储蓄存款和债券。

5）分散投资、控制风险。基金可以选择投资到多种领域、多种行业、多个品种上，实际上分散了投资风险。

（3）基金的种类。

1）按基金单位是否可增加或赎回，基金可分为封闭式基金和开放式基金。

第一，开放式基金。开放式基金的基金单位总数不固定，发行者可根据经营策略和发展需要追加发行，投资人可根据市场状况和投资决策赎回（卖出）所持有份额或者申购（买进）新的份额。开放式基金将是以后投资基金的主流。

第二，封闭式基金。封闭式基金指基金发起人在设立基金时，限定了基金单位的发行总额，筹集到这个总额后，基金即宣告成立，并进行封闭，在一定时期不再接受新的投资。如果原投资者需退出或新投资者需加入，可通过交易所进行市场买卖交易。

2）按组织形式，基金可分为契约型基金和公司型基金。

第一，契约型基金。契约型基金指基于一定的信托契约而成立的基金，一般由基金管理公司（委托人）、基金保管机构（受托人）和投资者（受益人）通过信托投资契约而建立。

第二，公司型基金。公司型基金指按公司法组建的基金，投资者购买公司股份即为认购基金，也就是公司的股东，凭其持有的基金份额享有投资收益。公司型基金是具有共同投资目标的投资者依据公司法组成以营利为目的、投资于特定对象（如有价证券、货币）的股份制投资公司。

3）按投资目标，基金可分为成长型基金、收入型基金和平衡型基金。

第一，成长型基金。成长型基金是以资本长期增值作为投资目标的基金，其投资对象主要是市场中有较大升值潜力的小公司股票和一些新兴行业的股票。这类基金很少分红，一般将投资所得利润再投资，以实现资本的增值。

第二，收入型基金。收入型基金是以追求当期收入为投资目标的基金，其投资对象主要是那些绩优股、债券、可转让大额定期存单等收入比较稳定的有价证券。收入型基金一般把所得的利息、红利都分配给投资者。

第三，平衡型基金。平衡型基金是既追求长期资本增值，又追求当期收入的基金，主要投资于债券、优先股和部分普通股。一般把资产总额的 25%～50% 用于优先股和债券投资，其余的用于普通股投资。其风险和收益介于成长型基金和收入型基金之间。

4）按投资对象，基金可分为股票型基金、债券型基金、混合型基金、货币市场基金和其他。

第一，股票型基金。股票型基金目前在基金中占大多数。这类基金以股票为主要投资对象。一般而言，股票型基金的获利性是最高的，但相对来说，投资风险也较大。因此，较适合稳健或积极型的投资人。

第二，债券型基金。债券型基金以债券为主要投资标的，包括国债、企业债券等。债券型基金属于收入型基金，预期收益较低，风险也较低，因此较适合保守型的投资人。

第三，混合型基金。混合型基金是同时投资于股票和债券的基金。目前市场上大部分证券投资基金均为混合型基金。混合型基金的一个特点是投资股票和债券的相对比例可以不断调整，基金经理通过这种方式进行市场时机选择。

第四，货币市场基金。货币市场基金指以短期国债、短期金融债券、央行票据、回购等市场短期有价证券为投资对象的投资基金。货币市场基金的获利性一般，但相对来说本金安全性高，流动性强。因此，较适合作为现金管理工具。

第五，其他。

【实例5-1】 25 岁的乔小姐从事 IT 技术工作，目前单身，现在与父母同住。她现有现金及活期存款 4 万元，基金及股票 2 万元，以及一辆汽车。乔小姐月收入 5 000 元，每月支出合计 4 000 元，现在每月几乎没有剩余。除公司的五险一金外，她还投保了大病险、意外险。乔小姐打算今年结婚，未婚夫目前待业。乔小姐现在无房贷和车贷，想一两年内要孩子，希望利用合理的理财方法使得存款在 5 年内达到 20 万元以上。

分析：乔小姐目前尚未成家，现在与父母同住，有一份收入稳定、社会保障相对全面的工作，从整体来看资产、负债状况良好。不过每月支出占月收入的 80%，节余有点偏少。可喜的是坚持定投基金的方式进行强迫性储蓄，在时间加复利的双重效应下，可获得较为可观的投资收益。但由于每月结余不足，远不能起到积沙成丘的作用。如何解决开源节流的问题成为当务之急。

投资规划：根据乔小姐的情况，建议采取分散投资的方式，可以适当搭配股票型基金和风险收益相对有保证的债券型或货币型的理财产品。将现有的 4 万元现金及活期存款扣除 3 个月消费支出的紧急备用金后（保持在现有账户中即可），可选择投资预期年回报收益率在 6%左右的投资产品，再加上基金及股票 2 万元和每月的定投基金，以平均收益率为 8%计算，运作 5 年后基本上能够达到积累资金 20 万元以上的目标。

4. 远期合约

远期合约指交易双方约定在未来某一确定时间，按确定的价格买卖一定数量的某种资产的合约。这种资产可以是商品，如大豆和石油等，也可以是金融工具，如外汇和利率等。

在合约中规定，在将来买入标的物的一方称为多方，而在未来卖出标的物的一方称为空方，合约中规定的未来买卖标的物的价格称为交割价格。

远期合约的优点是灵活性较大；缺点是违约风险较高。

5. 期货

期货是交易双方按约定价格在未来某一期间完成特定资产的交易行为。期货交易的最终目的并不是商品所有权的转移，而是通过买卖期货合约回避现货价格风险。

期货交易的功能包括套期保值功能、价格发现功能、风险规避功能。

6. 期权

期权又称选择权，指某一标的物的买权或者卖权，具有在某一限定时间内按某一指定的价格买进或卖出某一特定商品或合约的权利。

（1）按买方的权利性质，期权可分为买权和卖权。

1）买权又称看涨期权，指期权买方有权按照执行价格和规定时间向期权卖方买进一定数量股票的合约。

2）卖权又称看跌期权，指期权买方有权按照执行价格和规定时间向期权卖方卖出一定数量股票的合约。

（2）按执行时间，期权可分为欧式期权和美式期权。

1）欧式期权，指期权合约的买方在合约到期日才能决定其是否执行权利的一种期权。

2）美式期权，指期权合约的买方在期权合约的有效期内的任何一个交易日，均可决定是否执行权利的一种期权。

（3）按执行价格，期权可分为实值期权、虚值期权和平值期权。

7. 外汇

外汇及汇率的含义在 2.2.2 节已详细介绍，此外不再详述。外汇交易的方式有即期外汇交易、远期外汇交易、外汇期货交易、外汇期权交易、套汇交易和掉期交易。外汇交易的功能是保值、套利、套汇。

8. 黄金

（1）黄金的含义。黄金具有一般商品和货币商品的双重属性，是一种保值避险的工具。黄金在国际市场上仍是一种硬通货。

一般认为，黄金较适合稳健的长线投资者。当然，黄金也可以短线套利，投资者可将黄金作为投资组合中的一部分，以达到规避风险的目的。

（2）黄金的投资渠道。个人投资者可通过银行、首饰店、黄金交易所等进行黄金的买卖。首饰店中可购买各种黄金类的首饰产品，如金项链、金戒指等；商业银行可以直接向个人出售金条、金币、金块等黄金产品，并提供交易、清算、托管等服务。

（3）黄金投资的两种方式。目前国内黄金投资主要分为实物黄金交易和定货交易两类。

1）实物黄金交易，指可以提取实物黄金的交易。

如果出于个人收藏或者馈赠亲友的目的，投资者可选择实物黄金交易，但如果期望通过黄金投资获得盈利，那么定货交易（黄金现货延迟交易）无疑是最佳选择。

2）定货交易又称黄金现货延迟交易，只能通过账面反映买卖状况，不能提取实物黄金。

与实物黄金交易相比，定货交易不存在仓储费、运输费和鉴定费等额外的交易费用，投资成本较低，同时不会遇到实物黄金交易通常存在的"买易卖难"的窘境。

阅读资料

新中国成立以来，中国政府对黄金产业一直实行严格管制，黄金生产企业须将开采和冶炼的黄金全部售给中国人民银行，再由中国人民银行经过审批环节配售给各用金单位。1982 年，国内恢复出售黄金饰品，以中国人民银行开始发行熊猫金币为标志，中国开放金银市场迈出第一步。2001 年 4 月，中国人民银行行长戴相龙宣布取消黄金"统购统配"的计划管理体制，在上海组建黄金交易所。同年 6 月，中央银行启动黄金价格周报价制度，根据国际市场价格变动对国内金价进行调整。随后，足金饰品、金精矿、金块矿和金银产品价格全部放开。2002 年 10 月 30 日，以上海黄金交易所正式开业为标志，中国黄金市场走向全面开放，黄金投资逐步走近社会大众，黄金投资在中国迎来了全新开端。目前，中国国内的黄金总存量为 4 000～5 000 吨。这包括中央银行的黄金储备和民间大众拥有的黄金制品。

中国国内的黄金需求一直以实物消费需求为主，黄金饰品、工业、医疗、科研等行业占消费需求的比重较大，但黄金的金融投资需求目前方兴未艾，比重逐步增加。随着经济的发展，民众对黄金的实物需求除首饰制品外，还将对金条、金块等物品产生兴趣。随着大家投资意识的觉醒，对黄金保值增值应对金融危机、抵抗通货膨胀的功能的逐渐了解，我国市场在黄金金融市场上的投资能力将不可低估。

9. 收藏品

（1）收藏品的种类。

1）珠宝。珠宝是一种价值弹性较大的收藏和投资品种，珠宝分为宝石、玉石和珍珠。珠宝投资的特点是专业性比较强，要求投资者具有相应的知识、鉴赏能力、艺术水准等。

2）古玩。只要是各个历史时期所遗留下来的物品都可称为古董或古玩，如青铜器、秦砖汉瓦、浮雕造像、陶瓷、钱币、雕漆镶嵌、丝绣、旧汽车等。古玩投资的特点是要求投资者具有一定的文化修养、历史知识、艺术鉴赏水平。有其素质才可确保买进珍品，才能获得稳定、可靠的收益。

3）字画。字画包括字和画两种艺术品。字主要是指中国的书法作品，而画则分为西方系统和东方系统。西方系统就是以欧美为代表的各种艺术品，以油画为主；东方系统则为中国的美术作品。字画投资的特点是要求投资者必须具有较高的艺术素养，具有较强的艺术鉴赏能力，同时也需对字画市场（包括国内、国际）的动态与状况有所了解。字画投资具有欣赏收藏、投资增值的双重功能。但其流动性不太好，如果急需变现，则不能保证以适合的价格出手，以致收益受损。

4）邮票。邮票也是一种投资。邮票是一种特殊的商品，一次性生产，印数和发行量限定不变，时间越久，数量越少，价格也就越高。邮票投资的特点是门槛比较低，任何人都可以进行，几乎不需要进入成本。但收益不稳定，价格波动较大。

（2）影响收藏品投资增值的因素。

1）发行量。一般来说，发行量越少，就越易增值。

2）存世量。一般来说，存世量越少，就越易增值。

3）需求量。需求量越大，就越易增值。

4）炒作因素。市场炒作会使藏品价值上涨较快，但如果是暴涨，就应当谨慎了，因为人为炒作痕迹过浓，就会严重背离价值，导致暴跌。

5）设计因素。设计美观、较有观赏价值的收藏品也有增值的功能。

> 想一想
>
> 主要有哪几种投资工具？各有什么特点？

5.3 投资规划方案的制定

5.3.1 投资规划方案的制定步骤

在制定投资规划方案的过程中，需要经过以下几个重要的步骤。

步骤一：分析当前市场状况并研究前期准备的相关报告。

步骤二：与客户沟通，了解客户需求。

步骤三：根据客户的需求与实际状况，选择投资工具。

步骤四：对选定的投资工具进行分析。

步骤五：继续与客户进行沟通，陈述所选投资工具的预期收益与风险等状况，确认是否符合客户需求。

步骤六：指导客户按投资程序进行投资。各种投资工具的投资程序是不一样的，如果有必要，理财规划师应该对客户的投资进行指导。

步骤七：关注市场行情，跟踪所选投资工具的发展，推荐并指导客户在合理的价位进行调整。

在上述步骤中，了解客户的需求（步骤二）和选择投资工具（步骤三）是两个重要的步骤，也是制定投资方案的核心内容，因此对这两个步骤重点展开论述。

1. 与客户沟通，了解客户需求

根据前面收集的信息，分析客户需求及其基本状况，包括个人偏好、财务状况、投资目标及风险承受能力等。

（1）个人偏好。通过与客户沟通，了解客户在投资中的个人偏好。

（2）在前期信息收集的基础上，进一步与客户沟通，确定其真实的财务状况，特别是需要用于投资规划的部分。

（3）选择投资目标。对客户投资相关信息以及客户需求进行分析之后，在综合考虑分析结果的基础上帮助客户确定投资目标。

投资目标的确定应遵循一定的程序。

1）应该了解客户的自然情况、财务状况，并且通过交流与沟通，了解客户的风险偏好、投资需求和目标等主观判断性信息。在确定客户的投资目标之前，应该从总体上把握客户的理财规划目标有哪些，了解客户期望的投资目标，并对相关信息进行分析。

2）根据对客户的财务状况及期望目标的了解，初步拟定客户的投资目标。在具体地确定投资目标时需要进行以下工作：① 将投资目标进行分类。将投资目标分为短期目标、中期目标和长期目标。1 年以内实现的是短期目标，期限在 1~10 年的目标是中期目标，长期目标是期限超过 10 年的目标。② 将各个投资目标进行排序。确定各个期限内各有哪些具体目标，并且在同一期限内，对各个目标按照其重要性进行排序。下列问题可以帮助客户明确哪些目标更为重要。

- 如果这个目标不能实现，后果是什么？
- 你愿意为实现这个目标而减少多少当前的消费？
- 为实现这个目标需要多少资金？
- 何时需要这些资金？

3）要根据各种不同的目标，分别确定实现各个目标所需要的投资资金的数额和投资时间。

4）初步拟定客户的投资目标后，应再次征询客户的意见并得到客户的确认。如果客户明确表示反对，理财规划师应要求客户以书面的方式提出自己的投资目标。

如果在制定投资规划方案的过程中，理财规划师拟对已确定的投资目标有所改动，必须向客户说明并征得客户同意，以避免双方在以后的合作中出现纠纷。

5）要定期评价投资目标。为客户制定出了投资规划目标并不能一劳永逸，要随着投资环境、客户自身状况或者需求的情况等信息及时地对客户的投资目标进行评价。

（4）从已经收集的风险偏好调查信息中，分析客户的风险承受能力，对有疑问的地方须向客户进一步确认。

2．根据客户的需求与实际状况，选择投资工具

在指导客户选择投资工具的时候，需要综合前面对客户投资目标、风险承受能力等的分析，做到循序渐进。在同一投资期限下，不同的投资工具具有不同的预期收益率，承担的风险也是不同的。一般来说，股票型基金和股票的预期收益率较高，但承担的风险也较高。而债券和货币市场基金的预期收益率较低，但风险也相对较低。当投资目标特别是所要求的收益率与面临的风险不匹配的时候，要与客户充分沟通，使客户形成良好的投资观念。常用投资工具的风险性、收益性和流动性比较如表5-2所示。

> **想一想**
> 投资规划方案的制定步骤是什么？

表5-2　常用投资工具对比一览表

投资工具	股票	债券	基金	外汇	期货	黄金	收藏品
风险性	高	低	中	高	高	中	中
收益性	高	中	中	高	高	中	中
流动性	高	中	中	高	高	低	低

5.3.2 制定投资规划方案时应注意的问题

1. 投资工具分析的方法

（1）基本分析。基本分析指通过对公司的经营管理状况、行业的动态及一般经济情况的分析，进而研究投资品的价值，即解决"购买什么"的问题。

（2）技术分析。技术分析的目的是预测投资品，尤其证券价格涨跌的趋势，即解决"何时购买"的问题。

2. 构建投资组合应该考虑的因素

（1）在设计投资组合时，必须依据风险—效益原则。即在风险一定的条件下，保证组合收益的最大化；在收益一定的条件下，保证组合风险的最小化。

（2）投资组合包括投资工具的组合、投资时间的组合和投资比例的组合。

（3）分散投资的具体策略。

1）不同类型的投资组合，也叫资产分配或资源配置，如在债券、股票、基金之间分配资金。

2）同类型投资的多样化组合，如在多个股票间分散投资。

3）全球分散投资，也叫国际分散投资，就是在不同国家之间投资，可减少系统风险。

3. 投资策略的选择

（1）投资三分法。指将自有资产分为三部分，第一部分用于投资收益稳定、风险较小的投资品种，如债券、优先股等；第二部分用于投资风险较大、收益较高的投资品种；第三部分以现金形式作为备用金。这三部分在比例上合理搭配，就可以取得相应的投资目标。

（2）固定比例投资法。这一策略是在投资操作过程中努力保持投资品种的比例不变，如投资者把投资分成股票和债券两部分，并在投资操作过程中努力使股票投资总额和债券投资总额保持某一固定比例。当股价上涨使股票总投资比例上升时，即出售一定比例的股票，购入一定数量的债券，使股票和债券恢复到既定的比例水平。反之，当股价下跌时，应出售债券，购入股票以保持固定的比例。这一方法的关键是如何确定合理的分配比例。

（3）固定金额投资法。这一策略在投资操

> **想一想**
> 制定投资规划应注意哪些问题？

作过程中不是努力保持投资品种的比例不变，而是保持投资总额不变。

5.4 投资规划案例分析

📖 基本情况

王先生，35岁，大专学历，教师，税后年收入3万元；妻子，无工作，有社会养老保险、医疗保险及太平洋重大疾病保险，身体健康。长女9岁，上小学四年级，有学生平安保险、太平洋教育险，身体健康；幼女3岁，上幼儿园，有学生平安保险、人寿分红保险，身体健康。

王先生目前家庭有现金及活期存款3万元；即将到期的定期存款48万元；企业债券、基金及股票12万元；价值55万元的房产。整个家庭总资产118万元。工资及租赁月收入为3 750元，月支出为1 850元。家庭年度税后收入为4.5万元，支出为48 700(26 500+1 850×12)元。每年固定收入无法满足家庭支出，约差3 700元。王先生近几年有购车计划，还打算将来送两个女儿出国留学。根据上述情况，王先生该如何进行家庭的投资规划？

〰️ 理财解析

1. 理财目标

（1）近几年购10万元左右的家庭用车。

（2）为两个女儿将来出国留学积攒费用。

（3）准备夫妻俩的养老金。

2. 财务状况分析

年收入为4.5万元；年支出为4.87万元；固定资产为55万元；可投资资金为63万元；家庭总负债为0元；目前家庭总资产118万元。家庭工资及租赁收入不足以满足整个家庭支出。所以王先生必须合理规划已有资产，提高收益类资产额度，以便实现家庭财务目标。

✏️ 理财建议

针对王先生目前家庭财产状况和理财目标，可以从以下方面进行资产配置。

（1）目前家庭可用于投资的资金约为63万元。虽然每月有900元的结余，但由于每年有保险费、教育费及旅游费等大笔费用支出,所以每年下来现有家庭工资及租赁收入仍无法满足整个家庭支出。建议目前的63万元中依然保留3万元用来应对日常突发事件。48万元的定期存款到期后取出并与12万元的基金及股票资产一起做优化配置,使已有现金资产稳健增长。

（2）63万元资金中,除用于应对突发事件的3万元外,其余资金用来投资基金及券商集合理财产品。开放式基金长期来看,每年10%~15%的收益应该问题不大,券商集合理财产品在震荡市场下可以灵活控制仓位,也是不错的选择。所以王先生可以考虑这两类品种。

（3）关于资产的具体配置,可以按以下方法展开：40%左右的积极配置型基金；60%（其中可包含40%的券商集合理财产品和20%的债券型基金产品）的保守型金融产品。

（4）建议王先生在不影响生活质量的前提下控制一下支出,争取做到固定收入和支出均衡。这样可以节省更多的资金进行投资增值,以便早日实现理财目标。

（5）按照以上建议,王先生每年投资收益如果保持在10%~15%的水平,当长女19岁的时候,这笔资金将在150万~240万元浮动。此时可取出50万元用于长女留学；另外100万元左右的资金6年后（幼女留学）将在170万~230万元浮动。除幼女留学费用70万元,还有100万~160万元可用来投资并供未来养老用。当幼女留学的时候王先生也到退休年龄。此时100万元左右的资产,可用来投资年收益在5%~10%的保守型理财产品。

（6）关于10万元左右的车,建议王先生在5~7年后再买,因为这个阶段资金总额会上升到100万元以上,可用10万元购车。

（7）王先生一家四口保险产品比较完善,在此无须赘述。

评估练习

1. 单选题

（1）确定投资目标的原则不包括（　　）。

A．投资目标要具有现实可行性

B．投资目标要具体明确

C．投资规模要尽可能大

D．投资目标要与其他目标相协调，避免冲突

（2）投资者的投资目标不包括（　　）。

A．短期目标　　B．中期目标　　C．长期目标　　D．近期目标

（3）王先生计划在未来几天要买一辆宝马汽车。这意味着他目前有很高的现金流动需求，那么现在他最不应投资的资产是（　　）。

A．股票　　　　B．债券　　　　C．基金　　　　D．艺术品

（4）股份公司资本构成中最普通、最基本的股份是（　　）。

A．优先股　　　B．普通股　　　C．可流通股　　D．可赎回股

（5）收入型基金是以追求（　　）为投资目标的基金，其投资对象主要是那些绩优股、债券、可转让大额定期存单等收入比较稳定的有价证券。

A．收益最高　　B．风险最小　　C．当期收入　　D．长远收入

2．多选题

（1）关于投资与消费的关系，说法正确的有（　　）。

A．消费是现在享受，放弃未来的收益

B．消费是放弃现在的享受，获得未来更大的收益

C．投资是现在享受，放弃未来的收益

D．投资是放弃现在的享受，获得未来更大的收益

（2）投资规划准备工作包括（　　）。

A．树立并协助客户建立正确的投资目标

B．分析行业形势

C．熟悉所有已经收集整理的客户信息以及整体理财规划状况

D．分析预测宏观经济形势

（3）按风险和收益标准，股票可分为（　　）。

A．蓝筹股　　　B．绩优股　　　C．垃圾股　　　D．优先股

（4）按发行主体，债券可分为（　　）。

A．政府债券　　B．金融债券　　C．信用债券　　D．公司债券

（5）基金的优点包括（　　）。

A．集合投资　　　　　　　　　B．专家理财

C．降低投资效率　　　　　　　D．分散投资、控制风险

3. 简答题

（1）什么是投资？投资可分为哪两个大类？
（2）什么是投资规划？投资规划与理财规划是什么关系？
（3）确定投资目标的原则是什么？
（4）影响投资的宏观因素有哪些？
（5）在投资规划中，可以选择的投资工具主要有哪些？
（6）在制定投资规划方案的过程中，需要经过哪些重要的步骤？
（7）构建投资组合应该考虑哪些因素？

职业技能训练

请根据下面所给的家庭状况为张先生设计一份投资规划方案。要求结合本章所学的基本知识，充分考虑投资的影响因素及投资工具的选择。

张先生已结婚5年，现在是邯郸市某公司的业务主管，月收入3 000元，年底奖金5 000元；张太太在邯郸市某中学任音乐教师，月收入2 000元，现已怀孕2个月。夫妇两人目前每个月的基本生活开销在1 800元左右，几乎把张太太一人的工作收入给"吃空"了。但好在两人结婚以来还有一些积累，目前有定期存款2万元，基金及股票现市值8万元，另有现金10万元。据了解，张先生夫妻双方父母身体健康，无须供养，家庭负担较轻。张先生家庭在邯郸无房产，现居单位公房。理财目标有二：第一，准备孕育宝宝期间的花费20 000元。第二，合理配置资产，实现增值保值。

思考题

1．首先分析为了达成理财目标，建议张先生选择怎样的投资工具。
2．对自己所选择的投资工具进行客观分析，说明其为什么适合张先生的家庭情况。

第 6 章

风险管理与保险规划

📖 学习目标

- ☑ 能够完成完整的保险规划设计。
- ☑ 熟悉保险术语,认识保险险种,掌握投保流程,理解并能够运用保险合同原则。

〽️ 关键术语

风险　　保险　　委付　　代位求偿　　近因

▶引导案例

被保险人李某是单身,仅有一个妹妹住在外地。李某居住的城市地处海滨,他在海边有一幢私房。2014 年 3 月 7 日,李某将其所住的房屋、院落内的一座小仓库及全部家庭财产向保险公司投保了家财险,保险期限 1 年。同年 8 月 9 日,该地区遭到了台风袭击,当天上午 10 点左右,李某发现小仓库的房顶被台风摧毁,便立即去搬仓库内的贵重物品,不料被一根房梁砸中头部,当场倒地。医院在中午 11 点时确诊李某死亡。更不幸的是,下午 1 时左右,台风又将李某院中的一棵老树刮倒,断树将李某的屋顶砸坏,屋内一些财物被损坏。这次事故,造成李某的房屋损失3 600元,屋内财产损失830元,小仓库损失5 100元,库内财产损失3 700元。李某的妹妹向保险公司提出赔偿全部财产损失的要求。但由于李某在台风中死亡,对于如何承担赔偿责任,保险公司内部有两种意见:第一种意见认为,保险财产的损失属于台风责任,所以全部损失都应予以赔偿,但被保险人李某已死,应向其继承人妹妹支付赔偿金。第二种意见认为,保险财产的损失属于台风责任,但被保险人李某在其间死亡,财产权的主体消失时,其可保利益必然消失,所以李某死亡前的财产损失(小仓库及内部财产)应予以赔偿,李某死亡之后的财产损失(房屋及内部财产)则不予赔偿。

思考题:你认为哪种意见正确?为什么?你还有第三种意见吗?

从引导案例可以看出,人的一生要面对许多的风险,其中来自天灾人祸的风险往往会给人们造成一定的损害,我们把这种只会造成损害的风险称为纯粹风险。面对风险最好的应对办法就是对保险进行一番合理的规划设计,以达到降低损害程度的目的。因此,如何设计一份合理的保险理财规划就显得尤为重要。学习完本章后你将了解保险相关的术语,认识保险险种,掌握投保流程,理解并能够运用保险合同原则,制定一份完整的保险规划。

6.1 风险与保险

要制定一份合理的保险理财规划,首先要认清我们可能面临的风险。前面引导案例中的李先生遇到了不同的风险,哪些可以通过保险制度补偿,哪些不可以通过保险制度补偿?我们首先从认识风险开始。

6.1.1 风险的概念及特征

1. 风险的概念

风险有两种定义:一种定义强调风险表现为不确定性;另一种定义则强调风险表现为损失的不确定性。

若风险表现为不确定性,说明风险产生的结果可能带来损失、获利或无损失也无获利，属于广义风险，金融风险属于此类。而风险表现为损失的不确定性，说明风险只能表现为损失，没有从风险中获利的可能性，属于狭义风险，保险风险属于此类。

2．风险的特征

（1）客观可能性。风险是客观存在的，虽然可以采用防范措施防止或降低风险发生导致的损失，但是不可能完全消除风险。

（2）偶然性。对于个别事件来看，风险导致事故的发生又有不确定性，不幸事件何时何地如何发生带来多大损失，有很大的偶然性，对于独立个体来说，事先难以确定。

（3）可测性。单个风险的发生虽然是偶然的，但是大量同质个体某一时期某种风险的发生又有其规律性。就大量风险单位而言，风险发生可以用概率加以测度。

3．风险因素、风险事故和损失

（1）风险因素。风险因素指引起或增加损失频率和损失程度的条件。风险因素包括实质风险因素、心理风险因素和道德风险因素。

1）实质风险因素指对某一标的物增加风险发生机会，或者导致严重损伤和伤亡的客观自然原因。例如，空气干燥是引起火灾的风险因素，地面断层是导致地震的风险因素。

2）心理风险因素指由于心理的原因引起行为上的疏忽和过失，从而成为引起风险的发生原因，如乱扔烟头容易引起火灾、酒后驾驶容易引起交通事故等。

3）道德风险因素指人们的故意行为或者不作为，如放火引起火灾、故意不履行合约引起经济损失等。

（2）风险事故。风险事故使风险由可能变为现实，以致引起损失的结果。风险事故是损失的直接原因或外在原因。

（3）损失。损失是非故意的、非计划的和非预期的经济价值的减少。损失可以分为直接损失与间接损失，还可以分为实质损失、费用损失、收入损失与责任损失。

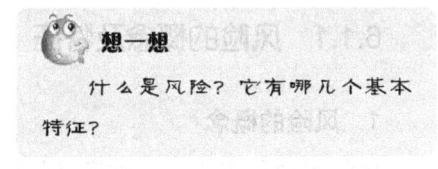

风险因素、风险事故与损失的关系如图 6-1 所示。

> **想一想**
> 什么是风险？它有哪几个基本特征？

```
风险因素 →造成→ 风险事故 →导致→ 损失
```

图 6-1　风险因素、风险事故与损失的关系

6.1.2　风险的分类

1．按照风险的性质划分

（1）纯粹风险。指只有损失机会而没有获利可能的风险。

（2）投机风险。指既有损失的机会也有获利可能的风险。

2．按照产生风险的环境划分

（1）静态风险。指自然力的不规则变动或人们的过失行为导致的风险。

（2）动态风险。指社会、经济、科技或政治变动产生的风险。

3．按照风险发生的原因划分

（1）自然风险。指自然因素和物理现象所造成的风险。

（2）社会风险。指个人或团体在社会上的行为导致的风险。

（3）经济风险。指经济活动过程中，因市场因素影响或者管理经营不善导致经济损失的风险。

4．按照风险致损的对象划分

（1）财产风险。指各种财产损毁、灭失或者贬值的风险。

（1）人身风险。指个人的疾病、意外伤害等造成残疾、死亡的风险。

（3）责任风险。指法律或者有关合同规定，因行为人的行为或不作为导致他人财产损失或人身伤亡，行为人所负经济赔偿责任的风险。

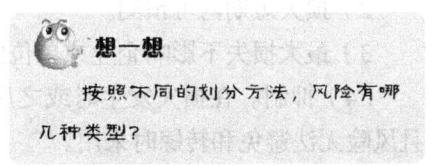

> **想一想**
> 按照不同的划分方法，风险有哪几种类型？

6.1.3　风险管理

1．风险管理的概念

风险管理是人们对各种风险的认识、控制和处理的主动行为。

风险管理的对象是风险本身。风险管理的目的是以最小的成本，获得最大的安全保障。

2．风险管理的基本程序

风险管理的基本程序见图6-2。

（1）风险识别。对面临的潜在的风险加以判断、归类和鉴定风险性质的过程。

（2）风险估测。估计和预测风险的发生频率和损失幅度，使风险定量化。

（3）风险评价。通过定性、定量分析风险及比较风险处理费用，确定风险是否需要处理及支出的费用，选择风险管理技术。

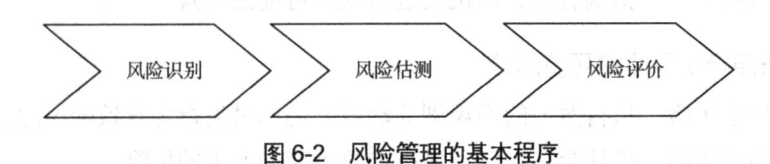

风险识别 → 风险估测 → 风险评价

图6-2 风险管理的基本程序

3．风险处理方式

（1）避免。设法回避损失发生的可能性，即从根本上消除特定的风险单位和中途放弃某些既存的风险管理。

（2）预防。在风险损失发生前为消除或减少可能引发损失的各种因素而采取的处理风险的具体措施。

（3）自留。风险的自我承担，即自我承受风险损害后果的方法。自留分为主动自留与被动自留。采取自留方法的情况有以下3种。

1）风险所致损失频率和幅度低。

2）损失短期内可预测。

3）最大损失不影响企业或单位的财务稳定。

（4）抑制。在损失发生时或之后为缩小损失幅度而采取的措施，在损失幅度高且风险无法避免和转嫁时采用。

（5）转嫁。经济单位或个人为避免承担风险损失，有意识地将损失或与损失有关的财务后果转嫁给另一些单位或个人承担的风险管理方式。风险转嫁的方式有以下几种。

1）保险转嫁，指向保险公司投保，以缴纳保险费为代价，将风险转嫁给保险人承担。

2）非保险转嫁，包括出让转嫁、用于投机

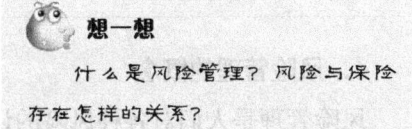

> **想一想**
> 什么是风险管理？风险与保险存在怎样的关系？

风险、合同转嫁等。

因为风险的存在是保险产生的前提基础，保险则是风险的管理方法（见图 6-3）。所以，保险转嫁是风险转嫁的最好方式，也是风险管理的最优选择。

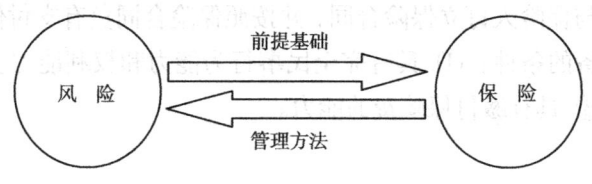

图 6-3　风险与保险的关系

6.1.4　保险与可保风险的定义

1. 保险的定义

保险是最古老的风险管理方法之一。所谓保险，是指投保人支付一个固定金额的保费给保险人后，在规定保险合约期内，保险人对特定事件所造成的损失给予一定经济补偿的行为。

2. 可保风险的定义

可保风险就是可以被保险公司接受的风险。

风险必须满足以下条件才能成为可保风险。

（1）风险不是投机的，即风险是纯粹风险。

（2）风险必须是偶然的，即风险事故发生的概率小。

（3）风险必须是意外的，即风险事故发生与否不可预料。

（4）风险必须是大量标的均有遭受损失的可能性。

（5）风险应有发生重大损失的可能性。

> **想一想**
> 什么是保险？风险在什么条件下才能成为可保风险？

6.1.5　保险合同概述

1. 保险合同的概念

保险合同是投保人与保险人约定保险权利与义务关系的协议。

2. 保险合同的相关人员

（1）从保险合同当事人来看，保险合同当事人包括保险人和投保人。

1）保险人。与投保人订立保险合同，并承担赔偿或给付保险金责任的保险公司。

2）投保人。与保险人订立保险合同，并按照保险合同负有支付保险费义务的人。

投保人应具备的条件：① 具有完全民事行为能力和权利能力。② 对保险标的具有保险利益。③ 具有缴付保险费的能力。

> **相关链接**
>
> 所谓保险利益，是指投保人或被保险人对保险标的具有的法律上认可的利益，又称可保利益。

（2）从保险合同关系人来看，保险合同关系人包括被保险人和受益人。

1）被保险人。以其财产或者人身受保险合同保障，享有保险金请求权的人。

2）受益人。人身保险合同中经被保险人或者投保人指定而享有保险金请求权的人。

【实例6-1】 张某和其父亲带着女儿乘车外出旅游，不幸遭遇车祸，三人全部罹难。张某的妻子闻讯后因悲伤过度不久也撒手人寰。张某的母亲和岳父在料理完丧事后，发现张某家中有三份保险单，为争夺总额16万元的保险金，老亲家发生了争执。

分析： 在这里，出具三张保险单的保险公司为保险合同当事人中的保险人，张某既是投保人，也是被保险人和受益人，而张某的母亲和岳父则是张某遗产的法定继承人。

3）受益人与继承人的区别。

第一，两者享有的权利不同。受益人享有受益权，即保险金作为原始取得；继承人享有财产分割权，即遗产作为继承取得。

第二，两者承担的义务不同。受益人没有用领取的保险金偿还被保险人生前债务的义务；继承人则在其继承遗产的范围内有为被保险人偿还债务的义务。

第三，两者承担的税赋不同。受益金不需要缴纳税款；遗产需要缴纳高额遗产税。

（3）从保险合同辅助人来看，保险合同辅助人包括代理人、经纪人和公估人。

1）代理人。根据保险人的委托，向保险人收取手续费，并在保险人授权的范围内代为办理保险业务的单位或个人。

2）经纪人。基于投保人的利益，为投保人与保险人订立保险合同提供中介服务，并依法收取佣金的有限责任公司。

3）公估人。经保险当事人委托，为其办理保险标的的勘察、鉴定、估价和保险赔偿的清算洽谈等业务并予以证明的人。

4）保险代理人与经纪人的区别。

第一，两者代表的利益不同。保险经纪人接受客户委托，代表的是客户的利益；保险代理人为保险公司代理业务，代表的是保险公司的利益。

第二，两者提供的服务有所侧重。保险经纪人为客户提供风险管理、保险安排、代为索赔检验等全过程服务；保险代理人为保险公司销售保险产品、签订保险合同、代收保费。

第三，两者服务的对象有所侧重。保险经纪人主要为大中型企业、项目提供风险管理服务；保险代理人主要为中小型企业和个人提供寿险、家财险、汽车险等分散业务服务。

第四，两者承担的法律责任不同。客户与保险经纪人是委托与受托关系。如果因为保险经纪人的过错造成客户的损失，经纪人向客户承担法律赔偿责任。保险代理人与客户是代理与被代理的关系，代理人对保险客户造成损失，由被代理保险公司向客户承担法律赔偿责任。

保险合同相关人员汇总如表6-1所示。

表6-1 保险合同相关人员汇总

当事人	保险人	与投保人订立保险合同，并承担赔偿或给付保险金责任的保险公司
	投保人	与保险人订立保险合同，并按照保险合同负有支付保险费义务的人
关系人	被保险人	以其财产或者人身受保险合同保障，享有保险金请求权的人
	受益人	人身保险合同中经被保险人或者投保人指定而享有保险金请求权的人
辅助人	代理人	根据保险人的委托，向保险人收取手续费，并在保险人授权的范围内代为办理保险业务的单位或个人
	经纪人	基于投保人的利益，为投保人与保险人订立保险合同提供中介服务，并依法收取佣金的有限责任公司
	公估人	经保险当事人委托，为其办理保险标的的勘察、鉴定、估价和保险赔偿的清算洽谈等业务并予以证明的人

3. 保险合同的内容

（1）保险合同的客体是保险利益。保险利益是投保人或被保险人对保险标的具有的法律上认可的利益。

（2）保险合同的内容。

1）投保风险、可保风险和保险风险。

2）保险责任和责任免除。

3）保险价值和保险金额。

4）保险费与保险费率。

5）保险期限。

6）损失赔偿与争议处理。

7）保险合同的条款。

8）保险合同当事人的权利与义务。

4. 保险合同的订立、变更、解除与终止

（1）保险合同的订立。投保人提出保险要求，经保险人同意承保，并就合同的条款达成协议，保险合同成立。如果当事人对合同生效没有特别约定，合同自成立时生效。但是，如果当事人对合同生效约定了附属条款，则保险合同从符合附属条款约定的生效情形时开始生效。

按照保险公司惯例，通常在合同条款中约定保险合同自保险公司同意承保、收取保费并签发保单的次日零时开始生效。

保险合同成立后，投保人按照约定交付保险费；保险人按照约定的时间开始承担保险责任。

1）在保险实务中，如果没有特别约定，保险合同生效的时间与保险责任开始的时间是一致的，但二者在以下情况是不一致的。

第一，追溯保险，即保险责任期间追溯到保险期间开始前的某一个时点，也就是保险公司对于合同成立前所发生的保险事故也要承担保险责任。此种情形多适用于海上保险合同。

第二，观察期间的规定，一般是合同生效若干日后，保险公司才开始承担保险责任，即保险责任的开始时间在保险合同生效之后。此种情形多适用于健康保险合同，如住院医疗、住院安心、重大疾病等条款。

2）履约期间当事人双方的义务。

投保方义务：如实告知；交付保险费；维护保险标的的安全；危险增加通知；保险事故发生通知；出险通知；提供单证；协助追偿。

保险人义务：承担保险责任；条款说明；及时签发保险单证；为投保人、被保险人或再保险分出人保密。

【实例6-2】 2009年3月29日，某公司为全体职工投保了团体住院保险，保险公司收取了保险费并当即签发了保险单。在保险单上列明的保险期间自2009年3月30日起至次年3月30日止。2009年4月10日，该公司的职工何某因胆囊炎住院治疗，出院后，何某向保险公司提出了索赔申请。保险公司是否应当赔付呢？

分析：保险期间自2009年3月30日起至次年3月30日止，何某住院虽然发生在保险期间内，但根据住院医疗合同条款规定：被保险人在保单生效30天后因疾病在县、区级以上（含县、区级）医院住院治疗，本公司才承担给付"住院医疗保险金"的责任。即合同约定了保险公司在合同生效30天后（在本案例中从2009年4月30日起）才开始承担保险责任。何某的住院日期为4月10日，还没有到约定保险公司开始承担保险责任的时间，所以，何某住院发生在保险责任期间之外。因此，保险公司不应承担保险责任。

（2）保险合同的变更。

1）主体变更。主体变更包括财产保险和人身保险的变更。

财产保险的变更指所有权、使用权、经营权、保管权、债权债务关系人等变更。

人身保险的变更指投保人变更、被保险人变更、受益人变更。

2）内容变更。投保人根据实际需要提出变更；投保人根据法律规定提出变更。

（3）保险合同的解除。保险合同的解除指保险合同有效期间，当事人依法律规定或合同约定提前终止合同效力的一种法律行为。

解除的方式有法定解除、协议解除和任意解除。

保险人解除保险合同的情况有以下几种。

1）投保人就有关实质性重要事实没有履行如实告知义务。

2）投保方未维护保险标的的安全。

3）被保险人未履行危险增加通知的义务。

4）在人身保险合同中，年龄误告。

5）保险合同终止，宽限期内没有复效。

6）保险欺诈行为。

（4）保险合同的终止。保险合同的终止指某种法定或约定事由的出现致使保险合同当事人双方的权利与义务归于消灭。

保险合同终止的原因有以下几种。

1）因期限届满而终止。

2）因履行而终止。

3）财产保险合同因保险标的灭失而终止。

4）人身保险合同因被保险人死亡而终止。

5）财产保险合同因保险标的部分灭失，保险人履行赔偿义务而终止。

> 想一想
> 保险合同的相关人员有哪些？他们之间的区别是什么？

6.1.6 保险的原则

保险合同的原则对于保险合同当事人双方都是十分重要的，在制定保险理财规划时必须要了解这些原则，以便制定科学合理的保险规划。

1. 最大诚信原则

（1）最大诚信的含义是当事人真诚地向对方充分而准确地告知有关保险的所有重要事实，不允许存在任何虚伪、欺瞒、隐瞒行为。而且不仅在保险合同订立时要遵守此项原则，在整个合同有效期内和履行合同过程中也都要求当事人间具有"最大诚信"。

（2）最大诚信原则的含义。其含义可表述为：保险合同当事人订立合同及合同有效期内，应依法向对方提供足以影响对方做出订约与履约决定的全部实质性重要事实，同时绝对信守合同订立的约定与承诺。否则，受到损害的一方，按民事立法规定可以以此为由宣布合同无效，或解除合同，或不履行合同约定的义务或责任，甚至对因此受到的损害还可以要求对方予以赔偿。

（3）最大诚信原则的基本内容。

1）重要事实的申报。在保险合同订立时根据保险人的询问，对已知或应知的与保险标的及其危险有关的重要事实做如实回答。

2）保证。保证是指人们对于某种事情的作为和不作为的允诺，包括明示保证和默示保证。

3）告知与通知。保险合同订立后保险标的危险增加应及时通知保险人；保险标的转移或保险合同有关事项有变动时投保人或被保险人应通知保险人；保险事故发生后投保方应及时通知保险人；有重复保险的投保人应将重复保险的有关情况通知保险人。

4）弃权与禁止反言。弃权是保险合同一方当事人放弃他在保险合同中可以主张的某种权利，通常是指保险人放弃合同解除权与抗辩权。禁止反言是合同一方既已放弃他在合同中的某种权利，将来不得再向他方主张这种权利。

【实例6-3】 王某患有高血压，2013年8月她投保了保险金额为20万元、20年期限的人寿保险，投保时隐瞒了病情。2014年2月，王某高血压发作去世，其丈夫作为家属请求保险公司给付保险金。保险公司是否应履行赔偿责任？

【实例6-4】 一家银行向保险公司投保火险附加盗窃险，在投保单上写明24小时有警卫值班，保险公司给予承保，并以此作为减费的条件。后银行失窃，查明某日24小时内有半个小时警卫不在岗。保险公司是否应承担赔偿责任？

分析：以上两例中的王某和银行都违反了"最大诚信原则"，因此保险公司不履行赔偿责任。

2. 保险利益原则

（1）保险利益原则的含义。保险利益原则是指投保人或被保险人对保险标的具有法律上认可的利益。否则，保险人可单方面宣布合同无效。当保险合同生效后，投保人或被保险人失去了对保险标的的保险利益，该保险合同随之失效。当发生保险责任事故后，被保险人不得因保险而获得保险利益额度以外的利益。

（2）保险利益原则的意义。其意义在于：防止赌博行为的发生；防止道德风险的发生；界定保险人承担赔偿或给付责任的最高限额。

（3）保险利益原则的适用。

1）财产保险的保险利益。由于财产保险标的是财产及有关利益，因此，财产保险的保险利益产生于财产的不同关系。这些不同关系以此产生不同利益：现有利益、预期利益、责任利益和合同利益。

第一，现有利益。现有利益是投保人或被保险人对财产已享有且继续可享有的利益。投保人对财产具有合法的所有权、抵押权、质权、留置权、典权等关系且继续存在者，均具有保险利益。现有利益随物权的存在而产生。

第二，预期利益。预期利益是因财产的现有利益而存在，依法律或合同产生的未来一定时期的利益。它包括利润利益、租金收入利益、运费收入利益等。

第三，责任利益。责任利益是被保险人因其对第三者的民事损害行为依法应承担的赔偿责任，它是基于法律上的民事赔偿责任而产生的保险利益，如职业责任、产品责任、公众责任、雇主责任等。

第四，合同利益。合同利益是基于有效合同而产生的保险利益。

2）人身保险的保险利益。在人身保险中，投保人对被保险人的寿命和身体具有保险利益。人身保险的保险利益虽然难以用货币估价，但同样要求投保人与保险标的（寿命或身体）之间具有经济利害关系，即投保人应具有保险利益。人身保险可保利益可分两种情况：①为自己投保。投保人以自己的寿命或身体为保险标的投保，当然具有保险利益。②为他人投保。保险利益有严格的限制规定，主要包括血缘、婚姻及抚养关系；债权债务关系；业务关系等。

【实例 6-5】某银行将借款单位抵押的一房屋投保，保单约定保险期限从 2013 年 1 月 1 日到 12 月 31 日。同年 11 月底，银行收回了全部借款，不料在 12 月 30 日房屋被大火焚毁。银行能否获得保险公司的赔偿？

分析： 该案例符合保险利益原则，因此，银行可以获得保险公司的赔偿。

3. 赔偿原则

（1）赔偿原则的含义。赔偿原则是指当保险事故发生并导致被保险人经济损失时，保险人给予被保险人的经济赔偿数额，正好弥补其因保险事故所造成的经济损失。

（2）赔偿原则的意义。

1）赔偿原则保障了保险关系的实现。

2）赔偿原则有利于防止被保险人从保险中赢利。

3）赔偿原则有利于减少道德风险。

（3）赔偿原则的量的限定。

1）保险人有权选择赔偿方式。

2）保险人对赔偿金额限度的控制。保险人应选择实际损失、保险金额、保险利益三者中最小者确定赔偿限额。

3）被保险人不能通过赔偿而额外获利。

4. 代位求偿与委付原则

（1）代位求偿与委付的含义。代位求偿是指在保险标的的损失是由第三方责任者所造成的情况下，保险人根据保险合同先向被保险人履行赔偿责任后取得的代替被保险人向第三方责任者进行追偿的权利。

委付是指当保险标的发生保险责任范围内的损失后，经保险人对保险标的推定全损后，被保险人将其对保险标的的一切权利转让给保险人而请求支付全部保险金额的一种申请赔偿的方式。

（2）规定代位求偿与委付的意义。

1）防止被保险人因同一损失而获取超额赔偿。

2）使肇事者对其因疏忽或过失所造成的损失负有责任。

3）有利于被保险人及时获得经济补偿，尽快恢复正常生活或生产。

【实例6-6】 2010年2月20日，张先生被蒋某驾驶的大货车撞伤，住院治疗，交通部门认定在本次交通事故中司机蒋某负全部责任。经协商，蒋某赔偿了张先生医疗费、营养费、护理费、误工费、交通费等损失共计8 000元。在事故发生前，张先生已经向保险公司投保了10 000元的意外伤害医疗保险，那么张先生获得了蒋某的赔偿后，是否还可以向保险公司申请赔付10 000元的保险金呢？

5. 分摊原则

分摊原则主要应用于重复保险情况。

（1）重复保险的含义。重复保险是指投保人对同一保险标的、同一保险利益、同一保险事故与数个保险人分别订立数个保险合同的行为，且各保险合同约定的保险金额总和超出保险标的价额。

（2）重复保险的分摊方法。保险事故发生时，被保险人的损失得到有效赔偿，各保险人之间公平分担保险责任。

1）比例责任制，即按照各保险公司的保险金额，比例分担损失赔偿责任，其公式为：

某保险人的责任=（某保险人的保险金额÷所有保险人的保险金额总额）×损失额

2）责任限额制，即各保险公司对损失的分担并不以其保险金额作为分摊基础，而是按照它们在如无他保的情况下所负责的限度比例分担，其公式为：

某保险人责任限额=（某保险人独立责任限额÷
所有保险人独立责任总和）×损失额

3）顺序责任制，即同一保险标的有两家以上保险公司承保时，最早出立投保的保险人首先负责赔偿，第二个保险人只负责超出第一个保险人保险金额部分，以此类推。

【实例 6-7】 某业主将其所有的一栋价值 60 万元的房子同时向甲、乙两家保险公司投保 1 年期的火灾保险，甲公司保险金额为 50 万元，乙公司保险金额为 30 万元，保险有效期内房子被大火焚毁。保险公司应如何分摊损失？（用不同的分摊方法）

6. 近因原则

损失的近因是由承保的风险所造成的，保险人给予赔付；损失的近因不是由承保的风险所造成的，保险人不予赔付。

【实例 6-8】 某日，某公司为了丰富员工生活，专门安排一辆大巴车，组织员工到省内旅游。车在高速公路上行驶，突然从后面飞驰而来一辆大货车（后经交警裁定，大货车违章快速超车）。大巴车来不及避让，两车严重碰撞。公司员工张强和王诚双双受了重伤，立即被送入附近医院急救。张强颅脑受到重度损伤，因失血过多，抢救无效，于两小时后身亡。王诚在车祸中丧失了一条腿，在急救中因急性心肌梗塞，于第二天死亡。

经了解，张强身体健康，而王诚则患心脏病多年。保险公司应如何处理？

保险理财规划应该站在投保人的角度，为投保人制定适合其要求的保险计划，提醒其注意保险原则，从而保证投保人的合法利益得到保护，这是保险理财规划师应有的能力。

> **想一想**
> 制定保险理财规划时应考虑哪些保险原则？

6.2 家庭保险工具的选择

6.2.1 人身保险产品

应对人身风险的保险产品有人寿保险、人身意外伤害保险和健康保险。下面分别进行详细介绍。

1. 人寿保险

人寿保险简称寿险，是以被保险人的生命作为保险标的，以被保险人的生存或者死亡作为保险事故的一种保险形式。

(1) 普通人寿保险。它主要包括死亡保险、生存保险和两全保险。

1) 死亡保险，包括定期死亡保险和终身死亡保险。定期死亡保险是以被保险人在约定期间内发生死亡为保险事故而由保险人给付保险金的保险。终身死亡保险是指从保险合同生效之日起，被保险人在任何时候死亡，保险人均向受益人给付保险金的保险。

2) 生存保险，以被保险人的生存为给付保险金的条件，若被保险人在约定的期限或到达约定的年龄前死亡，保险人不承担给付保险金的责任，也不退还保险费。

3) 两全保险，又称生死合险。要求保险公司不仅当被保险人在保险期限内死亡时，向其受益人给付死亡保险金，而且在被保险人生存至期满也向其本人给付生存保险金。

(2) 简易人寿保险。它是人身保险种类之一，是一种低保额、不体检的人寿保险。可以是两全保险，也可以是限期缴费的终身寿险或限期缴费的联合终身寿险。

(3) 创新人寿保险。它主要包括分红保险、万能寿险和投资连结险。

1) 分红保险，又称利益分配保险，是指签订保险合同的双方事先在合同中约定，当投保人所购买的险种的经营出现赢利时，保单所有人享有红利的分配权。

2) 万能寿险，又称变额万能人寿保险或弹性交费寿险，它是一种保费和保险金额都变动的寿险产品，兼有保障和投资功能。

3) 投资连结险，兼具保险和投资两个账户，是一种融保险与投资于一身的险种。传统寿险都有一个固定的预定利率，保险合同一旦生效，无论保险公司经营状况如何，都将按预定利率赔付给客户。而投资连结险则不存在固定利率，保险公司将客户交付的保险费分成"保障"和"投资"两个部分。其中，"投资"部分的回报率是不固定的。如果保险公司投资收益比较好，客户的资金将获得较高回报；反之，如果保险公司投资不理想，客户也将承担一定的风险。

2. 人身意外伤害保险

人身意外伤害保险，简称意外险，指的是在保险合同有效期内，被保险人由于外来的、突发的、非本意的、非疾病的客观事件（意外事故）造成身体的伤害，并以此为直接原因导致被保险人残疾或死亡时，保险人按照规定向被保险人或受益人给付死亡保险金、残疾保险金或医疗保险金。

3. 健康保险

健康保险是以被保险人在保险期间内因疾病不能从事正常工作，或因疾病造成残疾或死亡时由保险人给付保险金的保险。健康保险的保险费率与被保险人的年龄、健康状况密切相关，保险公司往往要求被保险人体检、规定观察期或约定自负额，承保比较严格。因此，趁年轻、健康时购买最为有利。

健康保险是以被保险人患疾病作为保险事故的，按给付方式划分，一般可分为以下三种。

（1）给付型。保险公司在被保险人患保险合同约定的疾病或发生合同约定的情况时，按照合同规定向被保险人给付保险金。保险金的数目是确定的，一旦确诊，保险公司按合同所载的保险金额一次性给付保险金。各保险公司的重大疾病保险等就属于给付型。

（2）报销型。保险公司依照被保险人实际支出的各项医疗费用按保险合同约定的比例报销。住院医疗保险、意外伤害医疗保险等就属于报销型。

（3）津贴型。保险公司依照被保险人实际住院天数及手术项目赔付保险金。保险金一般按天计算，保险金的总数依住院天数及手术项目的不同而不同。住院医疗补贴保险、住院安心保险等就属于津贴型。

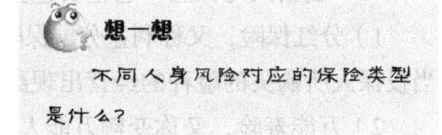

> **想一想**
> 不同人身风险对应的保险类型是什么？

6.2.2 财产保险产品

广义的财产保险是指以有形财产与无形财产以及与此相关的利益、责任、信用作为保险标的的保险，包括财产损失保险、责任保险、信用保险和保证保险。

1. 财产损失保险

财产损失保险是以各种物质财产为保险标的的保险，保险人对物质财产或者物质财产利益的损失负赔偿责任。其主要种类如下。

（1）火灾保险。承保陆地上存放在一定地域范围内，基本上处于静止状态下的财产，如机器、建筑物、各种原材料或产品、家庭生活用具等因火灾引起的损失。

（2）海上保险。实质上是一种运输保险，是各类保险业务中发展最早的一种保险，保险人对海上危险引起的保险标的的损失负赔偿责任。

（3）货物运输保险。除海上运输以外的货物运输保险，主要承保内陆、江河、沿海及航空运输过程中货物所发生的损失。

（4）各种运输工具保险。主要承保各种运输工具在行驶和停放过程中所发生的损失。

（5）汽车保险。承保各种汽车车身损失及第三者责任。

（6）航空保险。承保各种客机和运输飞机的飞机机身、第三者责任、旅客责任的保险。

（7）船舶保险。承保各类海上船舶（客轮、货轮、油轮、集装箱船、趸船、拖驳、游艇和渔船）的船壳、船上机器、导航设备、家具、物料及给养、燃油等，还可以加保与其他船舶碰撞而需免除的法律责任。

（8）铁路车辆保险。承保铁路机车的任何（包括财产和责任）损失。

（9）工程保险。承保各种工程期间一切意外损失和第三者人身伤害与财产损失。

（10）灾后利益损失保险。保险人对财产遭受保险事故后可能引起的各种无形利益损失承担保险责任的保险。

（11）盗窃保险。承保财物因抢劫或者窃贼偷窃等行为造成的损失。

（12）农业保险。主要承保各种农作物或经济作物和各类牲畜、家禽等因自然灾害或意外事故造成的损失。

2. 责任保险

责任保险是以被保险人依法对第三者应承担的民事损害赔偿责任为承保对象的保险。其主要种类如下。

（1）公众责任保险。承保被保险人对其他人造成的人身伤亡或财产损失应负的法律赔偿责任。

（2）雇主责任保险。承保雇主根据法律或者雇佣合同对雇员的人身伤亡应该承担的经济赔偿责任。

（3）产品责任保险。承保被保险人因制造或销售产品的缺陷导致消费者或使用人等遭受人身伤亡或者其他损失引起的赔偿责任。

（4）职业责任保险。承保医生、律师、会计师、设计师等自由职业者因工作中的过失而造成他人的人身伤亡和财产损失的赔偿责任。

（5）保赔保险。承保车、船在经营中，按照法律或合同的规定对他人所承担的损害赔偿责任。

3. 信用保险

信用保险是以商品赊销和信用放贷中的债务人的信用作为保险标的，在债务人未能如约履行债务清偿而使债权人遭致损失时，由保险人向被保险人即债权人提供风险保障的一种保险。

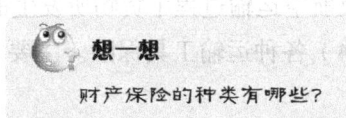

> 想一想
> 财产保险的种类有哪些？

4. 保证保险

保证保险是指在约定的保险事故发生时，被保险人需在约定的条件和程序成就时方能获得赔偿的一种保险方式。保证保险主要分为三类：合同保证保险、忠实保证保险、商业信用保证保险。

6.2.3 社会保险产品

1. 社会保险概述

（1）社会保险的定义。社会保险指国家或政府通过立法形式筹集专门基金，对工资收入的劳动者在年老、疾病、失业、伤残、生育、暂时或永久丧失劳动能力、失去工作机会造成的收入不稳定、生活无保障的困难时，对劳动者提供基本生活保障的一种保障制度。

（2）社会保障体系。社会保障体系包括社会救济、社会福利、社会服务及社会保险。

社会救济，又称社会救助，指国家和社会对由贫困人口与不幸者组成的社会弱势群体无偿提供物质援助的一种社会保障制度。

社会福利，指国家和社会通过各种福利服务、福利企业、福利津贴等方式，保障和维护社会成员一定的生活质量，满足其物质和精神的基本需要而采取的社会保障政策。

社会服务，又叫社会照顾，指国家或社会按照法律的规定，对社会成员的生、幼、老、病、死、伤、残提供免费或优待的公益性服务的一种社会保障制度。

（3）社会保险与商业保险的区别如表 6-2 所示。

表6-2 社会保险与商业保险的区别

	社会保险	商业保险
目的和性质	不以营利为目的的基本保障	营利性的经济给付
权利与义务的对等关系	当事人交换的不是对价物	以对价物相交换
对象和职能	社会劳动者	可保标的
保障水平	社会公平	个人公平
管理运作机制	保费三方负担的社会事业	个人缴费的商业经营机构
立法范畴	劳动立法	经济立法

2. 社会保险的主要内容

社会保险的主要内容包括养老保险、生育保险、工伤保险、医疗保险、失业保险。具体内容请参见7.2节。

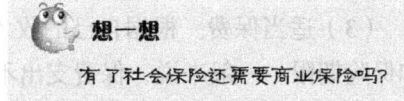

> **想一想**
> 有了社会保险还需要商业保险吗？

（1）养老保险。劳动者在达到法定退休年龄或因年老、疾病丧失劳动能力时，按国家规定退出工作岗位并享受社会给予的一定物质帮助的一种社会保险制度。

（2）生育保险。国家和社会对女职工由于妊娠、分娩而暂时丧失劳动能力时给予物质帮助的一种社会保险制度。

（3）工伤保险。指劳动者因工作受伤致残，暂时或永久丧失劳动能力时，从国家和社会获得必要的物质帮助的一种社会保险制度。

（4）医疗保险。劳动者因疾病、伤残或生育等原因需要治疗时，由国家和社会提供必要的医疗服务和物质帮助的一种社会保险制度。

（5）失业保险。国家通过建立失业保险基金的办法，对因某种情形失去工作而暂时中断生活来源的劳动者提供一定基本生活需要，并帮助其重新就业的一种社会保险制度。

6.3 保险理财规划方案设计的原则与方法

6.3.1 保险理财规划方案设计的原则

设计保险理财规划，有一定的基本原则和方法可以遵循，主要包括以下几个方面。

（1）合理的保险金额。由于被保险人出险的时候，保险公司赔偿给受益人的只能是金钱，所以，购买保险最主要的目的是得到经济上的补偿。也就是说，被保险人身上负有多少经济责任，就相应买多少保额的保险。

根据不同的人生阶段，以及所承担的家庭责任的大小来确定合理的保险金额。例如，一个单身青年和一个 40 岁左右上有老下有小的中年人，所承担的家庭责任是截然不同的。因此，他们的保险金额是不一样的。

（2）全面保障。一个好的保险规划能规避疾病和意外等所有不可预知的风险。根据自身的职业来决定保障的侧重点，如外资企业员工由于收入高、保障低，应考虑综合投保，以求保障全面。

（3）适当保费。根据自己的收入水平，确定投保的险种、交费方式、保险金额和保险期限。一般来说，保费支出不能超过收入的 10%。如果含投连产品，比例可以上升到 15%；如果是纯粹的消费型产品，比例为 6% 则比较适宜。

（4）先保障后储蓄赢利。优先选择纯保障型的险种，如疾病和意外等险种，再考虑利用寿险储蓄一笔急用的免税的现金。

（5）先成人后儿童。成人是家庭经济的支柱，应优先投保高保障的寿险或健康保险，而儿童则投保教育和医疗险。

（6）研究条款是关键。保险不是无所不保时。对投保人来说，应该先研究条款中的保险责任和责任免除这两部分，以明确这些保单能提供什么样的保障，再和自己的保险需求相对照。同时要明确自己的需要，首先考虑自己或家庭的需要是什么。例如，担心患病时医疗费负担太重而难以承受的人，可以考虑购买医疗保险；为年老退休后生活担忧的人可以选择养老金保险；希望为儿女准备教育金、婚嫁金的父母，可投保少儿保险或教育金保险等。

（7）险种搭配很重要。在选择健康保险的时候，重大疾病保险应该是每个家庭的首选。重大疾病保险的给付都是一次性的。例如，客户投保了保额 10 万元的重大疾病保险，一旦发生了合同中的重大疾病，保险公司就会给客户 10 万元保险金。其次要考虑的是有没有社会医疗保障，比较理想的险种搭配是：有社会医疗保障就选择重大疾病保险+住院补贴保险；没有社会医疗保障就选择重大疾病保险+住院费用保险。

（8）付费方式选年缴。年缴是按照 10 年期、20 年期等每年交纳一定保险费，趸缴是指一次性缴纳保费。投保重疾保险等健康险时，尽量选择缴费期长的缴费方式。一是因为缴费期长，虽然所付总额可能略多些，但每次缴费较少，不会给家庭带来太大的负担，加之利息等因素，实际成本不一定高于一次缴清的付费方式。二是因为不少保险公司规定，若重大疾病保险金的给付发生在缴费期内，从给付之日起，免缴以后各期保险费，保险合同继续有效。也就是说，如果被保险人缴费第二年身染重疾，选择 10 年缴，实际保费只付了 1/5；若是 20 年缴，就只支付了 1/10 的保费。

（9）货比三家细挑选。尽管各家保险公司的条款和费率都是经过中国保监会批准或备案的，但也有所不同。例如，领取生存养老金，有的是每月领取，有的是定额领取；大病医疗保险，有的包括几十种大病，有的只有几种，这些一定要看清楚，问明白，针对个人情况，做出适合自己的选择。同时要多比较不同公司同类保险产品中的条款，重点要看保险责任、除外责任等关键性条款。

（10）保单借款灵活用。有些保户因临时用钱，而不得不退掉保险，损失相当高的手续费。其实，目前很多保险产品都附加有保单借款功能，即以保单质押，根据保单当时的现金价值 70%～80%的比例向保险公司贷款。这样既能解决燃眉之急，又能避免退保带来的不必要的损失。

6.3.2 保险理财规划方案设计的方法

不同的家庭情况，所适用的保险理财方法也是不同的，这里我们以不同家庭类型为例，来简单阐述保险理财的各种方法。

根据家庭成员的构成状况，我们把社会小家庭分成常见的三种类型。

（1）单身家庭。单身一族基本没有家庭上的压力，唯一与之有责任关系的是自己的父母。如果单身一族出险，受伤害最深的是父母。因此，单身一族在买保险的时候，受益人一般为父母。

适合险种：① 定期寿险，因为年轻，收入也不是很高，消费型的保险产品是单身一族的首选。生命的价值无法用金钱来衡量。一般来说，单身一族的定期寿险保额控制在 50 万元以内就可以。② 重大疾病险，重大疾病的保额在 20 万～30 万元即可。③ 意外伤害险，保险公司的意外伤害险采用的是均衡费率，即不管男女、年龄等因素（职业除外），相同的保额采取相同的费率。

（2）两口之家。如夫妇俩都有收入，按照夫妇俩对家庭的不同经济贡献确定保额，如果有负债（如房贷），应把保额中包括负债。夫妇俩彼此成为对方的受益人。

适合险种：① 定期寿险，保额可以粗略地估算为 10~20 年的收入加上负债。② 终身寿险，终身寿险都是储蓄型保险产品，保额不用太高，10 万~20 万元即可。买终身寿险的主要目的是附加一些消费型的险种。③ 住院补贴，附加在终身寿险上。④ 重大疾病，选择消费型的为主。

（3）三口之家。基本情况和两口之家相似，唯一的区别是在计算保额时要加入子女教育金。

6.4 保险规划案例分析

基本情况

万先生，今年 1 月宝宝出生，房贷 20 万元左右，贷款期限 20 年，基本不做任何投资。万先生的公司对医疗费用的规定是，子女可报销 50%，自己可 100% 报销。万先生有较高身故及意外保障；万先生的收入是太太的 2 倍多（税后 7 000~8 000 元/月，太太大约 3 000 元/月），太太公司有部分保险。家里无车，家庭消费预算 8 000 元/年。

万先生的初期想法是给孩子进行教育险投资，给太太考虑大病险，不为自己考虑保险。

理财解析

1. 分析家庭类型

万先生的家庭显然属于前述的第三类家庭，即一般家庭类别中的三口之家。夫妇俩都有收入，应按照夫妇俩对家庭的不同经济贡献确定保额，有房贷，应把保额中包括房贷。夫妇俩彼此成为对方的受益人。

2. 分析风险状况

万先生家所面临的风险包括人身风险和财产风险。其中，人身风险按其重要顺序主要包括身故风险、残疾风险、重大疾病风险等。其中，万先生本人的人身风险又是全家中的首位。另外，财产风险暂无机动车风险，主要是家财损失风险。

3. 分析理财原则

对应万先生家的具体情况，主要应考虑以下基本原则。

（1）合理的保险金额。万先生夫妇的身故保险金额以其各自预期收入加上房贷金额为参考。

（2）先成人后儿童。建议投保顺序为万先生、万太太、宝宝。

（3）全面保障。

（4）适当保费。根据万先生家的收入水平，确定保费支出不能超过收入的10%。如果含投连产品，比例可以上升到15%；如果是纯粹的消费型产品，比例为6%则比较适宜。

（5）付费方式选年缴。根据还贷期限，建议20年年缴。

理财建议

从案例中得知，男主人万先生的年收入占整个家庭收入的70%以上，为一级风险保障对象，更是家庭投保的重中之重，而不应将孩子和太太的保障作为重点。为此应提醒男主人一定要分清保险的轻重缓急，按保险真正的意义和功用来投保。

（1）男主人万先生。已有公司提供的意外、医疗、身故保障。要考虑一旦罹患重大疾病，公司提供的医疗保额是否足够？假设跳槽，新公司的类似保障是否继续存在？退休后的健康医疗危机如何化解？

1）及时投保重大疾病保险，为自己建立一个终身的健康保障账户，重疾保额应满足中等治疗水平的医疗费用，以20万～30万元为宜，可将消费型和分红返还型组合；同时附加一些住院津贴型保险。

2）公司提供的身故和意外保险的额度，是否能满足房贷总额和年收入的10倍（保证家庭10年的基本生活费用、孩子的成长教育费用）？如果不足，则需补充，其中定期寿险必不可少，其保障的期限与贷款期限、孩子成长周期相吻合；如已足够，无须重复投保。

3）公司提供的身故、意外和医疗保障，未来具有一定的可变性，一旦失去应该及时补充，切勿遗忘。

4）保费支出建议控制在5 000元以内。

（2）女主人万太太。公司有部分保险（保险责任和保额不详），可投保10万保额的意外伤害保险，10万元保额的重大疾病保险（含女性疾病保险责任）和10万元保额的寿险，附加住院津贴保险。每年的保费支出在3 000元左右为宜。

（3）宝宝。一是及时参加当地政府有关少儿医疗保险；二是父亲公司可享受50%的医疗报销费用，可不再购买商业医疗保险；三是投保10万元保额的消费型少儿重大疾病保险，每年的保费仅需几百元；四是待孩子开始学步时，及时投保意外伤害保险。

（4）家财。建议考虑实际家庭财产总额投保家庭财产损失一切险，保费1 000元左右。

综上所述，保费支出不要因为初为父母的欣喜而过于盲目，原则上以自己感觉无压力为好。还有孩子刚出生，以后生活花费会大幅增加，应有心理准备。所以孩子的其他保险不必过多考虑，毕竟家长的安康才是孩子真正的"保险"。

> **想一想**
> 一个完整的保险理财规划应包括哪些内容？

保险不要求一步到位，保险也不是一劳永逸的。建议万先生根据自己的经济情况和保险需求层次，做适当的平衡和选择，在以后的生活中，再根据自己的情况（无论是经济上的还是保险需求结构上的变化）做保险保障的补充、调整和完善。

评估练习

1. 单选题

（1）风险表现为损失的不确定性，说明风险只能表现出损失，没有从风险中获利的可能性，属于（   ）风险，保险风险就属于此类。

　　A．狭义　　　　　B．广义　　　　　C．主观　　　　　D．客观

（2）风险的特征不包括（   ）。

　　A．客观可能性　　　　　　　　　　B．偶然性

　　C．可测性　　　　　　　　　　　　D．主观任意性

（3）在一定的时间和空间，人们可以发挥主观能动性改变某种风险发生的频率和损失程度，但绝对不可能彻底消灭风险。这是指风险具有（   ）。

　　A．客观可能性　　　　　　　　　　B．不确定性

　　C．普遍性　　　　　　　　　　　　D．可测性

（4）下列各项中，（   ）不属于社会保险的主要险种。

　　A．社会养老保险　　　　　　　　　B．失业保险

C．健康保险　　　　　　　　D．医疗保险

（5）所谓保险，是指投保人支付一个固定金额的保费给保险人后，在规定保险合约期内，保险人对特定事件所造成的损失给予一定（　　）的行为。

A．行为补偿　　B．精神补偿　　C．物质补偿　　D．经济补偿

2．多选题

（1）保险合同解除的方式主要有（　　）。

A．法定解除　　B．协议解除　　C．故意解除　　D．任意解除

（2）健康保险按给付方式划分，一般可分为（　　）。

　A．给付型　　B．报销型　　C．津贴型　　D．以上都不是

（3）设计保险理财规划，应遵循的基本原则，主要包括（　　）等方面。

A．合理的保险金额原则　　　　B．全面保障原则

C．适当保费原则　　　　　　　D．先保障后储蓄赢利原则

（4）不同家庭类型，保险理财的方法不同，适合两口之家的保险险种包括（　　）。

A．定期寿险　　　　　　　　　B．终身寿险

C．住院补贴（附加在终身寿险上）　D．重大疾病险

（5）保险最大诚信原则的基本内容包括（　　）。

A．重要事实的申报　　　　　　B．保证

C．告知和通知　　　　　　　　D．弃权与禁止反言

3．简答题

（1）简述风险的分类。

（2）风险管理的基本程序有哪些？

（3）保险代理人与经纪人的区别是什么？

（4）保险合同包括哪些内容？

（5）设计保险理财规划方案的基本原则和方法主要包括哪些方面？

职业技能训练

请根据下面所给的家庭状况为小李设计一份保险理财规划。

小李，30岁。妻子，25岁。两人刚结婚。小李税后收入5 000元/月（扣除社保、医保、公积金）；节日奖金6 000元/年；住房公积金3.5万元/年。妻子收入1 800元/月（扣除社保、医保，无公积金）。夫妻有1套50平方米的单位分住房，现出租，租金600元/月。夫妻现有存款10万元，住房公积金10万元，投资股票30万元，现市值11万元，深套。单位为小李买了1份终身福寿增值保险，已经交完保险费，估计到60岁后可以拿60万元。有旧车1部，每月养车费用1 000元。家庭日常支出2 500~3 000元/月。

思考题

1．你认为小李应先做哪一类商业保险？
2．小李家庭寿险保障、重疾保障的需求是多少？
3．小李家庭保障的缺口是多少？
4．针对对上述问题的回答，再结合本章学习的内容，为小李设计一份保险理财规划。

第 7 章

退休养老规划

✍ 学习目标

- ☑ 能够完成完整的退休生活设计与退休费用分析,学会正确地选择商业性养老保险。
- ☑ 重点记住养老规划关键术语,熟悉养老规划流程,能够完成完整的退休养老规划方案设计。
- ☑ 了解现行的社会保险体系及相关的法律法规。

关键术语

传统型养老保险　　分红型养老保险　　万能型保险　　投资连结保险
养老社会保险

引导案例

李先生今年(2015 年)40 岁,李太太 35 岁,他们有一个 15 岁的女儿,刚上高中。李先生在大连一家软件企业做技术工程师,年收入 8 万元。以李先生现在的职位及公司的发展前景看,他觉得在退休前能基本上保持这个收入水平。李太太是一位中学教师，年收入约 5 万元。李先生将自己的全部积蓄都留给女儿用作大学的教育开支。

最近，李先生的一些同事纷纷退休。李先生与李太太合计，他们也应该为退休养老生活做打算了。因此，李先生希望将来老两口退休后靠自己的积累过一个幸福的晚年。因此，李先生向理财规划师咨询并希望理财规划师能为他们夫妇设计一套切实可行的退休养老方案。

思考题：作为一名理财规划师，应进一步了解哪些情况？又应该如何设计相应的退休养老方案？

7.1 退休生活设计与退休费用分析

7.1.1 退休生活设计

1. 退休规划的阶段划分

（1）退休准备阶段。即李先生从 40 岁开始，用 15 年时间进行准备，到 2030 年李先生退休时正好 55 岁（假设 55 岁退休），这一阶段共 15 年。

（2）积极型退休阶段。即李先生从 55 岁刚退休到 65 岁完全退休，这一阶段共 10 年时间。这个时期有如下几个特点。

1）李先生身体状况比较好，在医疗方面的开支不会太大。

2）李先生仍有一定的劳动能力，可以采用半退休半劳动的方式，退休后从事一定的顾问、技术、服务获得少量的收入，弥补退休费用的不足。

3）李先生可以利用这段时间实现自己周游全国的人生梦想，每年去两三个地方，10 年基本上可以走遍全国。

4）李先生还可以进行有适当风险的基金投资。

（3）被动型养老阶段。这个阶段是李先生夫妇 65～80 岁终老之间的 15 年，这个时期以完全退休、享受平稳安康的晚年生活为主要特点，不会再外出旅游，生活支出大幅降低，但医疗保健支出会大幅增加，其他支出则十分稳定，基本上没有什么收入来源。

2. 退休规划的主要特点

（1）尽早开始储备退休金，越早越轻松。

（2）退休金储备不能太保守，否则即使年轻时就开始准备，仍会不堪负荷。

（3）以保证给付的养老保险或退休年金满足基本支出；以报酬率较高但无保证的基金投资满足生活品质支出。

3. 退休规划的假设条件

（1）假设未来的通胀率年均为 3%。

（2）假设未来 1 年期储蓄存款年利率税后为 1.8%。

（3）假设社保投资回报率年均为 1.5%。

（4）假设货币型开放式基金的年均回报率为 3%。

（5）假设债券型开放式基金的年均回报率为 4%。

（6）假设指数型开放式基金的年均回报率为 6%。

（7）假设股票型开放式基金的年均回报率为 8%。

4. 退休储备的投资方式

根据李先生的退休计划，要想在退休后的 25 年期间过自己想过的生活，就必须用退休前 15 年时间储备一笔钱，这笔钱以 2030 年为限。在计算李先生退休前 15 年储备投资计划时，以 2030 年为终值；在计算退休开支计划时，以 2030 年为现值；2055 年为终值。

如果李先生退休初期储备了一笔钱用于退休养老，这笔钱应以货币型开放式基金的方式存入，而不是以银行定期储蓄的方式存入，也不是以股票债券基金方式存入。因为货币型开放式基金相比银行存款而言，有几个明显的优点。

（1）收益率高。年均收益率为 3%～5%，高于同期 1 年期银行定期存款税后收益，远高于活期储蓄存款。

（2）取用灵活。只需 $T+1$ 日通知银行和基金公司，第二天就可以取回钱，非常灵活方便，不会影响紧急用钱调度。

（3）免利息税。货币型基金的分红所得免收所得税。

（4）安全无忧。货币型开放式基金主要投资于国债、金融债等极为安全的债券品种，不会用于投资股票、房地产等高风险品种，而且货币型开放式基金的运作全部由银行监管，不会有挪用的风险，非常安全，不会有本金的损失。

在国外，货币型开放式基金等同于现金，是最适合老年人退休资金的投资品种之一。由于货币型开放式基金的收益率基本上与通胀率相当，因此可以对抗通货膨胀，而银行活期存款只会导致资产缩水，无法对抗通货膨胀。

7.1.2 退休费用分析

理财规划师计算退休所需费用，一般分以下 9 个步骤：第一步，计算目前的生活开支；第二步，计算按目前物价水平预期退休时所需生活开支；第三步，计算退休之初保持同样生活水准的开支；第四步，计算退休后的总计生活开支费用；第五步，计算社会保障和单位职业退休计划所能承担的部分开支；第六步，计算自买商业养老保险所能承担的部分开支；第七步，计算现有投资资产的累积终值；第八步，计算养老费用缺口，即须靠退休储备来解决的部分；第九步，设计符合客户投资偏好的投资组合及定期定额投资计划，通过投资帮助客户积蓄退休所需的储备基金。概括来讲，包括退休后所需费用；现有准备能达到的水平。以上两者的缺口，即退休养老设计要解决的问题。

相关链接：终值和现值

终值又称将来值或本利和，指现在一定量的资金在未来某一时点上的价值。通常记作 FV。

现值指未来某一时点上的一定量现金折合到现在的价值，俗称"本金"。通常记作 PV。

用复利计息方法计算的一定金额的初始投资在未来某一时点的终值为：

$$FV=PV(1+I\%)^N$$

终值大小与初始投资、期限和利率同方向变化。

式中　FV——终值；

　　　PV——现值；

　　　$I\%$——利息率；

　　　N——计息期数。

1. 李先生夫妇退休期间的基本生活费用计算

（1）李先生夫妇退休生活品质设计。目前李先生夫妇每月开支 4 490 元，假设李先生夫妇始终保持目前的生活水平不变，退休后由于生活内容变化，通信费可减少 150 元，交通费减少 160 元，衣物开支减少 150 元，美容化妆品费也会减少，但是要增加健身运动费用，以及增加医疗营养费用每个月各 100 元。综合调整后得出，按目前的生活水准，李先生夫妇每个月的基本开支为 4 130 元。根据年均 3% 的通胀率，李先生夫妇要保持目前的生活水准，那么当他们退休时（2035 年），他们每个月所需的基本生活费用为 7 459 元（$N=20$，$I\%=3\%$，$PV=4 130$，$FV=?$）。

由于退休期间李先生每个月可领取社保金 2 112 元，李太太可领取社保金 1 722 元（见 7.2.2 节分析），合计 3 834 元，相比两夫妇刚退休时所需生活支出 7 459 元，缺口为 3 625 元。

（2）李先生夫妇基本退休生活需求计算。考虑到通胀率，如果李先生夫妇要在退休期间一直保持同样的生活品质，则他们在整个退休期间所需费用为 2 448 805 元（$N=20\times12$，$I\%=3\%$，$PVOA=0$，$PMT=7 459$，$FVOA=?$），扣除他们可从社保获得的养老金，两人的退休生活费用的缺口为 1 430 997 元。

由于这笔钱是以 2055 年的终值计算的，如该退休基金在退休期间始终投资于一个年均回报为 2% 的货币基金，则他们在 2035 年开始退休时需准备的退休基本生活费用缺口为 963 020 元（$N=20$，$I\%=2\%$，$PVOA=?$，$PMT=0$，$FVOA=1 430 997$）。

> **相关链接**
>
> **年金**是指等额、定期的系列支出，如分期付款赊购、分期偿还贷款等。
>
> **年金终值**（普通年金终值 FVOA）指一定时期内，每期期末等额收入或支出（PMT）的本利和，也就是将每期的金额按复利换算到最后一期期末的终值，然后加总，就是该年金终值。
>
> **年金现值**（普通年金现值 PVOA）指为在每期期末取得相等金额（PMT）的款项，现在需要投入的金额。它是年金终值的逆运算。
>
> **通货膨胀**（简称通胀）意味着国内物价水平的上涨，当一个经济中的大多数商品和劳务的价格连续在一段时间内普遍上涨时，就称这个经济经历着通货膨胀。

也就是说，李先生夫妇需要现在开始准备一笔退休资金，当这笔资金经过投资到 2035 年时增值到 963 020 元，就可以满足他们的退休生活所需了。如果李先生夫妇现在开始每个月从工资中投资一笔钱用于准备这笔退休生活储备金,并定期定额投资于一个年均回报为8%的指数型基金,则他们每个月须投资1 635元(N=20×12,$I\%$=8%,PVOA=0,PMT=?,FVOA=963 020)。

这里需要说明的是,由于所处年龄不同,李先生在中年时期(退休准备阶段)的投资可以稳健偏进取些。因此可以选择年均回报为8%的指数型基金,以减轻月投的压力。如果李先生非常保守,只愿意投资于年均回报为4%的债券型基金,则每个月须定期定额投资于退休基金的款项为2 626元(N=20×12,$I\%$=4%,PVOA=0,PMT=?,FVOA=963 020),这样每个月李先生夫妇就要多投资991元(2 626–1 635)。

当然,当李先生进入退休生活阶段后,李先生的这笔退休资金就不能再选择回报高但风险也高的指数型基金,而应投资于安全性、流动性更好的债券型基金或货币型基金。

> **相关链接**
>
> **指数型基金**是以指数成分股为投资对象的基金,即通过购买一部分或全部的某指数所包含的股票,来构建指数基金的投资组合,目的是使这个投资组合的变动趋势与该指数相一致,以取得与指数大致相同的收益率。
>
> **债券型基金**是以国债、金融债等固定收益类金融工具为主要投资对象的基金。因为其投资的产品收益比较稳定,所以债券型基金又称为"固定收益基金"。

2. 李先生夫妇退休期间的医疗保障费用需求

(1)李先生夫妇退休期间的医疗费用需求。李先生夫妇的医疗保障费用原则上应该主要靠社会保险与商业保险尤其商业保险来解决。按目前中等水平测算退休期间综合治疗费用大约是:小病每年3 000元、中病退休期间患三次每次3万元,大病一次约20万元。目前每位老人在25年养老期要准备的医疗保险额度为365 000元(200 000+30 000×3+3 000×25)才能满足需要。考虑到通胀率,15年后李先生退休时这笔医疗保障额要达到568 658元才够(N=15,$I\%$=3%,PV=365 000,FV=?)。可见李先生夫妇要在退休时每人储备568 658元医疗费用,两人合计1 137 316元才能满足医疗需要,而且这笔开支在退休期间还随通胀率上升。

(2)李先生夫妇退休期间日常医疗支出需要。按现在每人每年3 000元标准计算。此外,由于医疗费用的上涨速度要高于通胀率,以医疗费用年均上涨率5%计算,增长到12 474元(N=15,$I\%$=5%,PV=3 000×2,FV=?)。

因此，李先生在退休时每年要准备 12 474 元用于日常小病医疗，如果储备的这笔资金全部用于投资年均回报为 4%的债券型基金，那么李先生退休时要准备的退休期间的日常医疗费用储备额为 354 004 元 {N=25，I%=[(1+4%)÷(1+5%)–1]×100%= –0.952 4%，PVOA=?，PMT= –12 474，FVOA=0}。

（3）李先生到退休时社保医疗金账户余额。我们假设社会保险管理办法中关于医疗保险费计缴的规定，企业按员工每月基本工资的 6%扣缴医疗保险社保金，同时按员工每月基本工资的 2%代扣医疗保险社保金。而住院医疗保险费、地方补充医疗保险费与生育医疗保险费则均由用人单位分别按职工工资的 0.8%，0.7%和 0.5%缴纳，无须个人支付，这笔保费进入国家医保统筹基金，不进入个人社会医保账户。假设李先生与李太太社保中的医保金缴付都是从 5 年前开始，缴付的标准与现在一致，而且以后也不会有太大的变化。

此外，社会医疗保险金分社会医保统筹基金与个人社保医疗账户，其中个人缴纳的社会医保费以及部分单位缴纳的医保费（35 岁以下的参保人单位所缴医保费的 30%计入个人账户，35～45 岁的 40%计入个人账户，45 岁以上的 50%计入个人账户）计入个人账户，单位所缴医保费的其余部分及补充医保费、住院医保费、生育医保费等则计入社会医保统筹基金。

目前李先生单位每月缴付医保费为 264 元（4 400×6%），单位扣缴李先生工资中的医保费为 88 元（4 400×2%），而计入个人社会医保账户的金额为 193.6 元（88+264×40%），如果工资水平保持不变，则李先生 45 岁后每月计入个人账户的金额为 220 元（88+264×50%），这笔资金可享受活期利息收益，用于李先生日常门诊治疗。如果李先生一直不动用社保医疗卡中的钱，则当他 55 岁退休时该账户余额可达 53 243 元。

（4）李太太到退休时社保医疗金账户余额。目前单位每月为李太太缴付的社保医疗金为 180 元（3 000×6%），单位每月为李太太从工资中扣缴的社保医疗金为 60 元（3 000×2%），而计入李太太个人社保医疗账户的金额为 132 元（60+180×40%），当她 45 岁后增加到 150 元，同样可用于日常医疗门诊费用支付。

需要特别说明的是，如果李先生与李太太希望这笔社保医疗金能为自己退休后的日常医疗保健服务，那么这笔医保金在退休前就不要动用。如果在退休前需要开支医疗费，最好购买团体门诊保险来解决，这样成本低、效果好。但实际上只有较少的单位才能被保险公司接纳办理团体门诊险业务。

（5）李先生家现在需要补充购买大病商业保险。根据社保规定，医保账户中的余额可以用于日常门诊治疗。由于李先生在退休前也需要支出日常门诊医疗费用，所以这笔社保医疗费用就不可能用于退休后的日常医疗。

另外，参加社保医疗保险的职工，如果发生规定的重大疾病，一般可获得15万～20万元的住院治疗及手术费用。由于社保医疗额每年重新计算，假设两人在退休期间累计可从社保获得医疗保障60万元，因此两人可获保障为60万元，但相比1 137 316元的大病保障需求来说，两人还有约537 316元的大病保障缺额。

这两部分缺额都可以通过李先生与李太太现在开始购买补充商业重疾保险来充实，而且李先生现在已40岁，由于一般保险有20年的缴款期，而且年龄越大保费越高，现在买商业健康险正是时候。

其一，建议李先生与李太太通过所在公司购买团体门诊险，以补充日常治疗费用的不足。只要单次门诊费用不超过500元，都可到保险公司获得报销。如无法参加团体门诊保险，就需由李先生夫妇自己在日常生活中支出该项费用。

其二，建议李先生与李太太各购买一份保额为10万元的重疾险，一旦被保险人发生规定的数十种重大疾病，该保险能给予被保险人20万元的赔付；如果被保险人意外去世，还可获得30万元赔付，作为夫妇另一方的补充退休费用，而且该保险还有一定的现金价值，退休后可以用来补充养老金。

（6）李先生家医疗保障缺口。根据社保医疗条例的规定，虽然社保能提供一定程度的医疗费用，但对不同的病种、药品、医疗次目都有不同比例的自负额，通常为医疗费用的5%～20%。假设在全部医疗费用中自负10%，则李先生夫妇必须在社保与商业医保的基础上，再准备一笔149 132元[(1 137 316+354 004)×10%]的医疗现金储备金。

相关链接

补充商业重疾保险指由保险公司经办的以特定重大疾病，如恶性肿瘤、心肌梗死、脑溢血等为保险对象，当被保人患有上述疾病时，由保险公司对所花医疗费用给予适当补偿的商业保险行为。根据保费是否返还划分，可分为消费型重大疾病险和返还型重大疾病险。

现金价值又称"解约退还金"或"退保价值"，是指带有储蓄性质的人身保险单所具有的价值。在长期寿险契约中，保险人为履行契约责任，通常需要提存一定数额的责任准备金。当被保险人于保险有效期内因故要求解约或退保时，保险人按规定,将提存的责任准备金减去解约扣除后的余额退还给被保险人,这部分余额即解约金,亦即退保时保单所具有的现金价值。

3. 李先生夫妇身故后的相关费用

按照目前的水平,要安排李先生夫妇在百年之后有一个普通的身后安排,相关的寿服、火化、送别、丧葬、骨灰盒、陵园墓地等费用,大约每人需要5 000元,两人合计10 000元,这笔钱按通胀率到他们终老时的价格为32 620元(N=80−40,$I\%$=3,PV=10 000,FV=?)。

这笔终老费用建议李先生就不要进行投资,而是存在银行定期储蓄。李先生夫妇在退休时要准备的两人终老身后费用缺口为17 595元[N=(80−55),$I\%$=2.5%,PV=?,FV=32 620]。

4. 李先生夫妇退休期间的旅游费用计划

李先生计划在退休后的前10年内每年安排2万元与李太太周游全国,由于这2万元是按现在的物价水平设计的,那么当李先生退休时,他每年需要的旅游费用为36 122元(N=20,$I\%$=3%,PV=20 000,FV=?)。

同样,由于这笔资金每年取用两次,对流动性要求不是很高。为了对抗通胀,建议李先生用这笔旅游专项资金购买债券型基金,这样退休时为未来10年准备的旅游费缺口为377 419元{N=10,$I\%$=[(1+4%)÷(1+3%)−1]×100%=0.971%,PV=? PMT=−36 122,FV=0}。

7.1.3 退休养老规划中商业保险的选择

现在很多人都已意识到单靠国家的社会基本养老保险是不能保证高品质的退休生活的。为了弥补社保的不足,我们需要通过其他方式解决一部分养老金,商业养老保险就是其中很重要的一种方式。面对各种各样的养老保险,我们应该如何选择适合客户的商业养老计划呢?

1. 养老保险的类型

各家保险公司的养老保险主要有以下几种形式。

(1)传统型养老保险。传统型养老保险的利率是确定的,一般为2.0%~2.5%。从什么时间开始领养老金,每月或每年领多少钱,可以领多长时间,在投保时就可以明确选择和预知。这种产品相当于把年轻时的一部分钱,通过保险这种强制储蓄的方式转移到年老时使用。

优势：回报固定，在出现零利率或者负利率的情况下，也不会影响养老金的回报率。例如，在20世纪90年代末期出售的一款养老产品，按照当时的利率设计的回报，回报率都很高。

劣势：很难抵御通胀的影响。

适合人群：比较保守、年龄偏大的投资人。

（2）分红型养老保险。分红型养老保险与传统养老保险不同的地方是除了保底的预定利率，到了约定的年龄每年或每月领取固定的养老金外，每年还有不确定的分红。目前很多保险公司的养老产品都是这种分红型。这也是客户选择比较多的一种养老险类型。

优势：分红从理论上讲可以抵制一定的通胀，使养老金相对保值增值；养老金的领取确定、安全、专款专用。

劣势：分红不确定，客户在购买时可以参考公司过去几年的实际分红数据。

适合人群：理财比较保守、不愿意承担风险的人群，有些积蓄的中年人也建议选择这种类型的产品。另外对于一些生意人，在手头资金比较充裕的情况下，可以选择短期缴费购买这种产品，以防将来生意不稳定而影响自己的晚年生活品质。

（3）万能型保险。万能产品是一种非常灵活的产品，养老金的领取不像传统养老保险事先约定好领取年龄、领取金额。这一类型的产品在扣除部分初始费用和保障费用后，剩余保费进入个人投资账户，投资账户有保证的最低收益率。投资账户除了约定的最低收益外，还有不确定的"额外收益"。

优势：万能型保险的特点是下有保底利率，上不封顶收益，可有效抵制通胀；存取灵活；寿险保障额度可根据不同年龄段家庭责任的不同随时调整。

劣势：不适合年龄比较大的人，因为保费要先扣除保障费用、前期管理费再进入投资账户。首先，如果年龄比较大，保障费用非常高，实际进入投资账户的钱就很少；其次，万能型保险要终身扣保障费用，所以到了60岁退休后，家庭责任减轻时应该适当调低寿险保障额度，以获得更多的养老金；再次，只有一个投资账户，要保证最低收益，所以额外的收益不会很高。

适合人群：能够坚持长期投资、自制能力比较强的年轻人。

（4）投资连结保险。投资连结保险也叫"基金中的基金"。在美国、英国等发达国家，这种产品占到市场的50%以上，但在中国还没有被很多客户认识和接受。投资连结保险的灵活性类似于万能型保险，与万能型保险不同的是，万能型保险只有一个投资账户，而投资连结保险有几个风险程度不同的账户供客户选择。扣除各种费用后进入投资账户的资金盈亏由客户自负。如果客户担心有风险，可以选择银行债券账户或大额现金类账户。

优势：在兼顾保障的基础上，分享专家理财带来的收益。不同账户自由转换，以适应资本市场不同的形势。只要坚持长线投资，会有不错的收益。在各类养老险中也是唯一能够很好地抵制通胀的产品。

劣势：保险产品中投资风险最高的一类产品，必须坚持长期持有，也是终身扣除保障费用，如果年轻时保额做得比较高，退休后家庭责任减轻后保额要做适当调整。

适合人群：有一定的投资理财观念，并坚持长期投入的年轻人。家庭责任重时高保额满足高保障，退休后家庭责任减轻时，调低保额，解决养老金问题。

2. 购买养老保险需注意的问题

（1）交费方式的选择。相对健康保险来说，养老保险的保费较高，选择不当，容易成为经济负担。对大多数资金还没有积累到一定程度的工薪族而言，最好选择20年、15年期缴方式来存保费，或做月缴，每月拿出一定量的钱，既能满足储蓄养老的需求，又不会造成太大压力。对于有一定经济实力的中年人，可以选择短期缴费，如3年、5年、10年或趸缴。

（2）优先险种的确定。如果没有任何商业保险，原则上就要先做好全家人的意外和重大疾病等基本保障后再做养老规划。既然通过保险解决养老金，保险的最基本功能就是保障，

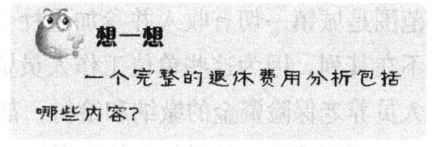

> **想一想**
> 一个完整的退休费用分析包括哪些内容？

所以在比较各公司同种类型的产品时，建议投资者除了看养老金的领取利益外，还要看保障的内容，如未领取养老金身故时如何赔付等。

7.2 现行社会保险体系

7.2.1 社会保险概述

1. 社会保险的概念

社会保险是一种为丧失劳动能力、暂时失去劳动岗位或因健康原因造成损失的人口提供收入或补偿的一种社会和经济制度。社会保险计划由政府举办,强制某一群体将其收入的一部分作为社会保险税(费)形成社会保险基金,在满足一定条件的情况下,被保险人可从基金获得固定的收入或损失的补偿。它是一种再分配制度,目标是保证物质及劳动力的再生产和社会的稳定。

2. 社会保险的主要项目

社会保险的主要项目包括养老社会保险、医疗社会保险、失业保险、工伤保险和生育保险。

(1)养老社会保险。这是针对达到法定年龄退出劳动领域的劳动者,为保障其基本生活需要,由社会保障基金提供的生活补偿费用,简称养老保险。养老保险的前提是劳动者在劳动年龄阶段为社会付出了剩余劳动,做出了一定贡献。因此,在劳动者退出劳动领域之后,社会需要对其生活进行保障。在我国,养老社会保险的范围是城镇一切有收入并参加了社会养老保险的劳动者。财政拨款的行政事业单位不在其列,因为这些单位工作人员资金都来自国家财政收入。从长期来说,这部分人员养老保险资金的缴纳和给付,都是同一口袋中的支出,属于国家保障性质。

国家规定正常退休年龄为男满 60 周岁,女满 55 周岁(管理、专业技术岗位的人员,城镇个体工商户等)或满 50 岁(生产岗位的人员)。

提前退休年龄为男满 55 周岁,女满 50 周岁。

病退年龄为男满 50 周岁,女满 45 周岁。

基本养老保险金的给付由基础养老金和个人账户养老金组成,给付条件是个人缴费年限累计满 15 年。

(2)医疗社会保险。社会劳动者因疾病、受伤或生育需要治疗时,由社会提供必要的医疗服务和物质保障的一种制度,简称医疗保险。它包括基本医疗保险和大额医疗救助两个部分。符合条件的被保险人，享受医疗的机会和待遇一般实行均等的原则，医疗保险通常以医疗保险基金支付部分医疗费的形式向被保险人提供服务。

医疗保险的基本特点如下。

1）寻求平等与经济效率的恰当平衡，即"在平等中注入一些合理性，在效率中注入一些人道"。

2）综合性的普遍保险制度。

3）低水平、多层次的医疗待遇。

4）多元化的筹资渠道。

基本医疗保险基金由统筹基金和个人账户构成。基本医疗保险费由用人单位和职工共同缴纳。统筹基金和个人账户要划定各自的支付范围，分别核算，不得互相挤占。

（3）失业保险。失业保险是指国家通过立法强制实行的，由社会集中建立基金，对因失业而暂时中断生活来源的劳动者提供物质帮助的制度。它是社会保障体系的重要组成部分，是社会保险的主要项目之一。

失业保险的特点如下。

1）普遍性。失业保险主要是为了保障有工资收入的劳动者失业后的基本生活而建立的，其覆盖范围包括劳动力队伍中的大部分成员。因此，在确定适用范围时，参保单位应不分部门和行业，不分所有制性质，其职工应不分用工形式，不分家居城镇、农村，解除或终止劳动关系后，只要本人符合条件，都有享受失业保险待遇的权利。

2）强制性。失业保险是通过国家制定法律、法规来强制实施的。按照规定，在失业保险制度覆盖范围内的单位及其职工必须参加失业保险并履行缴费义务。根据有关规定，不履行缴费义务的单位和个人都应当承担相应的法律责任。

3）互济性。失业保险基金主要来源于社会筹集，由单位、个人和国家三方共同负担，缴费比例、缴费方式相对稳定，筹集的失业保险费不分来源渠道、不分缴费单位的性质，全部并入失业保险基金，在统筹地区内统一调度使用以发挥互济功能。

失业保险的目的是保障失业人员失业期间的基本生活，促使其再就业。给付的条件为：按照规定参加失业保险，所在单位和本人已按照规定履行缴费义务满1年；非因本人意愿中断就业的；已办理失业登记，并有求职要求的。

（4）工伤保险。工伤保险是指劳动者在工作中或在规定的特殊情况下，遭受意外伤害或患职业病导致暂时或永久丧失劳动能力以及死亡时，劳动者或其遗属从国家和社会获得物质帮助的一种社会保险制度。

上述概念包含两层含义：工伤发生时劳动者本人可获得物质帮助；劳动者因工伤死亡时其遗属可获得物质帮助。

1）工伤保险的认定。劳动者因工负伤或职业病暂时失去劳动能力，工伤不管什么原因，责任在个人或企业，都享有社会保险待遇，即补偿不究过失原则。

2）工伤保险的特点。

第一，工伤保险对象的范围是在生产劳动过程中的劳动者。由于职业危害无所不在、无时不在，任何人都不能完全避免职业伤害。因此，工伤保险作为抗御职业危害的保险制度适用于所有职工，任何职工发生工伤事故或遭受职业疾病，都应毫无例外地获得工伤保险待遇。

第二，工伤保险的责任具有赔偿性。工伤即职业伤害所造成的直接后果是伤害到职工生命健康，并由此造成职工及家庭成员的精神痛苦和经济损失。也就是说，劳动者的生命健康权、生存权和劳动权受到影响、损害甚至被剥夺了。因此，工伤保险是基于对工伤职工的赔偿责任而设立的一种社会保险制度，其他社会保险是基于对职工生活困难的帮助和补偿责任而设立的。

第三，工伤保险实行无过错责任原则。无论工伤事故的责任归于用人单位还是职工个人或第三者，用人单位均应承担保险责任。

第四，工伤保险不同于养老保险等险种，劳动者不缴纳保险费，全部费用由用人单位负担，即工伤保险的投保人为用人单位。

第五，工伤保险待遇相对优厚，标准较高，但因工伤事故的不同而有所差别。

（5）生育保险。生育保险是国家通过社会保险立法，对生育职工给予经济、物质等方面帮助的一项社会政策。其宗旨在于通过向生育女职工提供生育津贴、产假以及医疗服务等方面的待遇，保障她们因生育而暂时丧失劳动能力时的基本经济收入和医疗保健，帮助生育女职工恢复劳动能力，重返工作岗位，从而体现国家和社会对妇女在这一特殊时期给予的支持和爱护。

生育保险的特点如下。

1）享受生育保险的对象主要是女职工，因而待遇享受人群相对比较窄。随着社会进步和经济发展，有些地区允许在女职工生育后，给予配偶一定假期以照顾妻子，并发给假期工资；还有些地区为男职工的配偶提供经济补助。

2）待遇享受条件各国不一致。有些国家要求享受者有参保记录、工作年限、本国公民身份等方面的要求。我国生育保险要求享受对象必须是合法婚姻者，即必须符合法定结婚年龄、按婚姻法规定办理了合法手续，并符合国家计划生育政策等。

3）无论女职工妊娠结果如何，均可以按照规定得到补偿。也就是说，无论胎儿存活与否，产妇均可享受有关待遇，包括流产、引产以及胎儿和产妇发生意外等情况，都能享受生育保险待遇。

4）生育期间的医疗服务主要以保健、咨询、检查为主，与医疗保险提供的医疗服务以治疗为主有所不同。生育期间的医疗服务侧重于指导孕妇处理好工作与休养、保健与锻炼的关系，使她们能够顺利地度过生育期。产前检查及分娩时的接生和助产，则是通过医疗手段帮助产妇顺利生产。分娩属于自然现象，正常情况下不需要特殊治疗。

5）产假有固定要求。产假根据生育期安排分产前和产后。产前假期不能提前或推迟使用。产假也必须在生育期间享受，不能积攒到其他时间享用。各国规定的产假期限不同。我国规定的正常产假为 90 天，其中产前假期为 15 天，产后假期为 75 天。

6）生育保险待遇有一定的福利色彩。生育期间的经济补偿高于养老、医疗等保险。生育保险提供的生育津贴，一般为生育女职工的原工资水平，也高于其他保险项目。另外，在我国职工个人不缴纳生育保险费，而是由参保单位按照其工资总额的一定比例缴纳。

3. 社会保险与商业保险的主要区别

（1）实施目的不同。社会保险为社会成员提供必要的基本保障，不以营利为目的；商业保险则是保险公司的商业化运作，以获取利润为目的。

（2）实施方式不同。社会保险根据国家立法强制实施；商业保险遵循"契约自由"原则，由企业和个人自愿投保。

（3）实施主体和对象不同。社会保险由国家成立的专门性机构进行基金的筹集、管理及发放，其对象是法定范围内的社会成员；商业保险由保险公司来经营管理，被保险人可以是符合承保条件的任何人。

（4）保障水平不同。社会保险为被保险人提供的保障是最基本的，其水平高于社会贫困线，低于社会平均工资的 50%，保障程度较低；商业保险提供的保障水平完全取决于保险双方当事人的约定和投保人所缴保费的多少，只要符合投保条件并有一定的缴费能力，被保险人可以获得高水平的保障。

4．商业保险相对社会保险在养老规划上的互补性

（1）不受区域限制。商业保险在任何行政区域都可以投保，费率基本全国统一。客户只要持续缴费，生存到领取保险的时间，保险公司就会把养老金打到客户所指定的账户里，无论在哪里工作，哪里养老都随心所欲，不必担心转移续存的问题。

（2）量身定做。由于社保养老计提受当地社会平均工资300%的封顶限制，加之保障社会安定、缩减贫富差距等理念指导，往往是收入越高者，其社保替代率越低。仅靠社保养老无法满足中高收入群体的养老需求，这种现实无疑预留给商业养老保险及寿险规划人员足够的施展空间，使其能最大化地满足这些客户个性化的养老需求。

（3）整体规划。个人养老规划有存续时间长、可选工具多等特点，往往使人无从下手，加之客户主观上并不像投保保障型保险那样有较强的紧迫感，容易被客户所忽视，迟迟得不到落实。所谓整体规划，就是指在专业寿险规划师的建议下，从客户自身需求入手，订立个性化解决方案，并尽早选择不同类型的工具同步开展，做到坚持不懈，每3~5年做检视调整，最终实现退休后的所有的养老目标。

目前在我国，许多职工退休后，最重要的收入来源将由社会基本养老保险、企业年金、个人储蓄性养老保险、国家补助四大部分构成。

7.2.2 李先生夫妇的社会养老保险的计算

1．李先生的社会养老保险的计算

（1）李先生到2014年年底的个人社保养老金账户余额的计算。2009年年底，李先生的社保养老金账户已有资金12 000元；2009—2014年，李先生单位每月为其缴纳社保养老金352元(4 400×8%)；在此期间，李先生每月个人从工资中扣缴社保养老金220元(4 400×5%)；在此期间，计入李先生个人社保养老金账户的金额为484元(4 400×11%)。

假设这5年期间社保账户资金收益为0.8%，到2014年年底，李先生个人的社保养老金账户余额为42 108元（$N=5\times12$，$I\%=0.8\%$，$PV=12\ 000$，$PMT=484$，$FV=?$）。

（2）李先生到2030年退休时的社保余额计算。李先生现年40岁，计划再工作15年，到55岁时提前退休，这样李先生还要缴15年的社保金。但是根据国家政策的变化，个人缴纳比例提高到8%。而进入个人账户的款项则由11%降到8%。假设未来 15 年期间李先生的工资年均增长 2%，而未来由于利率的上升，以及社保基金投资渠道的扩大，估计未来 15 年期间社保资金的投资回报率从现在的 0.8%提高到 1.5%应该没有问题，即使不提高投资回报率，考虑到目前我国处于低利率时代，未来的利率提升也是可以期待的。因此，假设未来社保收益率为 1.5%，到 2030 年李先生 55 岁时个人社保养老金账户余额为 83 775 元{N=15×12, I%=[(1+1.5%)×(1+2%)−1]×100%=3.53%, PV=0, PMT=4 400×8%=−352, FV=?}，这笔资金到 2035 年李先生 60 岁开始领取社保养老金时进一步增值为 89 819 元[83 375× (1+1.5%)^5]。

（3）现有余额到退休时的累积额。2014 年年底时李先生的社保养老金账户余额已有 42 108 元，这笔钱在社保账户余额中仍能产生投资收益。假设这笔款项在未来 20 年的投资收益率为 1.5%，则届时这笔钱变成 56 713 元[42 108× (1+1.5%)^{20}]。

两项相加，当李先生于 2035 年 60 岁退休时其个人社保账户的养老金余额为 146 532 元(89 819+56 713)。

（4）李先生从 60 岁开始每个月可领取的养老金。根据社保规定，可领取的社保养老金由两部分组成：一部分是个人账户余额的 1/120，即 1 221 元(146 532÷120)；另一部分为城镇职工平均收入的 20%。

假设现在大连职工平均月收入 2 551 元，未来 20 年收入年均增长 2.57%，则到 2035 年李先生 60 岁开始领取社保养老金时大连城镇职工平均月收入为 4 458 元（N=22, I%=2.57%, PV=3 000, PMT=0, FV=?）。因此，李先生从 2035 年开始每个月可领取的社保养老金为 2 112 元(146 532÷120+4 458×20%=1 221+891)。

（5）李先生在整个退休期间可领取的社保养老金。在 20 年退休期间，李先生可领取的社保金分两部分：一是固定的，即个人账户中支出部分，每个月固定领取 1 221 元，则在 20 年退休期间累计领取 293 040 元(1 221×12×20)。

二是国家支出部分，随着工资的增长而增加，假设年均增长率为 2%，则在整个退休期间国家支出部分的款项为 262 664 元（N=20×12, I%=2%, PVOA=0, PMT=891, FVOA=?）。两项相加，李先生累计可从社保获得养老金 555 704 元(262 664+293 040)。

2. 李太太的社会养老保险的计算

李太太于 3 年前开始缴纳社保，同理也分四步来计算李太太的退休社保金。

（1）到 2014 年年底李太太个人社保账户余额。李太太所在单位 3 年前开始缴纳社保，根据李太太月基本工资 3 000 元的标准，单位每个月为她缴社保金 240 元(3 000×8%)，个人缴纳 150 元(3 000×5%)，而进入个人账户的余额为 330 元(3 000×11%)。故到 2014 年年底的社保账户余额为 12 020 元（$N=3×12$, $I\%=0.8\%$, PVOA=0, PMT=330, FVOA=?）。

（2）到 2035 年李太太的社保账户余额。假设李太太在未来 20 年年均收入增长 2%，社保投资收益率为 1.5%，而 2015 年开始计入个人账户余额的款项为 240 元（3 000×8%），则到 2035 年时李太太的社保余额为 83 526 元 {$N=20×12$, $I\%=[(1+1.5\%)×(1+2\%)-1]×100\% =3.53\%$, PVOA=0, PMT=240, FVOA=?}。

此外，李太太在 2014 年年底个人社保账户中的 12 020 元也可享受投资收益，20 年后这笔钱增值为 16 189 元 [$12\,020×(1+1.5\%)^{20}$]。两项相加，李太太 55 岁退休时（2035 年）的社保账户余额为 99 715 元（83 526+16 189）。

（3）李太太退休时每个月可领取的社保养老金。由于李太太与李先生同时退休，同时领取社保金，届时城镇职工平均收入标准相同，则李太太退休时可领取的社保退休金为 1 722 元（99 715÷120+891）。

（4）李太太退休期间累计可领取社保养老金折算到 2035 年时的现值。由于李太太开始领取社保金时年龄为 55 岁，假设李太太与李先生同时去世，则李太太可领取的固定部分社保金为 199 440 元（831×12×20）。而国家支出部分累积额为 262 664 元（$N=20×12$, $I\%=2\%$, PVOA=0, PMT=891, FVOA=?）。两项相加，李太太在退休期间累计可领取的社保养老金为 462 104 元（199 440+262 664）。

想一想
社会保险包括哪些内容？

7.3　退休养老理财规划的方法与建议

7.3.1　一般原则和方法

（1）尽早规划。
（2）时间长，可选收益和风险相对较高的产品，时间会摊平风险；时间短，则可选储蓄和短期债券，确保本金安全。
（3）满足不同的养老需求，有一定弹性。
（4）总原则是本金安全、适度收益、抵御生活费增长和通货膨胀。

7.3.2 退休养老规划建议

有了前面的知识储备，我们可以做一个李先生的退休养老规划。

李先生夫妇在退休时要准备的退休准备金总额：第一项，退休基本生活费用缺口为 963 020 元；第二项，日常医疗保障准备费用 354 004 元和退休期间医疗费用的自负额 149 132 元；第三项，终老身后准备费用为 17 595 元；第四项，旅游专项准备费用为 377 419 元；四项合计为 1 861 170 元。

所以李先生夫妇退休时需要拥有一笔总额为 1 861 170 元的退休储备资金，才能确保夫妇俩能过一个幸福的晚年。

那么，李先生夫妇要想在 60 岁退休时拥有该笔退休补充养老专项基金，对于到目前还没有什么积蓄的夫妇俩来说，就要靠退休前的 20 年从工资中节余出来。

方案一：每月强制储蓄方案

假设李先生夫妇每个月在月末发放工资后，从工资中节省一笔钱，存银行定期，那么要想在退休时拥有 186 万元，他们每个月的强制储蓄额为 6 448 元（$N=240$，$I\%=1.80\%$，PVOA=0，PMT=？，FVOA=1 861 170），差不多是两人目前每月基本工资的一半多，相当于将李太太的全部收入用来储备两人的退休基金，而李先生的收入用于应付日常生活，对夫妇俩的日常生活没有太严重的影响。

方案二：定期定额投资债券型开放式基金方案

对于大多数中国家庭来说，都习惯通过强制储蓄的方式筹集养老费用，但是由于储蓄的收益率太低，连通货膨胀都无法对抗，更谈不上有较高的收益减轻储蓄的压力了。

由于李先生现在正处中年，女儿已经长大，家庭也没有什么负担了，工作、生活都很稳定，可以承受一定的风险。因此，建议李先生采取定期定额的投资方式，每个月从工资中取一部分资金购买一只年均回报率为 4%的债券型开放式基金。如果要在退休时拥有 186 万元的退休补充储备金，每个月投入的资金为 5 074 元（$N=240$，$I\%=4\%$，PVOA=0，PMT=？，FVOA=1 861 170）。

这样，李先生夫妇的家庭月均收入余额为 12 733 元，每月定期定额投资基金 5 074 元，每月扣缴社保费 740 元[4 400×(2%+8%)+3 000×(2%+8%)]，每个月基本生活开支为 4 490 元，每人月均购买大病与意外保险支出 800 元（两人合计 1 600 元），正好将资金用完。

方案三：组合投资方案

养老储备投资不能激进，要以稳健为主。如果李先生有较强的风险承受能力，可以考虑购买年均回报率为 6% 的指数型基金，或者购买一个年均回报率为 5% 的组合基金（10%货币型基金、30%指数型基金、40%债券型基金、20%股票型基金），则月均投资额为 4 528 元（$N=20\times12$，$I\%=5\%$，PVOA=0，PMT=?，FVOA=1 861 170）。这样，由于有较高的投资回报，李先生要储备同样的退休基金，每个月定期定额的投资额就更低了，负担就更少了，李先生完全可以在准备足够的退休保障的基础上进一步提高现在的生活品质。

其他新型养老金融手段主要有以下几种。

（1）银行退休养老信托。退休前以储蓄方式定期定额累积存入，由银行设立投资信托进行运作和管理，退休后再向银行定期定额赎回。

（2）保险公司变额万能投资型保单。退休前向保险公司定期定额投入，退休后定期定额赎回，并提供综合性的医疗和意外保障。

（3）银行或保险公司开展的住房反向抵押贷款。退休前为供楼而工作，退休时完成供楼，退休后反向将该楼抵押给银行或保险公司，每月定额获得一笔资金，去世后楼款用完，房屋由银行或保险公司收回。

住房反向抵押贷款是以拥有住房的老年居民为放款对象，以房产作为抵押，在居住期间无须偿还，在贷款者死亡、卖房或者永久搬出住房时到期，以出售住房所得资金归还贷款本金、利息和各种费用的一种贷款。

想一想

退休养老理财规划包括哪些内容？

评估练习

1. 单选题

（1）基本养老保险金的给付由基础养老金和个人账户养老金组成，给付条件是个人缴费年限累计满（　）年。

A．5　　　　　　B．10　　　　　　C．15　　　　　　D．20

（2）（　）是社会保障制度的重要组成部分，是社会保险最重要的险种之一。

A．失业保险　　　　　　　　B．医疗保险

C．养老社会保险　　　　　　D．人寿保险

（3）养老保险实行社会统筹与（　　）相结合的运行方式。

A．基础养老金　　　　　　　　B．个人账户养老金

C．企业账户养老金　　　　　　D．财政账户养老金

（4）按照现行计发办法，缴费满15年以上的，基础养老金都按当地职工上一年度平均工资的（　　）%计发。

A．5　　　　　B．10　　　　　C．15　　　　　D．20

（5）面对风险最好的应对办法就是对保险进行一番合理的规划设计，以达到（　　）的目的。

A．规避风险　　　　　　　　　B．降低损害程度

C．消除风险　　　　　　　　　D．获得收益

2．多选题

（1）参保人员只有履行规定的义务，才能享受规定的社会养老保险待遇。这些义务主要包括（　　）。

A．依法参加养老社会保险　　　B．依法缴纳养老社会保险费

C．达到法定的最低缴费年限　　D．依法达到退休年龄

（2）在我国，很多职工退休后最重要的收入来源将是（　　）。

A．基本养老保险　　　　　　　B．企业年金

C．个人储蓄性养老保险　　　　D．国家补助

（3）社会保险主要包括（　　）。

A．养老保险　　　　　　　　　B．医疗保险

C．失业保险　　　　　　　　　D．工伤保险和生育保险

（4）新型养老金融手段主要有（　　）。

A．银行退休养老信托　　　　　B．保险公司变额万能投资型保单

C．银行开展的住房反向抵押贷款　D．保险公司住房反向抵押贷款

（5）社会保险与商业保险的主要区别是（　　）。

A．实施目的不同　　　　　　　B．实施方式不同

C．实施主体和对象不同　　　　D．保障水平不同

3．简答题

（1）理财规划师应该了解客户的哪些具体情况？

（2）社会保险与商业保险的主要区别是什么？

（3）理财规划师计算退休所需费用，一般分为哪些步骤？

（4）社会保险的主要项目包括哪些？

（5）退休养老规划的原则和方法是什么？

职业技能训练

请为朱先生夫妇进行退休费用分析并进行退休规划设计。

朱先生，47岁，个人月收入7 000元，父母均已退休。妻子月收入2 000元，母亲无收入。孩子今年上大学一年级。朱先生家庭月支出2 000元，有存款50万元，自有住房一处，5年公积金贷款，每月用公积金归还贷款2 000元，已还款2年，未购买保险。

理财目标：筹划孩子教育基金；考虑自己的保险保障；60岁退休时，希望能保持与现在相近的生活水平。

思考题

1．计算出朱先生家庭的结余比率。

2．朱先生应选择怎样的工具为自己做好养老规划？

3．为朱先生做好家庭保障规划，充分考虑退休理财规划的一般原则及商业补充保险的选择原则。

第 8 章

税收规划

学习目标

- ☑ 熟悉个人所得税的相关内容。
- ☑ 熟悉税收规划的概念,掌握并运用税收规划的基本方法。
- ☑ 理解并运用家庭税税收规划的基本方法。

关键术语

个人所得税　税收规划　家庭税　避税

引导案例

张有财与太太搬进了新买的郊区大房,环境好了很多,但问题也随之而来。郊区交通不便,买车势在必行,而 1 年前购入的市区两居室也要卖掉。张有财注意到,近期消费税等税费有重大调整:如果购入 2.5 升以上的车,要缴高达 12% 的消费税,而卖掉原来的住房也要缴 5% 的营业税。

张有财仔细考虑一番，意识到税费对于自己的家庭并不是一笔小数目，于是开始清查近期家庭所要缴纳的各类税费：张有财扣除社保及住房公积金后月收入23 000元，每月应纳个人所得税3 870元，全年共46 440元；太太全年兼职收入68 000元，缴个人所得税1 340.4元；计划以80万元卖出市区住房，应缴营业税4万元以及其他相关税费；计划购入2.5升的汽车一辆，应缴消费税、车辆购置税及其他税费。

粗略一算，张有财大吃一惊，按自己的情况今年税费开支竟超过10万元。

思考题：企业可以通过税务规划合理节税，那么，个人与家庭是不是也可以呢？那么该如何进行税务规划呢？

从引导案例可以看出，这样的事情离我们的生活并不遥远。改革开放以来，我国的经济快速发展，综合国力迅速提高，个人的收入水平也在不断提高，并且个人收入的来源渠道呈多元化趋势。而收入与税收是密不可分的，这使得人们产生了对税收知识的需求，更加关注如何才能合理纳税。尽管依法、及时、足额地纳税是每个纳税人应尽的法定义务，但是对个人来说，税负支出是他们不希望发生的支出，自然希望将这些支出减少到最小。为此，税收规划就应运而生。

8.1　税收规划的概念、原则与方法

8.1.1　税收规划的概念与原则

1. 税收规划的概念

一般认为，税收规划有广义和狭义之分。广义的税收规划，是指纳税人在不违背税法的前提下，运用一定的技巧和手段，对自己的生产经营活动进行科学、合理和周密的安排，以达到少缴或缓缴税款目的的一种财务管理活动。这个定义强调，税收规划的前提是不违背税法，税收规划的目的是少缴或缓缴税款。它包括采用合法手段进行的节税规划，采用非违法手段进行的避税规划，以及采用经济手段，特别是价格手段进行的税负转嫁规划。

狭义的税收规划，是指纳税人在税法允许的范围内以适应政府税收政策导向为前提，采用税法所赋予的税收优惠或选择机会，对自身经营、投资和分配等财务活动进行科学、合理的事先规划与安排，以达到节税目的的一种财务管理活动。这个

定义强调，税收规划的目的是节税，但节税是在税收法律允许的范围内，以适应政府税收政策导向为前提的。

税收规划是在合法的前提下，减少应纳税额，使税后收益最大。应纳税额的减少有两层含义：绝对额的减少和相对额的减少。应纳税额是用计税依据乘以税率计算而来的，规划时应首先考虑能否利用相关的税收优惠政策，然后再规划缩小计税依据和降低适用税率，这类规划属于绝对额减少方面的规划。资金具有时间价值，同样数额的税款如果能推迟缴纳时间，这部分资金可供纳税人继续投资获取收益，从而相对减少应纳税额，这种规划属于相对额减少方面的规划。

2. 税收规划要遵循的原则

（1）合法性原则。进行税收规划，应该以现行税法及相关法律、国际惯例等为法律依据，要在熟知税法规定的前提下，利用税制构成要素中的税负弹性进行税收规划，选择最优的纳税方案。税收规划的基本原则或基本特征是符合税法或者不违反税法，这也是税收规划区别于偷、欠、抗、骗税的关键。

（2）合理性原则。所谓合理性原则，就是指表现在税收规划活动中所构建的事实要合理。构建合理的事实要注意三个方面的问题：一是要符合行为特点；二是不能有异常现象，要符合常理；三是要符合其他经济法规要求，不能仅从税收规划角度考虑问题。

（3）事前规划原则。要开展税收规划，纳税人就必须在经济业务发生之前，准确把握从事的这项业务都有哪些业务过程和业务环节，涉及我国现行的哪些税种，有哪些税收优惠，所涉及的税收法律、法规中存在哪些可以利用的立法空间。掌握以上情况后，纳税人便可以利用税收优惠政策达到节税目的，也可以利用税收立法空间达到节税目的。

由于纳税人的规划行为是在具体的业务发生之前进行的，因而这些活动或行为就属于超前行为，需要具备超前意识才能进行。如果某项业务已经发生，相应的纳税结果也就产生了，税收规划也失去了其作用。

（4）成本效益原则。任何一项规划方案都有其两面性，随着某一项规划方案的实施，纳税人在取得部分税收利益的同时，必然会为该规划方案的实施付出额外的费用，以及因选择该规划方案而放弃其他方案所损失的相应机会收益。当新发生的费用或损失小于取得的利益时，该规划方案才是合理的，当费用或损失大于取得的利益时，该规划方案就是失败的。一项成功的税收规划必然是多种税收方案的优化选择，不能认为税负最轻的方案就是最优的税收规划方案，一味地追求税收负担的降低，往往会导致总体利益的下降。

可见，税收规划和其他财务管理决策一样，必须遵循成本效益原则，只有当规划方案的所得大于支出时，该项税收规划才是成功的。

（5）风险防范原则。税收规划经常在税收法律法规规定的边缘进行操作，这就意味着其蕴含着很大的操作风险。如果无视这些风险，盲目地进行税收规划，其结果可能事与愿违。因此，纳税人进行税收规划必须充分考虑其风险性。

8.1.2 税收规划的基本方法

1. 利用税收优惠政策

税收优惠政策的实质是政府利用税收制度，按预定的目的，以减轻某些纳税人应履行的纳税义务来补贴纳税人的某些活动或相应的纳税人，是税收原则性与灵活性相结合的一种具体表现。税收优惠政策是国家利用税收调节经济的重要手段，国家通过税收优惠政策的落实，可以从宏观上调节国民经济的总量与结构。另外，通过税收优惠与某些增加税收负担的政策相结合，可以达到对宏观经济更加灵活和有效的调控。

【实例 8-1】 假设张某所在地区营业税按期纳税的起征点为月营业额 1 000 元。张某退休后为社会提供看护病人的服务。目前，他每周提供 25 小时的看护服务，每小时收入 10 元。按照每月 4 周计算，张某每月来源于看护服务的收入为 1 000 元，正好达到了营业税的起征点。张某应比照"服务业"税目，按照 5% 的税率计算缴纳营业税。想一想怎样规划才会降低张某的税负呢？

分析：张某的应纳营业税 = 1 000 × 5% = 50 元。在不考虑其他税收的情况下，张某每月可获得 950 元的收入。张某的收入正好达到起征点，应设法使收入略减，就可以不再纳税。如果张某设法将每月的税前收入略降低，如每月减少 1 小时的看护服务，那么张某每月的收入就减少为 990 元，降低到该地区营业税的起征点以下，因此张某的全部收入额都不用缴纳营业税。

规划结果：与规划前相比，张某每月减少了 1 小时的工作，收入反而增加了 40 元。

2. 分散税基

税基是指在税制设计中确定的据以计算应纳税额的依据，也称计税依据或课税基础。所得税的税基就是应纳税所得额，流转税的税基就是有关的流转额，财产税的税基就是有关财产的价值或数量等。通过分散税基，累进所得税制下的纳税人可以适用较低的税率，以降低应纳所得额；一些税种的纳税人还可以通过分散税基改变自身的纳税身份。在利用分散税基进行税务规划时应注意以下问题。

（1）通过分散税基进行税务规划，应特别注意规划方法的合法性。

（2）通过分散税基进行税务规划，应以特别的法律规范为基础和出发点，并且在进行具体的规划操作之前，就应该准确预期有关规划方案给纳税人带来的税务规划收益。

（3）由于一些国家的税务当局已经注意到某些纳税人通过分散税基进行税务规划，因此有针对性地出台了一些反避税的条款。

在中国现有税收制度环境下，纳税人可以利用累进税率、费用扣除、起征点或免征额以及纳税人身份认定等税收制度，通过分散税基实现税务规划。

【实例8-2】 王某为某单位软件开发员，利用业余时间为另一公司开发软件并提供1年的维护服务，按约定可得劳务报酬24 000元。王某可要求对方事先一次性支付该报酬，也可要求对方按软件维护期12个月支付，每月支付2 000元。尽管后一种付款方式会有一定的违约风险，但考虑个人所得税因素后，两种付款方案利弊会有新变化。若对方一次支付，则王某应纳个人所得税为3 840元[24 000×(1–20%)×20%]。若对方分次支付，则王某每月应纳个人所得税240元[(2 000–800)×20%]，12个月共缴税2 880元，比一次支付报酬少缴纳个人所得税税款960元。

分析：王某可以要求对方按月支付劳务报酬，因为多次劳务报酬所得，每次可扣除800元的费用。经过多次分摊，多次扣除来实现降低税负。

3. 利用税法弹性

虽然每个国家（或地区）都很强调税法的刚性，但各国（或地区）也不乏弹性税收制度的存在。在制度允许的弹性范围内，通过对纳税人经济活动的预先安排，使纳税人承担弹性下限的税负，就称为一种可行的税务规划思路。

需要注意的是，税法的弹性不等于税法的空白。税法的弹性是指税法本身提供给纳税人的多种纳税选择，纳税人了解税法，就可以直接通过选择，进行税务规划方案的设计；而税法空白的利用，不仅要求纳税人了解税法本身，还需要纳税人寻找到税法条文中的"空白"之处，通过对有关经济行为的预先设计，才能最终达到税务规划的目的。

税收的弹性可以体现在很多方面，充分了解税法中的各种弹性空间，是利用税法进行税务规划的基本条件。

（1）税率中的税法弹性。我国有幅度税率和差别税率等税率形式，为税务规划提高了空间。

（2）税基中的税法弹性。

4．利用税法空白

利用税法空白进行税务规划，是许多纳税人最为本能的一种税务规划方式。税法空白主要来源于两个方面，即税收实体法空白和税收程序法空白。

（1）税收实体法空白。税收实体法主要指确定税种的立法，具体规定各税种的征税对象、征收范围、税目、税率、纳税地点等。

利用税法空白进行税务规划，一方面需要规划者对有关的实体法有深入的了解，另一方面需要规划者有独特的思维角度。

（2）税收程序法空白。所谓税收程序法，是指税务管理方面的法规，主要包括税收管理法、纳税程序法、发票管理法、税务机关组织法和税务争议处理法等。

纳税人在利用税收实体法和税收程序法中的空白进行税务规划的过程中，需要特别注意的是，当纳税人面临有关税收法律或法规变化的情况时，应遵循"实体法从旧，程序法从新"的原则。

所谓实体法从旧，是指税制不溯及既往，当税制发生变动时，新税制所确定的纳税人、征税对象、计税依据、税率等实体要素，不具有不溯及既往的效力。也就是说，在新税制实施之前所发生的纳税义务行为，在实体上应适用应税行为发生时的旧制度，只有在新税制实施之后所发生的纳税义务行为，在实体上才适用应税行为发生时的新税制。

所谓程序法从新，是指税收程序法的新法优于旧法，当税收程序法发生变动时，无论纳税义务发生在新税法实施之前还是新税法实施之后，只要履行有关纳税手续等税务程序的时间发生在新的税收程序法实施之后，就应该选用新的税收程序法。因此，当有关税收法律发生变动后，纳税人应特别关注自己所利用的税法空白是否依然存在，必要时应对原有的税务规划方案进行及时的调整。

5. 转移定价

转移定价又称转移价格,是指经主体在商品或劳务的交易过程中,出于转移成本或利润的目的,而有目的地调整双方的交易价格的行为。转移定价是最基本和最常用的税务规划方法之一。凡在经济生活当中发生业务关系、财务关系或行政关系的经济主体,都有可能出于规避纳税义务的目的而达成某种一致,通过改变双方的交易价格,造成有关计税基础依据的改变,以降低自身税收负担,实现税收规划。纳税人通过转移定价实现税收规划的前提主要是纳税人拥有自主定价权和税收负担差别的客观存在。

(1) 通过货物、劳务转移定价。当两个企业的税率不相同时,通过采用"高进低出"或"低进高出"等内部定价方法,利用转移定价进行纳税规划。一方面是利用不同企业、不同地区税率及免税条件的差异,将利润从税率高的企业向税率低的或可以免税的关联企业转移;另一方面是将盈利企业的利润转移到亏损企业,以达到关联企业整体税负最小化的目的。在我国,由于不同地区不同企业的税收政策的不同,如特区的企业、高新技术企业与一般企业在税率优惠上存在相当大的差别,企业集团通过转移定价来调节集团内部不同地区关联企业的成本和利润,使各关联企业的整体获取最大的利润。

【实例8-3】有A、B两个关联企业,A企业设在经济开发区,所得税税率为15%;B企业设在内地,所得税税率为33%。如果B企业向A企业购进产品,可以采取高价进货,将利润转移给A企业。这样,B企业的增值税进项税额增加,减轻增值税税负。而A企业增加了增值额,但由于A企业所得税税率较低,关联企业整体的所得税额还是减少的。如果B企业向A企业销售产品,可以采取低价出售,使A企业实现更多的利润。这样,B企业的增值税销项税额减少,减轻增值税税负。而A企业保留了增值额,也使得整体所得税额减少。同理,由于B企业税率较高,A企业则采取低价进货、高价出售给B企业的措施,从而达到税收规划的目的。

(2) 通过无形资产转移定价。关联企业之间通过对专利、专有技术等无形资产的转让,采用提高或压低转让费用的手段来实现利润的转移。由于无形资产没有市场标准价做参考,比货物、劳务更为自由、灵活和方便,所以无形资产的转让成为转移利润的理想渠道。

(3) 通过资金转移定价。集团公司为调节各关联企业的资金余缺发生必要的资金拆借、资金融通。对此,总公司可以对税率较高的子公司实行高利率贷款,对税率较低的子公司实行低利率贷款，使利润从高税率公司向低税率公司转移，减轻整体税负。

总之，企业在进行纳税规划时，既要合理、合法地实现节税，又要避免滑入偷税的误区。对多税种、多税率间的税种结构，整体和局部，眼前利益和长远利益的关系综合考虑，实现企业经济利益的最大化。

6．延期纳税

顾名思义，延期纳税就是纳税人在税收法律和法规允许的范围内，在纳税义务发生后，将缴纳税款的时间向后延缓。显然，延期纳税属于减少税款相对额方面的税收规划。

延期纳税的概念有广义和狭义之分：狭义的延期纳税仅指纳税人按照国家有关延期纳税的法律进行的延期纳税；广义的延期纳税除了包含延期纳税的内容之外，还包括纳税人根据国家其他方面的法律或法规的规定，对有关经济进行事先的安排，以达到延期纳税的目的。例如，纳税人采取加速折旧、选择有利的存货计价方法等，都可以将前期的应纳税款递延到以后的时期。

（1）延期纳税技术的概念。延期纳税技术是指在合法和合理的情况下，使纳税人延期纳税而相对节税的税收规划技术。纳税人延期缴纳本期税收并不能减少纳税人纳税的绝对总额，但等于得到一笔无息贷款，可以增加纳税人本期的现金流量，使纳税人在本期有更多的资金扩大流动资本，用于资本投资；如果存在通货膨胀和货币贬值，延期纳税还有利于企业获得财务收益。

（2）延期纳税技术的特点。延期纳税技术运用的是相对节税原理，一定时期的纳税绝对额并没有减少，是利用货币的时间价值节减税收，属于相对节税型税收规划技术。大多数延期纳税涉及财务制度各方面的许多规定和其他一些技术，并涉及财务管理的许多方面，需要有一定的数学、统计和财务管理知识，各种延期纳税节税方案要通过较为复杂的财务计算才能比较、决策，技术较为复杂；延期纳税技术可以利用税法延期纳税规定、会计政策与方法的选择及其他规定进行节税，几乎适用于所有纳税人，适用范围较大，具有相对确定性。

（3）延期纳税技术的要点。

1）延期纳税项目最多化。在合法和合理的情况下，尽量争取更多的项目延期纳税。在其他条件（包括一定时期纳税总额）相同的情况下，延期纳税的项目越多，本期缴纳的税收就越少，现金流量也越大，相对节减的税收就越多。使延期纳税项目最多化，可以达到节税的最大化。

2）纳税延长期最长化。在合法和合理的情况下，尽量争取纳税延长期最长化。在其他条件（包括一定时期纳税总额）相同的情况下，纳税延长期越长，由延期纳税增加的现金流量所产生的收益也越多，因而相对节减的税收也越多。使纳税延长期最长化，可以达到节税的最大化。

例如，国家规定公司国外投资所得只要留在国外不汇回，就可暂不纳税。那么，把国外投资所得留在国外的公司，现在会有更多的资金用来再投资，将来也因此可取得更多收益，相当于冲抵税收，增加税后利润，节减税收。又如，国家规定购买高新技术设备，可采用直线法折旧、双倍余额递减法折旧，或作为当年费用一次性扣除。那么在其他条件基本相似或利弊基本相抵的情况下，尽管总的扣除额基本相同，但公司选择作为当年费用一次扣除，在投资初期可以缴纳最少的税收，而把税收推迟到以后年度缴纳，相当于延期纳税。

7. 个人居住地迁移避税

许多国家把拥有住所并在该国居住一定时间以上的人确定为纳税义务人。因此，以各种方式避免使自己成为某一国居民，便成为躲避税负的关键。由于各国居民身份标准不一样，有的以居住期超过 3 个月、半年或 1 年为标准，也有的以拥有永久性住宅为标准。这些不同的标准之间往往存在漏洞，使一些跨国纳税人自由地游离于各国之间，确保自己不成为任何一个国家的居民。目前，一些国家为了防止跨国避税而以税收条约进行限制，即使如此，跨国纳税人仍可借某些其他手段和方法躲避纳税义务。例如，纳税人可以在一较长的时间内流动作业，在不同国家、不同旅馆从事不超过规定期限的活动，也可以利用短期纳税人的身份享受所在地给予的税收优惠。纳税人甚至可以住在船上或游艇上，避免居所对他的纳税。

除此之外，纳税人还可以通过迁移居所的方法躲避或减轻纳税义务。例如，居住在高税区的国家，可以设法迁移到低税区的国家，以减轻所得税、遗产税和财产税等直接税。这种出于避税目的的迁移常常被视为"纯粹"移民，逃避重税负也是各国允许的。

采用居所迁移的多为两类人：一类是已经离退休的纳税人，这些人从原来的高税区迁移到低税区，以便获取在支付退休金税收和财产、遗产税收方面的好处（如搬到避税区或自由贸易区、经济开发区及特区等）。另一类是在某一国居住而在另一国工作（如在日本居住，在新加坡工作等），以躲避高税负的压迫。从总的情况来看，以迁移居住地的方式躲避所得税的方式不会涉及过多的法律问题，只要纳税人具备一定的手续即可。而赠予税和遗产税的有效躲避则需要一些技术和法律知识。

8.2 个人所得税

8.2.1 个人所得税的概念及相关内容

1. 个人所得税的概念

个人所得税是调整征税机关与自然人（居民、非居民人）之间在个人所得税的征纳与管理过程中所发生的社会关系的法律规范的总称。个人所得税法，就是有关个人所得税的法律规定。

2. 纳税对象

我国个人所得税的纳税义务人是在中国境内居住有所得的个人，以及不在中国境内居住而从中国境内取得所得的个人，包括中国国内公民，在华取得所得的外籍人员和港、澳、台同胞。

（1）居民纳税义务人。在中国境内有住所，或者无住所而在中国境内居住满1年的个人，是居民纳税义务人，应当承担无限纳税义务，即就其在中国境内和境外取得的所得，依法缴纳个人所得税。

（2）非居民纳税义务人。在中国境内无住所又不居住或无住所而在中国境内居住不满1年的个人，是非居民纳税义务人，承担有限纳税义务，仅就其从中国境内取得的所得，依法缴纳个人所得税。

3. 征税内容

个人所得税分为境内所得和境外所得，主要包括以下11项内容。

（1）工资、薪金所得。工资、薪金所得，是指个人因任职或受雇而取得的工资、薪金、奖金、年终加薪、劳动分红、津贴、补贴及与任职或受雇有关的其他所得。也就是说，个人取得的所得，只要与任职、受雇有关，不管其单位的资金开支渠道或以现金、实物、有价证券等形式支付的，都是工资、薪金所得项目的课税对象。

（2）个体工商户的生产、经营所得。个体工商户的生产、经营所得包括四个方面。

1）经工商行政管理部门批准开业并领取营业执照的城乡个体工商户，从事工业、手工业、建筑业、交通运输业、商业、饮食业、服务业、修理业及其他行业的生产、经营取得的所得。

2）个人经政府有关部门批准，取得营业执照，从事办学、医疗、咨询及其他有偿服务活动取得的所得。

3）其他个人从事个体工商业生产、经营取得的所得，即个人临时从事生产、经营活动取得的所得。

4）上述个体工商户和个人取得的生产、经营有关的各项应税所得。

（3）对企事业单位的承包经营、承租经营所得。对企事业单位的承包经营、承租经营所得，是指个人承包经营、承租经营及转包、转租取得的所得，包括个人按月或按次取得的工资、薪金性质的所得。

（4）劳务报酬所得。劳务报酬所得，是指个人从事设计、装潢、安装、制图、化验、测试、医疗、法律、会计、咨询、讲学、新闻、广播、翻译、审稿、书画、雕刻、影视、录音、录像、演出、表演、广告、展览、技术服务、介绍服务、经济服务、代办服务及其他劳务取得的所得。

（5）稿酬所得。稿酬所得，是指个人因其作品以图书、报纸形式出版、发表而取得的所得。这里所说的作品，是指包括中外文字、图片、乐谱等能以图书、报刊方式出版、发表的作品。

（6）特许权使用费所得。特许权使用费所得，是指个人提供专利权、著作权、商标权、非专利技术及其他特许权的使用权取得的所得。提供著作权的使用权取得的所得，不包括稿酬所得。作者将自己文字作品的手稿原件或复印件公开拍卖（竞价）取得的所得，应按特许权使用费所得项目计税。

（7）利息、股息、红利所得。利息、股息、红利所得，是指个人拥有债权、股权而取得的利息、股息、红利所得。利息是指个人的存款利息、贷款利息和购买各种债券的利息。股息，也称股利，是指股票持有人根据股份制公司章程规定，凭股票定期从股份公司取得的投资利益。红利，也称公司（企业）分红，是指股份公司或企业根据应分配的利润按股份分配超过股息部分的利润。股份制企业以股票形式向股东个人支付股息、红利及派发红股，应以派发的股票面额为收入额计税。

（8）财产租赁所得。财产租赁所得，是指个人出租建筑物、土地使用权、机器设备、车船及其他财产取得的所得。财产包括动产和不动产。

（9）财产转让所得。财产转让所得，是指个人转让有价证券、股权、建筑物、土地使用权、机器设备、车船及其他自有财产给他人或单位而取得的所得，包括转让不动产和动产而取得的所得。对个人股票买卖取得的所得暂不征税。

（10）偶然所得。偶然所得，是指个人取得的所得是非经常性的，属于各种机遇性所得，包括得奖、中奖、中彩及其他偶然性质的所得（含奖金、实物和有价证券）。个人购买社会福利有奖募捐奖券、中国体育彩票，一次中奖收入不超过 10 000 元的，免征个人所得税，超过 10 000 元的，应以全额按偶然所得项目计税。

（11）其他所得。除上述 10 项应税项目以外，其他所得应确定征税的，由国务院财政部门确定。

相关链接：个人所得税起征调整

全国人民代表大会常务委员会关于修改《中华人民共和国个人所得税法》的决定由中华人民共和国第十一届全国人民代表大会常务委员会第二十一次会议于 2011 年 6 月 30 日通过，自 2011 年 9 月 1 日起施行。根据规定，2011 年 9 月 1 日起，个税免征额上调为 3 500 元/月。

8.2.2 个人所得税的适用税率及计算

1. 适用税率

个人所得税根据不同的征税项目，分别规定了三种不同的税率。

（1）工资、薪金所得，适用七级超额累进税率，按月应纳税所得额计算征税。该税率按个人月工资、薪金应税所得额划分级距，最高一级为 45%，最低一级为 3%，共七级。

（2）适用五级超额累进税率。适用按年计算，分月预缴税款的个体工商户的生产、经营所得和对企事业单位的承包经营、承租经营的全年应纳税所得额划分级距，最低一级为 5%，最高一级为 35%，共五级。

（3）比例税率。对个人的稿酬所得，劳务报酬所得，特许权使用费所得，利息、股息、红利所得，财产租赁所得，财产转让所得，偶然所得和其他所得，按次计算征收个人所得税，适用 20% 的比例税率。其中，对稿酬所得适用 20% 的比例税率，并按应纳税额减征 30%；对劳务报酬所得一次性收入畸高的、特高的，除按 20% 征税外，还可以实行加成征收，以保护合理的收入和限制不合理的收入。

2．应纳税额的计算

（1）工资、薪金所得部分的个人所得税额=应税所得金额×适用税率–速算扣除数。

（2）个体工商户的生产、经营所得的个人所得税税额=应税所得金额×适用税率–速算扣除数。

（3）对企事业单位的承包经营、承租经营所得的个人所得税=应税所得金额×适用税率–速算扣除数。

（4）劳动报酬所得4 000元以下的，个人所得税额=（每次所得收入–800)×20%；劳动报酬所得（4 000元以上）的，个人所得税额=[每次所得收入×(1–20%)]×适用税率–速算扣除数。

收入不超过20 000元的，税率为20%，速算扣除数为0。

收入为20 000~50 000元的，税率为30%，速算扣除数为2 000元。

收入超过50 000元的，税率为40%，速算扣除数为7 000元。

（5）稿酬所得（每次收入不超过4 000元）的个人所得税税额=（每次所得收入–800）×20%×(1–30%)；稿酬所得（每次收入超过4 000元）的个人所得税税额=[每次所得收入×(1–20%)]×20%×(1–30%)。

（6）特许权使用费所得，财产租赁所得（每次收入不超过4 000元）的个人所得税税额=（每次所得收入–800）×20%；特许权使用费所得，财产租赁所得（每次收入超过4 000元）的个人所得税税额=[每次所得收入×(1–20%)]×20%。

（7）利息、股息、红利所得，财产转让所得，偶然所得和其他所得的个人所得税税额=每次所得收入×20%。

3．征收管理

我国个人所得税的征收方式实行源泉扣缴与自行申报并用法，注重源泉扣缴。

个人所得税的征收方式可分为按月计征和按年计征。个体工商户的生产、经营所得，企事业单位的承包经营、承租经营所得，特定行业的工资、薪金所得，从中国境外取得的所得，实行按年计征应纳税额，其他所得应纳税额实行按月计征。

4．免征项目

可参照《关于修改〈中华人民共和国个人所得税法〉的决定第五次修正》的有关规定。

8.2.3 合理避税与偷逃税的区别

避税是纳税人在遵守税法、拥护税法的前提下，利用税法的不健全，通过巧妙的安排与规划，达到减轻纳税义务、降低税负目的的行为。通常，避税是纳税人为达到减轻税收负担和实现税收零风险的目的，在税法所允许的范围内，对个人的工作收入、投资理财收益、经济交易收益等各项活动进行事先安排的过程。节税规划是合理避税的一种纳税规划形式，它是指纳税人依据税法规定的优惠政策，采取合法的手段，最大限度地采用优惠条款，以达到减轻税收负担的合法经济行为。

偷逃税则是纳税人在其实际纳税义务已经发生并且确定的情况下，采取不正当或不合法的手段逃脱其实际纳税义务的行为，其手段往往具有隐蔽性和欺诈性。逃税是指纳税义务人违反税法的规定，不履行自己的纳税义务，不缴或少缴税款的行为。国际财政文献局《国际税收辞汇》解释为："偷税一词指的是以非法手段（Unlawful Means）逃避税收负担，即纳税人缴纳的税少于他按规定应纳的税收。偷税可能采取匿报应税所得或应税交易项目，不提供纳税申报，伪造交易事项，或者采取欺诈手段假报正确的数额。"由此可见，世界上任何一个国家的税法对偷逃税行为都规定了惩罚措施，对偷逃税行为的制裁不存在法律依据不足的问题，偷逃税被认为从法律观点上说已经圆满解决的一个概念。但是，毋庸置疑，偷逃税具有非法性，采取的是一种欺诈的手段，其行为是不会被法律所认可的，要承担相应的法律责任，情节严重的，可以构成犯罪。

1. 避税与偷逃税的区别在经济方面的表现

（1）从经济行为上看，偷逃税是对一项已发生的应税经济行为全部或部分的否定，而避税只是对某项应税经济行为的实现形式和过程进行某种人为的解释和安排，使之成为一种非税行为。

（2）从税收负担上看，偷逃税是在纳税人的实际纳税义务已发生并且确定的情况下，采取不正当或不合法的手段逃避其纳税义务，结果是减少其应纳税款，是对其应有税收负担的逃避，而不能称为减轻。而避税是有意减轻或解除税收负担的，对经济活动的方式进行的组织安排。

（3）从税基结果上看，偷逃税直接表现为全社会税基总量的减少，而避税却并不改变全社会的税基总量，而仅仅造成税基中适用高税率的那部分向低税率和免税的那部分转移。因此，偷逃税是否定应税经济行为的存在，避税是否定应税经济行为的原有形态。

2. 避税与偷逃税的区别在法律方面的表现

（1）从法律行为上看，偷逃税是公然违反、践踏税法，与税法对抗的一种行为。它在形式上表明纳税人有意识地采取谎报和隐匿有关纳税情况和事实等非法手段达到少缴或不缴税款的目的，其行为具有欺诈的性质。在纳税人因疏忽和过失而造成同样后果的情况下，尽管纳税人可能并非具备故意隐瞒这一主观要件，但其疏忽过失也是法律不允许的。避税是在遵守税法、拥护税法的前提下，利用法律的缺陷或漏洞实施的税负减轻和少纳税的行为。尽管这种避税也出自纳税人的主观意图，但在形式上却是以遵守税法为前提的。

（2）从法律后果上看，偷逃税行为是法律上明确禁止的行为，一旦被有关当局查明属实，纳税人就要承担相应的法律责任。

从税收的历史过程来看，避税是纳税人为减轻税负而采用的一种手段，是税制发展到一定阶段才出现的。英国1906年第一次出现了"合法避税"（Legal Avoidance）的说法，而且近百年来，避税这一用语从来没有在有关税收、金融法律中消失过。《中国税务百科全书》中对避税的解释是，避税是指负有纳税义务的单位和个人在纳税前采取各种合乎法律规定的方法，有意减轻或解除税收负担的行为。联合国税收专家小组对避税的解释是："避税相对而言是一个比较不明确的概念，很难利用人们所普遍接受的措辞对它做出定义。但是，一般来说，避税可以认为是纳税人采取利用某种法律上的漏洞或含糊之处的方式来安排自己的事务，以减少其本应承担的纳税数额，虽然避税行为可能被认为不道德，但避税使用的方式是合法的，而且不具有欺诈性质。"从这个解释可以看出，避税是一种可以接受的合法的行为，从这一意义上来说，避税和税收规划都是合法的。但是，目前理论界对避税的性质存在多种说法。

许多学者认为，尽管避税行为在形式上并不违反税法，但它实际上是违反税法宗旨的。避税在实质上不是税法鼓励和提倡的行为，而是纳税人在税法的漏洞尚未补足之前所从事的降低自己税负的行为，是一种不正当的行为。其直接不良后果至少有以下几点：① 避税行为直接导致了国家税收收入的减少。② 侵犯了税收法律法规的立法意图，使其公正性、严肃性受到影响。③ 避税行为的出现对于社会公德及道德造成不良侵害，使诚信纳税受到威胁，造成守法经营在市场竞争中处于不利地位。

根据税收法定主义原则，税收的征收和缴纳（税法主体的权利和义务）必须基于法律的规定进行，没有法律的规定，国家就不能征税，纳税人也不负纳税义务。因此，税收立法与执法只能在法律的授权之下进行，否则纳税人可以以"无法律依据"为由而拒绝。所以，避税和税收规划都是不违法的，只是对于避税来说，纳税人虽然不应该由此承担法律责任，但可能会受到道义的谴责，因为避税是不符合立法本意的，不符合政府的利益。

综上所述，虽然避税和税收规划两者的关系相对来说较为复杂，从避税和税收规划所涉及的当事人的利益角度来说，避税更多涉及政府的税收利益，而税收规划更多涉及纳税人的税收负担。实践中，避税和税收规划之间的界限难以区分，但是当今越来越多的国家在税法中加入了被税务专业界称为反避税条款的内容，并逐步加大反避税措施的力度。例如，我国的《增值税暂行条例》、《企业所得税暂行条例》、《外商投资企业和外国企业所得税法》中都有主管税务局有权核定和调整企业产品销售价格的规定，这些规定都被税务专业界称为反避税条款的规定。

根据我国最新修订的相关法律来看，2009年2月28日，第十一届全国人大常委会第七次会议审议通过了《中华人民共和国刑法修正案（七）》。该修正案对刑法第二百零一条偷税罪做了重大修改，修改后的内容为：纳税人采取欺骗、隐瞒手段进行虚假纳税申报或者不申报，逃避缴纳税款数额较大并且占应纳税额百分之十以上的，处三年以下有期徒刑或者拘役，并处罚金；数额巨大并且占应纳税额百分之三十以上的，处三年以上七年以下有期徒刑，并处罚金。

扣缴义务人采取前款所列手段，不缴或者少缴已扣、已收税款，数额较大的，依照前款的规定处罚。

对多次实施前两款行为，未经处理的，按照累计数额计算。

"有第一款行为，经税务机关依法下达追缴通知后，补缴应纳税款，缴纳滞纳金，已受行政处罚的，不予追究刑事责任；但是，五年内因逃避缴纳税款受过刑事处罚或者被税务机关给予二次以上行政处罚的除外。"

以暴力、威胁方法拒不缴纳税款的，是抗税，除由税务机关追缴其拒缴的税款、滞纳金外，依法追究刑事责任。情节轻微，未构成犯罪的，由税务机关追缴其拒缴的税款、滞纳金，并处拒缴税款一倍以上五倍以下的罚款。

对于抗税的处理，《中华人民共和国刑法》第二百零二条规定："以暴力、威胁方法拒不缴纳税款的，处三年以下有期徒刑或者拘役，并处拒缴税款一倍以上五倍以下罚金；情节严重的，处三年以上七年以下有期徒刑，并处拒缴税款一倍以上五倍以下罚金。"

8.3 家庭税

8.3.1 家庭税产生的必要性与前提

1. 家庭税产生的必要性

随着个体收入日益多元化，以及收入差距的逐渐增大，以个人为单位计税的方式，难以达到调节社会成员收入的目的，不利于实现社会公平。

从长远来看，以家庭为单位征收个税，根据是否结婚、是否有子女等标准，对不同家庭经济负担的轻重加以区分是大势所趋。

以家庭为单位征收个税，也符合国际惯例。世界上多数发达国家，个税都是"家庭税"，而不是"人头税"。在美国，很多家庭的必要支出都可以在税前扣除；在德国，征税的类别根据纳税人的家庭状况加以区分；法国则将家庭人数作为纳税的参数……

因而，以家庭为单位征收个税，可以更真切地反映工薪阶层的生活成本，使得税收显得相对公平合理。并且个税由"人头税"变为"家庭税"，工薪阶层税负过重的问题有望得到改善。

当然，以家庭为单位征收个税，不可避免地涉及家庭收入的透明度问题。但收入明朗化、财产透明化，并不是税收所要解决、所能解决的，它依靠的是税收以外的财产申报等政策。

2. 推行"家庭税"取代个人税的两个前提

（1）家庭收入的透明化。要实现税收部门对每个家庭总体收入的透明化管理，财产申报制度和先进的征税手段是不二法门。

（2）个税申报的自觉化。长期以来，我国的个税征收主要实行"单位代扣代缴"，无法涵盖日益多元化的个人收入现状，以至于一些身处体制之外的高收入者成了"漏网之鱼"。要在全社会实现个税申报的自觉化，个税申报制度还有不少亟待完善的问题。

8.3.2 家庭税税收规划的基本方法

1. 多缴住房公积金

根据我国个人所得税征收的相关规定,每月所缴纳的住房公积金是从税前扣除的,也就是说住房公积金是不用纳税的。而公积金管理办法表明,职工是可以缴纳补充公积金的。也就是说,职工可以通过增加自己的住房公积金来降低工资总额,从而减少应当缴纳的个人所得税。

2. 投资免税产品

按照目前的储蓄利率,储蓄作为理财方式其收益率已经非常低。教育储蓄相对划算,可以享受两大优惠:对个人所得的教育储蓄存款利息所得,免个人所得税;教育储蓄作为零存整取的储蓄,享受整存整取的优惠利率。

其实,可以用闲余资金投资一些流动性较好又可避税的产品。货币市场基金是一种不错的选择,能够获得比活期存款更高的利息之外。

3. 购买保险

居民在购买保险时可享受三大税收优惠:一是企业和个人按照国家或地方政府规定的比例提取并向指定的金融机构缴付的医疗保险金,不计个人当期的工资、薪金收入,免缴纳个人所得税。二是由于保险赔款是赔偿个人遭受意外不幸的损失,不属于个人收入,免缴个人所得税。三是按照国家或省级地方政府规定的比例缴付的医疗保险金、基本养老保险金和失业保险金存入银行个人账户所取得的利息收入,也免征个人所得税。

4. 为未成年子女累积资金

为未成年子女累积资金,可以采取的纳税规划方式一般有以下几种。

(1)专户存储独生子女费。我国实行独生子女政策以来,国家发放一定数额的政策补贴,对于现在取得的独生子女费和其他补贴费用,可以在银行实行专户存储,为独生子女积蓄后备资金,以便子女成人后能有一笔固定的资金,不用再从家长的财产中支付而形成赠予行为。

(2)成立未成年子女教育和健康基金。当纳税人的积蓄有一定的盈余时,可将部分财产捐赠给这一机构,这种捐赠是免税的。

(3)采取保险的方式。对个人来讲,许多保险是给予免税的。如果你放弃增薪,也可以由你所在的企业办理集体投保的方法，这样既为你解决后顾之忧，又可以节省个人所得税和赠予税。

（4）父母用自己的资金，以子女名义为其购买房产。用父母的资金购置房产，必然会受到"限制行为能力与无行为能力人所购置的财产视为法定代理人或监护人的赠予"的制约。但如果能证明所支付的款项属于购买人所有，不在此限。因此，以子女名义购买一套房子支付的价格，其评定价值只相当于市价的30%~40%。假定购房支出30万元，则评定价值仅为9万~12万元，扣除每年赠予税的免税额，加上购买者以往年度的所有金额的所得都可以申请扣除，如果该年还可以申报一些其他人的赠予金额，那么税负就可以再降低。如果购买房产是通过向建设银行或其他房屋开发投资公司取得房屋建设贷款，并且以未成年人名义来贷款，而贷款金额又高于房地产公告现值的，那么扣除全部贷款后，赠予金额就为负数。

评估练习

1. 单选题

（1）广义的税收规划，是指纳税人在不违背税法的前提下，运用一定的技巧和手段，对自己的生产经营活动进行科学、合理和周密的安排，以达到（　　）税款目的的一种财务管理活动。

A．少缴或缓缴　　　　　　　B．不缴或少缴
C．不缴或缓缴　　　　　　　D．缓缴或免缴

（2）（　　）又称节税，是纳税人在法律允许的范围内，通过对经营、投资、理财等经济活动的事先筹划和安排，充分利用税法提供的优惠和差别待遇，以减轻税负，达到整体税后收益最大化。

A．税收规划　　B．税收安排　　C．税收负担　　D．税收管理

（3）某公司是一家生产性企业，年不含税销售额一直保持在80万元左右。该公司年不含税外购货物额为60万元左右。该公司如果作为增值税小规模纳税人，适用6%的征收率纳税，则应纳税额为（　　）。

A．4.8万元　　B．5万元　　C．4万元　　D．6万元

（4）个人所得税是调整（　　）之间在个人所得税的征纳与管理过程中所发生的社会关系的法律规范的总称。

A．企业与自然人 B．自然人与自然人
C．征税机关与企业 D．征税机关与自然人

（5）（　）不属于个人所得税方面的免税项目。

A．省级人民政府、国务院部委和中国人民解放军以上单位，以及外国组织颁发的科学教育、技术、文化、卫生、体育、环境保护等方面的奖金

B．国债和国家发行的金融债券利息

C．按照国家统一规定发给的补贴、津贴。指按照国务院规定发给政府特殊津贴和国务院规定免纳个人所得税的补贴、津贴。发给中科院和工程院资深院士每人每年1万元的津贴免征个人所得税

D．个人从事技术转让、技术开发业务和与之相关的技术咨询、技术服务业务取得的收入，免征营业税

2．多选题

（1）税收规划要遵循的基本原则是（　）。

A．合理、合法性原则 B．事前规划原则
C．成本效益原则 D．风险防范原则

（2）延期纳税技术的特点是（　）。

A．延期纳税技术是利用货币的时间价值节减税收

B．延期纳税涉及财务制度各方面的许多规定和其他一些技术

C．延期纳税节税财务计算、比较、决策，技术较为复杂

D．延期纳税技术可以利用税法延期纳税规定，具有相对确定性

（3）转移定价又称转移价格，是指经济主体在商品或劳务的交易过程中，出于转移成本或利润的目的，而有目的地调整双方的交易价格的行为，具体包括（　）。

A．通过货物、劳务转移定价 B．通过无形资产转移定价
C．通过资金转移定价 D．以上都不是

（4）比例税率是按次计算征收个人所得税，适用20%的比例税率的征收对象包括（　）等。

A．劳务报酬所得 B．利息、股息、红利所得
C．财产租赁所得 D．财产转让所得

（5）家庭税收规划的基本方法和主要途径包括（　）。

A．多缴住房公积金 B．投资免税产品

C．购买保险　　　　　　　　　　D．为未成年子女累积资金

3．简答题

（1）在进行税收规划时要遵循哪几项原则？

（2）采用分散税基方法进行税收规划时应注意哪些问题？

（3）什么是转移定价？常见转移定价的方式有哪些？

（4）按照税法规定，我国个人所得税的纳税对象包括哪些？

（5）采用征收家庭税以取代个人所得税的前提条件是什么？

职业技能训练

请为赵某进行个人所得税规划设计。要求结合本章所学的基本知识，充分利用税收规划的基本知识。

高级工程师赵某从哈尔滨到深圳为泰华公司进行一项工程设计，双方签订合同，规定公司给赵某支付工程设计费5万元，往返交通费、住宿费、伙食费等由赵某自负。请问，赵某应如何对个人所得税进行规划？

第 9 章

财产分配与遗产规划

✍ 学习目标

- ☑ 熟悉家庭财产风险的种类及有关财产界定的规定。
- ☑ 掌握相关的财产分配规划原则,分析财产分配规划工具,能够提出具体的财产分配规划建议。
- ☑ 明确遗产规划的原则和目标,分析遗产规划的工具,掌握各种工具的优缺点,能够制定合理的遗产规划方案。

᧯ 关键术语

财产所有权　合法收入　不动产　金融资产　财产共有　遗嘱信托

引导案例

王女士的婚姻面临解体,双方在其他财产分割方面都没有异议,却在房产上"卡了壳"。原来这套房产是她在 5 年前买的,当时尚未成婚。她婚后男方并未买房,因此就住在女方家。5 年过去了,房价飞涨,原来 70 万元买进的房产,已经涨到了 200

万元左右，在此期间，两人共同还清了剩余的 40 万元按揭贷款。男方也承认房产确实应该归女方所有，但同时认为自己为归还房贷做出过贡献，因此除了要求归还共同还贷的部分按揭款之外，还要求分享房产增值部分。婚前买的房，离婚之后如何处置，这往往会成为离异夫妻财产争议的焦点所在。当爱情走到尽头，财产分割在所难免，房产作为家庭财产中最重要的组成部分，自然是双方最关注的地方。而与此同时，新婚姻法对"婚前财产"做出了更为明确的规定，因此使得这种情形的房产在分割过程中变得更为复杂。

思考题：虽然是婚前买的房，但在离婚之后增值部分应该怎么处理呢？

从引导案例可以看出，人的一生有可能要面对财产分配的风险。面对这种风险，最好的应对办法是进行家庭财产分配规划设计。因此，如何设计一份合理的财产分配规划就显得尤为重要。学习完本章后，你将了解与财产分配和遗产规划相关的术语，认识家庭风险的种类和财产界定，理解并能够运用财产分配规划原则，并制定出一份完整的财产分配规划方案。

9.1 家庭财产风险的种类与财产界定

家庭是社会的细胞，是社会的基本组成单位。家庭生活在每个人的生活中扮演着非常重要的角色，而在当今经济社会中，家庭的财产是生活幸福最重要的保障。然而生活中，各种破坏财产安全的因素却让人防不胜防。为了保障生活幸福，我们需要对财产的分配与传承进行科学的规划，而科学规划的前提是明晰家庭财产风险的种类。

9.1.1 家庭财产风险的种类

1. 经营的风险

（1）经营合伙企业的风险。普通合伙企业由各合伙人订立合伙协议，共同出资、合伙经营、共享收益、共担风险。在各种经营方式中，合伙企业对家庭财产影响最为突出。合伙人对合伙企业债务承担无限连带责任。

（2）经营公司的风险。设立公司最大的优势在于公司股东的"有限责任"。但中国的企业经营者多有一个特点：个人财产与经营的实业财产不分，他的房子、车子等自己使用的财产都在公司名下。其实在法律上，这些财产就都属于公司所有。在这种公私不分的情况下，一旦经营失败欠了债，就需要投资者用全部的财产进行清偿。这意味着不仅生意没了，经营的风险还会波及家庭财产。

2. 婚姻变动中的财产风险

（1）婚后财产共有制容易导致纠纷的产生。我国实行的是夫妻共同财产制，在双方没有约定财产归属的情况下，财产处于共同共有状态。本应属于个人财产的部分，由于经过一段时间的婚姻生活，当婚姻发生变动时，将很难取证来证明财产的确属于个人所有，容易引发纠纷。

（2）利用婚姻诈骗财产。利用婚姻诈骗财产，是指利用我国关于夫妻财产共有的规定，在与有钱人结婚后，离婚时可以分得一大笔财产。

（3）转移共同财产。随着近几年金融品种的增多，婚姻财产的种类也日益丰富。在婚姻财产中占有优势的一方隐匿、转移共同财产，甚至采用虚拟债务等手段来欺瞒配偶和法院的情况也越来越多。

（4）跨国婚姻。跨国婚姻是目前出现的另一个离婚纠纷的重点。由于跨国婚姻涉及不同国家的法律制度，要适用国际私法的相关法律，而且通常距离遥远、取证困难，对跨国婚姻离婚的审理也十分困难。

3. 子女抚养教育的相关财产风险

（1）子女教育财产投入风险。子女教育投入没有产生应有的教育成果的风险。例如，子女出国留学，父母投入很大，但没有取得任何文凭，这是对父母的最大考验。如何在防止孩子乱花钱的同时保障孩子的教育，就要解决好子女教育财产投入所面临的风险。

（2）离异情况下子女抚养教育财产的风险。夫妻双方离婚后，孩子归一方抚养，分给一方的家庭财产加子女的抚养费将是一笔不小的财富，但很难保证每个人都是一个管理财富的好手，很可能还未等子女成人，财产就已经所剩无几，孩子良好的教育将无法得以保证。尤其当其再婚时，又可能出现财产被再婚对象侵占的可能。

（3）夫妻一方去世情况下子女抚养教育财产被侵占的风险。当夫妻一方去世后，配偶再婚，在无法区分个人财产与家庭财产的情况下，这部分财产很容易被配偶的再婚对象所侵占，这样子女的生活水平很难得到良好的保障。

4. 财产的传承风险

（1）遗产的争夺风险。一般来说，一个人去世后如果没有事先设立遗嘱或遗嘱无效，那么他的财产将根据法律的规定分配下去，这就是法定继承。在家庭中，每个子女所尽的赡养义务、生活状况都是不同的，有的子女对老人付出多，或在众多子女中生活困难，所分得的遗产也应该有所差别。但是按照法定继承的规定，遗产要在继承人中进行平均分配，可见法定继承无法衡量继承关系中的其他因素，只能重视表面上的公平，却无法实现真正的公平。这种事实上的不公平很容易引发纠纷，付出多的人却只能和别人拿一样多的财产，心里自然难以接受，很容易引发纠纷。

另外，在当今社会，诸多原因造成非婚生子女的存在，非婚生子女加入遗产分配中，继承人之间的关系更为复杂，遗产争夺的风险也就加大。

（2）产业的传承风险。在中国家族性民营企业中，很多企业家的子女不愿意或没有能力很好地经营企业，企业不能够持续经营，致使"富不过三代"的情况发生，让父辈多年的努力付诸东流。对于企业本身和家庭来说，都是悲剧性的结局，没有达到财富传承的良好状态。

【实例 9-1】 王先生 65 岁，经营了一家化工企业，他有两个儿子，但二人皆无心经营公司。1 年后王先生去世，留有一份遗嘱，根据遗嘱的规定，王先生的大儿子分得 60%的股份，并负责经营公司。二儿子分得 40%的股份。遗产很快按照王先生的遗嘱分配下去了，似乎一切都很顺利。但王先生的二儿子由于对公司经营没有兴趣，很快就将股份卖给了他人。大儿子虽然负责经营公司，但并没有经营经验，几年后企业因经营不善，面临破产的边缘，最终只能被其他公司收购。

分析：在这个例子中，王先生的大儿子不善于管理公司，结果公司由于经营不善而被迫卖出，使王先生一生的经营成果付诸东流。

想一想
家庭财产风险有哪些种类？各自的含义是什么？

9.1.2 财产界定

通常意义上的财产分配规划是针对夫妻财产而言的，是对婚姻关系存续期间夫妻双方的财产关系进行的调整，因此财产分配规划也称为夫妻财产分配规划。制定财产分配规划首先进行财产界定。财产的属性界定不仅包括财产本身的属性界定，还包括附着于其上的权利属性界定。

1. 财产所有权的界定

（1）财产所有权的概念。财产所有权是指财产所有人依照法律对其财产享有占有、使用、收益和处分的权利。财产所有权是界定客户财产范围的标准。所有权是一个法律概念，体现在财产上就是法律对财产权属的规定，违反了此规定，对财产的处理也就归于无效。

（2）财产所有权的四项权能。

1）占有权，即所有人对财产的实际控制和掌握的权利。

2）使用权，即所有人依法按财产的性能和用途，对财产加以利用的权利。

3）收益权，即所有人将财产所产生的经济利益据为己有的权利。

4）处分权，即所有人有决定财产的归属和命运的权利，也就是说所有人有处置财产的权利。

【实例9-2】2010年4月，顾某的丈夫张某作为被拆迁人被拆迁安置在某居住小区，张某于2010年因病去世。2014年7月，顾某及子女办理继承公证书一份，顾某明确表示放弃其继承权，属张某的遗产由其两个儿子及两个女儿共同继承。2014年8月14日，顾某的四个子女从某房产公司领取房屋退房款，并将该房钥匙退还给某房产公司。2014年9月，某房产公司与庄某等三人签订房屋出售合同，将房屋以相同的价格出售给庄某等三人。2014年10月，该房屋办理了房地产权证，权利人登记为庄某等三人。因顾某认为其是该房屋的产权人，某房产公司与庄某等三人之间的买卖行为无效，遂引起诉讼。

分析：本案例中，房屋是顾某的丈夫拆迁安置所得，张某死后，顾某及其子女依法取得该房屋的所有权。然而顾某的子女于2014年8月将房屋出售给某房产公司，并取得退房款，双方虽未签订书面的买卖合同，但双方实际已将合同义务履行完毕，双方的买卖合同即已成立。某房产公司在取得该房屋的产权后，以相同价格出售给庄某等三人。庄某等三人是善意有偿取得该房屋，其合法权益予以保护。对于顾某认为其子女擅自处分了共有财产，由此造成顾某的损失，可由顾某向其子女另行主张赔偿。

2. 个人财产所有权的行使

通常，个人财产所有权会通过占有、使用、收益、处分四项权能行使。个人行使这四项权能时，通常以个人积极主动的行为直接作用于所有物的方式进行。

（1）个人行使生活资料所有权是与日常的生活消费紧密相连的，个人只有通过对生活资料的直接占有、使用、收益和处分才能满足自身衣食住行的需求。

（2）承包经营户和个体工商户行使生产资料所有权是与他们的生产经营劳动联系在一起的，只有通过直接占有、使用、收益和处分，才能满足生产经营的需要，实现生产资料的所有权。

（3）私营企业主对生产资料的占有、使用和处分，虽然需要通过经营人员和职工的生产经营劳动来实现，但是经营人员和职工与企业主的关系是雇佣劳动关系，他们对生产资料的占有、使用和处分是以企业主的名义并且为企业主的利益而进行的，不构成独立的所有权关系。

（4）个人还可以以间接方式行使财产所有权。例如，个人以购买股票的方式将资金投入企业后，就丧失了对资金的直接占有、使用权与处分权，只能通过在股东大会上进行表决的间接方式来行使股份所有权。

3. 财产所有权的取得和丧失

（1）合法取得财产所有权的两种方式。

1）原始取得。根据法律规定，最初取得财产的所有权或不依赖原所有人意志而取得财产的所有权。例如，劳动生产、收益、没收、无主财产收归国有、拾得遗失物等属于原始取得的根据。

2）继受取得。通过某种法律行为从原所有人那里取得某项财产的所有权。例如，继承取得是指财产所有人依据国家继承法，按照本人意愿通过预立遗嘱的方式处分其所有的财产，继承人在遗嘱生效后依法取得被继承人的财产所有权。

此外，通过接受他人赠予、互易、买卖合同等方式，合法取得所有权的也属于继受取得。

（2）财产所有权的丧失。财产所有权的丧失，是指所有权人因为一定的客观事实的出现而丧失所有权。财产所有权的丧失主要分为以下三种类型。

1）绝对丧失和相对丧失。绝对丧失，指所有权人对某一物的所有权因物的丧失（如生活中消费）而永远丧失。

相对丧失，指所有权人丧失对某一物的所有权，但该物尚存，只是归他人享有（所有权移转）或无人享有（所有权抛弃）而已。

2）因某些行为或其他原因而丧失。因某些行为而丧失，如出卖、赠予标的物。

因其他原因而丧失，如所有人死亡、标的物意外灭失。

3）自愿丧失与强制丧失。自愿丧失如出卖、抛弃标的物。强制丧失如没收、征用、强制执行等。

4．个人所有财产的界定

（1）合法收入。个人的合法收入是指个人通过各种合法途径取得的货币收入与实物收入，如劳动收入，接受继承、赠予、遗赠的收入及由个人财产产生的天然孳息和法定孳息等。

个人的合法收入是个人参加商品交换取得其他财产的物质前提。

（2）不动产。在我国，个人所有的不动产主要是指房屋，房屋是个人生活中的重要财产。个人可以通过自建、购买、继承、赠予等方式取得房屋所有权。房屋是不动产，按照法律规定必须依法登记后才能取得完全的法律效力。随着社会经济的飞速发展，作为个人财富重要组成部分的房屋也将越来越多。

（3）金融资产。金融资产包括储蓄、债券、基金份额和股票等。储蓄财产既可以用于保障家庭生活、子女教育等诸多需要，也可以作为一种保守的理财方式用以资金的保值增值。其他的金融资产随着我国经济的日益活跃和金融品种的不断丰富，以及人们理财意识的建立，在个人财产中的占比将会不断提高。

（4）其他财产，如生活用品、古董、图书资料等。

1）生活用品。生活用品是指满足个人或家庭日常生活所需的消费品，包括衣物、家具、食物、文化娱乐用品及装饰品等。

2）古董。个人收藏古董主要满足个人对文化艺术珍品欣赏和收藏的特殊需求，当然也有不少人将其作为一种投资工具。

3）图书资料。图书资料是记载科学文化知识的物质资料，个人收藏图书资料主要为了学习、研究等。

5．财产共有

（1）财产共有的概念。财产共有是指多个权利主体共同享有所有权，是对同一客体之上所有权量的分割。

（2）共有关系的概念。共有关系是指基于财产共有权而发生的所有权法律关系。共有关系是一种具有内外两重关系的所有权法律关系。

（3）共有是复合的所有权关系，它具有以下特征。

1）共有的权利主体是多元的。只有当两人以上共同享有同一财产的所有权时，才能形成共有关系。

2）共有的客体是一项统一的财产。共有关系的客体无论是一个物还是几个物，是可分物还是不可分物，在法律关系上均表现为一项尚未分割的统一财产。

3）共有的内容是各共有人对共有物共享权利、共负义务，各主体的权利、义务是平行的而不是对应的。各共有人对共有物或按一定份额享受权利、承担义务，或不按份额享受权利、承担义务。

4）共有是所有权的联合，不是一种独立的所有权类型，它的形成是基于共同生活、共同生产、共同经营而发生的相同性质的所有权之间或不同性质的所有权之间的联合。

（4）共有关系按照各共有人对共有财产的利益与负担是否存在份额，可以分为按份共有和共同共有两类。

1）按份共有。按份共有是指各共有人按照确定的份额，对共有财产分享权利和分担义务的共有。

① 按份共有的形成。按份共有因为一定的法律事实而形成。例如，共同购买物品、共同投资建筑房屋、共同开发高新技术及物的添附等，都会在一定条件下形成按份共有。按份共有的形成，除法律有特别规定外，各共有人须预先订立合同，以合同来确定彼此的按份共有关系。

② 按份共有人对共有财产的权利。按份共有人按照其份额均可以对共有财产进行占有、使用、收益及处分。但共有权的行使与单独的所有权不同，各共有人不能自行其是，必须达成共识。按份共有人对共有财产虽然拥有一定份额，但其权利不是基于共有财产的部分，而是基于共有财产的全部。

③ 按份共有人可以将其份额分出或转让。所谓分出，是指共有人将自己存于共有物的份额分割出去。所谓转让，是指共有人将自己的份额转让给他人。一般来说，由于各共有人的份额是所有权总量的一部分，具有所有权的效力，所以共有人对其份额的转让不必征得其他共有人的同意。但是法律对此有特别规定的或共有人之间在订立合同时对共有份额的分出和转让进行了限制的除外。

【实例9-3】 李某2009年7月和舅舅、阿姨等同住人共同买下了一套公有住房（建筑面积142平方米，有五间住房，一间储藏间），性质为按份共有，购房合同中写明李某有1/4产权。由于住在一起有矛盾，他们又不愿意给李某经济补偿。因此，李某想通过法律途径将自己的房屋份额卖给共有人或第三人，以便把实物变成现金再到别处购买住房。

分析：对于共有财产的分出，首先应当考虑分割，只有在不能分割或分割将影响其价值时才考虑折价。李某因共同居住产生矛盾或共有权益受侵害已经难以维持的情况下，可以请求解除共有关系，分割共有财产。如果该房屋无法分割成独立成套的几部分，则应折价处理，由其他共有人给其现金补偿。

此外，共有人在不损害社会利益和他人利益的条件下，可以放弃其应有的份额，这也是共有人对其份额行使处分权的一种表现。

注意：除了共有人的特殊约定外，对共有物的管理，应由全体共有人共同进行。共有物的管理费用，应当由全体共有人按其份额比例分担。共有人之间应相互尊重他人应有份额。如果某一共有人对其他共有人的份额造成侵害的，被侵害的共有人可以请求对方给予必要的赔偿。

2）共同共有。共同共有是指两个或两个以上的人基于共同关系，共同享有某物的所有权。共同共有根据共同关系而产生，必须以共同关系的存在为前提。这种共同关系是由法律直接规定的，如夫妻关系、家庭关系，没有共同关系这个前提，共同共有就不会产生。

① 共同共有没有共有份额。共同共有是不确定份额的共有。只要共同共有关系存在，共有人就不能划分自己对财产的份额。

② 共同共有人的内外部关系。共同共有人的权利基于共有物的全部。对于共有物的占用、使用、收益、处分权的行使，应当得到全体共有人的同意。但是如果根据法律的规定或合同的约定，某个或某些共有人有权代表全体共有人管理共有财产时，则该共有人可以依法或依合同对共有财产进行管理。

③ 共同共有在共同关系存续期间，各共有人不得请求分割共有物。

注意：对于共有物的管理费用及其他费用应当由共同共有人共同负担。共同共有人因经营共有财产对外发生的财产责任或造成第三人损伤的，全体共有人应承担连带责任。

④ 共同共有的类型。共同共有分为夫妻共有、家庭共有和遗产分割前的共有三种类型。

> **相关链接**
>
> 我国《婚姻法》第十三条规定:"夫妻在婚姻关系存续期间所得的财产归夫妻共同所有,双方另有约定的除外。"

第一,夫妻共有。夫妻的婚前财产,是夫妻各自所有的财产,不属于夫妻共有财产。但是婚前财产在婚后经过长期共同使用,财产已经在质和量上发生很大的变化,就应当根据具体情况,将财产的全部或部分视为夫妻共有财产。另外,对于婚前财产在婚后如果进行重大修缮,通过修缮新增加的价值部分,应认定为夫妻共有财产。

夫妻双方对夫妻共有财产,有平等占有、使用、收益、处分的权利。尤其对共有财产的处分,应当经过协商,取得一致意见后进行。夫妻一方在处分共有财产时,另一方明知其行为而不做否认表示的,视为默认同意,事后不能以自己未亲自参加处分为由而否认另一方处分共有财产后产生的法律后果。夫妻双方对共有财产的平等处分权,并不是说双方共有的任何一件物品都必须经双方共同处分才有效,而是对那些价值较大或重要的物品必须经夫妻双方协商一致后处分才有效。

【实例9-4】张某与妻子王某长期不和。2009年8月23日,张某私自与马某达成房屋买卖协议,将其名下的夫妻共有房屋以90 000元的价格卖给马某,并按相关规定办理了房屋产权过户手续。2010年2月,王某将张某与马某二人告上法庭,请求法院确认该房屋买卖合同无效。

分析:案例中的房屋财产,属于张某与妻子王某夫妻共有,任何一方无权私自处理和买卖。因此,法院会支持妻子王某的诉讼请求。

第二,家庭共有。家庭共有财产就是家庭成员在家庭共同生活关系存续期间共同创造、共同所得的财产。它主要来源于家庭成员在共同生活期间的共同劳动收入,家庭成员交给家庭的个人私有财产及家庭成员共同积累、购置、受赠的财产。

家庭共有财产以维持家庭成员共同的生活或生产为目的,家庭共有财产属于家庭成员共同所有。每个家庭成员对家庭共有财产都享有平等的权利。对于家庭共有财产的使用、处分或者分割,应当由全体家庭成员协商一致进行,但法律另有规定或家庭成员之间另有约定的除外。

家庭共有财产并不包括家庭成员各自所有的财产。因此,家庭成员分配家产时,只能对家庭共有财产而不能对个人财产进行分割。家庭共有财产的某一共有人死亡,财产继承时，只能把被继承人在家庭共有财产中的应有部分分出，作为遗产继承，而不能把家庭共有财产都作为遗产继承。

家庭因为生产经营发生负债时，个人经营的，以个人财产承担清偿债务的责任；家庭经营的，以家庭共有财产承担清偿债务的责任。在家庭共同生活期间，为家庭的共同生活和生产需要所付出的开支，由家庭共有财产负担。为满足个人需要而支出的费用，应由个人财产负担。

第三，遗产分割前的共有。我国《继承法》第二条规定：继承从被继承人死亡时开始。这说明，公民一旦死亡，其财产无论在谁的占有之下，在法律上皆作为遗产一并转归继承人所有。但是，当死者有数个继承人时，其中任何继承人都不可能单独取得遗产的所有权，遗产只能为全体继承人共有。而且，在遗产分割前全体继承人对遗产的共有，只能是共同共有。

6. 共有财产的分割原则和方法

（1）分割原则。

1）遵守法律的原则。

2）遵守约定的原则。共有人对相互间的共有关系有约定的，分割共有财产时应遵守其约定。

3）平等协商、和睦团结的原则。

（2）分割方法。

1）实物分割。实物分割是分割共有财产的基本方法。除非共有财产是一个不可分割的物（如一台冰箱），在其他情况下均有办法进行实物分割。

分割共有财产的通常做法是先进行实物分割。对剩余的无法进行实物分割处理的财产，再用其他方法处理。

2）变价分割。变价分割是将共有财产出卖换成货币，然后由共有人分割货币。

3）作价补偿。作价是指估定物的价格。当共有财产是不可分物时，如果共有人之一希望取得该物，就可以作价给他，由他将超过其应得份额的价值补偿给其他共有人。

一般来说，在共有财产分割中，只要有的共有人希望取得实物，有的共有人不希望取得实物，不管共有财产是否可分，经大家协商之后，都可以采取作价补偿的办法分割共有财产。

7. 工作程序

（1）指导客户填写事先设计好的客户财产登记表。

（2）与客户交流，了解客户财产上的权利关系，特别是客户的财产归属情况，了解其财产范围，界定出可以为客户提供理财规划服务的财产，解答客户关于财产权属的问题。

（3）界定客户财产范围，对客户存在共有情形的财产要就财产分割的原则和方式等提出建议。

（4）针对客户财产中存在的权属风险进行提示。

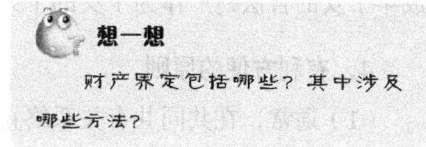

> **想一想**
> 财产界定包括哪些？其中涉及哪些方法？

9.2 财产分配规划的原则与工具

9.2.1 财产分配规划的原则

1. 风险隔离的原则

在为客户做财产分配规划的时候，先要考虑客户财产的安全。

一般来说，需要财产分配规划的客户是参与各种形式经营活动、多婚多子女的家庭，跨国婚姻及婚前就有大量财产的人。

对于这类客户来说，他们需要对婚前和婚后财产通过财产分配工具的运用进行不同的财产安排，保障个人财产的安全和更好地履行对其他家庭成员的义务。

对参与各种经营活动的客户，还需要在经营风险和家庭财产之间设立防火墙，以抵御经营风险对家庭财产的侵扰，从而保证家庭成员的正常生活不受影响。

2. 合情合法的原则

（1）合情原则。合情是指财产分配要合乎情理，从协调客户及其家庭成员间的关系入手，并考虑各家庭成员主要是夫妻二人对家庭的付出和贡献，这样可以减少财产分配方案在实施中可能遇到的障碍。

（2）合法原则。合法是指不违反与财产分配有关的法律规定。例如，为客户进行风险隔离规划时要遵守相关法律法规的规定，不能违法操作。

3．照顾妇女儿童的原则

（1）抚养教育未成年子女是家庭的一个中心问题，在财产分配规划的制定过程中，要充分考虑子女的问题。

（2）在夫妻离婚的情况下，分割夫妻共同财产时，对子女的利益予以重点考虑。

（3）在分配夫妻共同财产时，注意不要侵害到未成年子女的合法财产，要将未成年子女的合法财产作为子女的个人财产。

4．有利方便的原则

（1）通常，在共同共有关系终止时，对共有财产的分割，有协议的按协议处理；没有协议的，应当根据等分原则处理，同时考虑共有人对共有财产的贡献大小，适当照顾共有人生活的实际需要等情况。

（2）分割夫妻共同财产时，原则上应当均等分割。当然，根据生活的实际需要和财产的来源，具体处理时也可以有所差别。

（3）坚持有利方便原则，要求夫妻离婚分割财产时，不应损害财产的效用、性能和经济价值。夫妻共同财产，从财产的用途来划分，可以分为生产资料和生活资料。

1）对于共同财产中的生产资料，在分割时，应尽可能分给需要该种生产资料，能够充分发挥该种生产资料效用的一方，从而有利于发展生产，保证生产活动的正常进行。

2）对于共同财产中的生活资料，分割时，要尽量满足个人从事的专业或职业的需求，如个人从事某个职业所需的书籍、器具等，以发挥物的使用价值。

3）对于一些特定物品，如奖章及类似的其他特定物，离婚时应将这些特定物品分给获得者一方，同时相应考虑对另一方给予适当的经济补偿，或相应多分一些其他财产作为补偿。

5．不得损害国家、集体和他人利益的原则

（1）夫妻在离婚分割财产时，不得把属于国家、集体和他人所有的财产当作夫妻共同财产进行分割，不得借分割夫妻共同财产之名损害其他人的利益。

（2）对合伙经营的企业，夫妻作为合伙人与他人合伙，在离婚分割共同财产时，不能擅自分割合伙财产，必须从合伙财产中扣除其他合伙人的财产份额，属于夫妻共同财产的部分才能分割。

（3）对于夫妻双方通过约定分割共同财产的，人民法院应当进行审查。如果该约定合法有效，分割夫妻共同财产应当遵从其约定；如果该约定损害了国家、集体和他人利益，该约定无效。

（4）对夫妻双方把共同财产约定归一方所有，或把共同债务约定由一方承担，但未告知债权人，从而损害债权人利益的，该约定对夫妻双方有效，对债权人不产生法律效力。

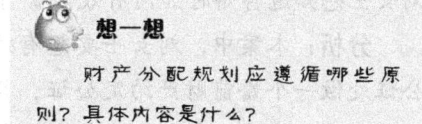

> **想一想**
> 财产分配规划应遵循哪些原则？具体内容是什么？

9.2.2 财产分配规划的工具

财产分配规划中所涉及的工具主要有公证和信托两种。

1. 公证

这里的公证，主要是指夫妻财产约定公证。夫妻财产约定公证在我国由公证处进行，是依法对夫妻或"准夫妻"各自婚前或婚后财产、债务的范围及权利归属问题所达成的协议的真实性、合法性给予证明的活动。公证包括两个方面的内容：对将要结婚的男女双方之间的财产协议进行公证；对已经结婚的夫妻双方之间的财产协议进行公证。

夫妻财产约定公证主要包括婚前财产约定公证和婚后财产约定公证两种类型。

（1）婚前财产约定公证。进行婚前财产约定公证的双方不仅包括未婚男女，还包括有意愿进行公证的夫妻，由公证机构依法对他们各自婚前财产和债务的范围、权利义务归属问题所达成的协议的真实性、合法性给予证明。

（2）婚后财产约定公证。根据我国法律的规定，婚后共同财产是在夫妻关系存续期间取得的收入，它的界定不考虑夫妻各方的工资、奖金差距，也不管是单方还是双方获得的生产经营所得。只要夫妻关系存在，夫妻任一方的工资、奖金、知识产权的收益、未说明赠予财产归单方所有的赠予及法定继承所得的财产都应视为共同所有。

【实例9-5】刘女士36岁，离异两年，拥有价值300万元的两套房产，一套自住，另一套出租。另有65万元存款和外部欠债15万元。由于事务繁忙，没有做投资，也没有购买任何商业保险。刘女士每年经商收入50万元左右，但业务的实际盈利更多些，盈利的资金压在了库存和应收账款上。刘女士有一个5岁的儿子，在上幼儿园，每月教育费和生活费要3 500元左右。刘女士最近有再婚打算，爱人是国家公务员，税后月薪4 500元，医疗、社保、住房公积金齐全，拥有价值75万元的住房一套。再婚后，儿子将与他们一起生活。经历过婚姻波折，也出于为孩子考虑，刘女士想知道再婚时如何有效保护自己的财产？婚后应如何合理理财？

分析：本案中，刘女士要想有效保护自己的财产，可以对所拥有的两套房产到公证处做一个婚前财产约定公证，其儿子对这笔财产拥有合法的继承权；此外，刘女士还应该将手里多余的现金购买收入较为稳定的理财产品。

2. 信托

信托是被世界各国所普遍采用的私人事务管理工具，其主要优势体现在管理机制的灵活设计及对客户私人信息的绝对保密，可以更好地实现客户的财务及生活目标。下面主要介绍个人信托。

（1）个人信托的含义。个人信托是指委托人（特指自然人）基于财产规划的目的，将其财产所有权委托给受托人，受托人按照信托文件的规定为受益人的利益或特定目的管理或处分信托财产的行为，如图9-1所示。

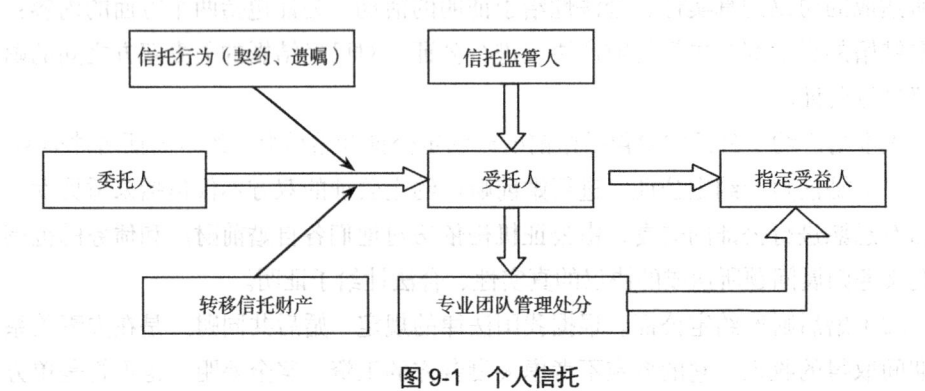

图 9-1 个人信托

（2）个人信托的特点。个人信托的显著特点是财产的消极增值管理和财产事务的积极管理。

（3）个人信托的分类。依照受益人及信托目的的不同，个人信托可以分为子女保障信托、养老保障信托、遗产管理信托和婚姻家庭信托。

1）子女保障信托是指由委托人（父母、长辈）和受托人签订信托合同，委托人将财产转入受托人信托账户，由受托人依约管理运用；通过受托人的管理及信托规划的功能，定期或不定期给付信托财产给受益人（子女），作为其养护、教育及创业之用，以确保其未来生活。

2）养老保障信托是指由委托人和受托人签订信托合同，委托人将资金转入受托人的信托账户，由受托人依照约定的方式替客户管理运用；同时信托合同已明确约定信托资金为未来支付受益人（自己或其配偶）的退休生活费用。

3）遗产管理信托是指委托人预先以立遗嘱或订立遗嘱信托合同的方式，将财产的规划内容，包括交付信托后遗产的管理、分配、运用及给付等详订于其中。委托人死亡后，遗嘱或合同生效时，再将信托财产委托给受托人，由受托人依据信托的内容，也就是委托人的意愿来负责所交办的事项，管理、处分信托财产。

4）婚姻家庭信托由夫妻一方或双方作为委托人与受托人签订信托合同，将一定财产权委托于受托人作为信托资产，该财产独立于委托人的家庭财产，由受托人按照约定管理、处分。

（4）个人信托的功能。个人信托的功能主要有两个：一是保障家庭基本生活；二是规避离异配偶或其再婚配偶恶意侵占财产。

3. 财产分配的步骤

第一步：帮助客户明确财产分配规划的原则与目标。

第二步：向客户介绍财产分配规划工具及其在财产分配规划中所起的不同作用。

第三步：形成财产分配规划方案，交付客户。

9.3 遗产与遗产规划

遗产规划是从财务的角度对个人一生财产进行的整体规划，是个人理财规划中不可缺少的一部分，也是一个家庭的财产得以世代相传的切实保障。遗产规划的理念在西方国家已经深入人心，很多人都希望借助遗产规划的制定，为自己的人生画上一个圆满的句号。在我国，由于与遗产相关的管理制度还不太成熟，再加上专业从业人员的缺乏，导致实践中真正系统地制定遗产规划的人比较少。

但我们应该注意到，我国的中产阶级正在壮大，从理财规划角度进行私人财产的分配与传承正成为一种迫切的现实需要。遗产规划可以帮助当事人实现遗产的合理分配,增加遗产的价值,同时降低了与当事人及其遗产有联系的人发生纠纷的比率。无论对家庭还是对社会来说,遗产规划都是有利的。

9.3.1 遗产

1. 遗产的法律特征

遗产是公民死亡时遗留的个人合法财产,遗产具有如下法律特征。

(1)遗产是公民死亡时遗留的财产。公民活着时,其财产不是遗产。

(2)遗产是公民个人的财产。公民个人财产包括公民个人单独所有的财产,也包括公民与他人共有财产中应属该公民所有的份额。

(3)遗产是公民的合法财产。非法侵占国家的、集体的或其他公民的财产,以及依照法律规定不允许公民所有的财产,不能成为遗产。

2. 遗产的范围

依照我国《继承法》的规定,遗产包括以下财产。

(1)公民的收入。包括公民的工资、奖金、存款的利息、从事合法经营的收入,以及接受赠予、继承等所得的财产。

(2)公民的房屋、储蓄和生活用品。

(3)公民的林木、牲畜和家禽。公民的林木指公民在住宅前后自种的树木和自留地、自留山上所种的林木。公民的牲畜指公民自己饲养的马、牛、羊、猪等。公民的家禽指公民自己喂养的鸡、鸭、鹅等。

(4)公民的文物、图书资料。公民的文物指公民自己收藏的书画、古玩、艺术品。公民的图书资料指公民个人所有的书籍、书稿、笔记等。

(5)法律允许公民所有的生产资料。一般指国家法律允许从事工商经营的或农副业生产的公民拥有的汽车、拖拉机、船舶及饲料加工机等各种交通运输工具、农用机具、饲养设备等,以及华侨、港、澳、台同胞,外国人在我国内地投资所拥有的各种生产资料。

(6)公民的著作权、专利权中的财产权利。一般指公民享有的知识产权(著作权、专利权、商标权、发明权、发现权等)中的财产权利。但依法律规定,知识产权具有时间性,其财产权只在一定时间内受法律保护。

(7)公民的其他合法财产。包括国库券、债券、支票、股票等有价证券和履行标的为财物的债权等。此外，公民个人承包应得的个人收益，为公民的合法收入的组成部分，也属于遗产的范围。

3．遗产中不包括的事项

遗产中不能包括的事项主要是一些权利与义务，常见的如下。

（1）与被继承人人身不可分的人身权利，如名誉权等人格权。

（2）与人身有关的和专属性的债权债务，因为这些债权债务具有不可转让性，都不属于遗产。

（3）国有资源的使用权。被继承人生前依法取得和享有的国有资源使用权，虽然该权利在性质上属于用益物权，但因其取得须经特别程序，是授予特定人的，因此，不能列入遗产。

（4）承包经营权。根据我国《继承法》的规定，个人承包应得的个人收益，依《继承法》的相关规定处理。但个人承包，依照法律允许由继承人继续承包的，按照承包合同办理。

4．认定遗产时应注意的问题

（1）被继承人的遗产与公共财产的区别。遗产的范围只限于被继承人生前个人所有的财产，即被继承人生前享有所有权的财产才属于遗产。被继承人对公共财产享有的土地使用权、承包权等，不能作为遗产来继承。

（2）遗产与共有财产的区别。共有财产包括夫妻共有、家庭共有、合伙共有等财产。当被继承人为共有财产的权利人之一时，其死亡后，应把死者享有的份额从共有财产中分出，作为死者的遗产的组成部分。

（3）遗产与保险金、抚恤金的区别。被继承人生前和保险公司签订的人身保险合同，如果在合同中投保人已经指定了受益人，被保险人死亡后，则由合同所指定的受益人取得保险金并享有所有权。即该保险金因死者生前不享有所有权，因此不能作为死者的遗产。

抚恤金是职工因工死亡，革命军人牺牲或病故，个人因交通事故或其他事故死亡时，国家或死者生前所在单位等给予死者家属的精神关怀和物质帮助，不属于死者生前的个人财产，因此，不能作为遗产。

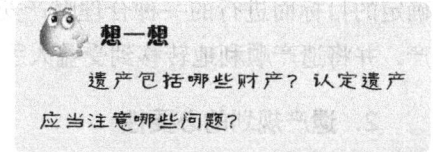

想一想

遗产包括哪些财产？认定遗产应当注意哪些问题？

【实例9-6】 蔡某和老伴均已年逾六旬，两个月前，儿子在为单位出差途中不幸遭遇车祸，经抢救无效死亡。儿子去世后，他生前所在单位依照有关政策规定，将30万元的抚恤金及时送到了家中。这本应使蔡某全家人的悲痛之心稍有缓解，却不料因此引发了家庭纠纷，反而加重了蔡某的悲痛。在一家国有公司从事管理工作的儿媳认为，这笔抚恤金应归她和其未成年的儿子享有。蔡某和老伴则认为，他们至少应享有一半的份额。为此，双方各不相让。请问，这笔抚恤金是否属于蔡某儿子的遗产？其归属问题究竟如何确定？

分析：（1）死亡抚恤金是死者所在单位等给予死者近亲属和被扶养人的生活补助费。死亡抚恤金还含有一定精神抚慰的内容。死亡抚恤金发生于死者死亡后，所以不属于遗产。

（2）死亡抚恤金的分配。如果死者所在单位对抚恤金的给付对象有规定，则按规定处理；如果没对给付对象做出规定，则应属于近亲属共有。

（3）近亲属主要指死者的配偶、父母、子女、兄弟姐妹、祖父母、外祖父母、孙子女、外孙子女。抚恤金虽然不属于遗产，但在处理时会按遗产继承人顺序进行分配，第一顺序是配偶、父母、子女，其他人员是第二顺序，如果没有第一顺序的人员，抚恤金才在第二顺序的人员中分配。

综上所述，这笔30万元的抚恤金虽然不属于蔡某儿子的遗产，但分配该笔抚恤金时会按遗产继承人顺序进行分配。蔡某和老伴及儿媳和孙子都是蔡某的近亲，所以这笔抚恤金定应属于他们共有。当事人可以协商确定分配比例，也可以通过法院依法裁定。

9.3.2 遗产规划

1. 遗产规划的含义

遗产规划是指将个人财产从一代人转移给另一代人，从而实现个人为其家庭所确定的目标而进行的一种合理财产安排。其主要目标是帮助投资者高效率地管理遗产，并将遗产顺利地转移到受益人手中。

2. 遗产规划的必要性

人终有一死，怎样才能使财产最大限度地留给后人呢？当重病的时候，又怎样保证后续的治疗费用呢？又由谁来安排配偶和子女的未来呢？遗产规划可以起到很好的帮助作用。

遗产规划是个人理财规划中不可缺少的部分，是一个家庭的财产得以世代相传的切实保障。西方国家对公民的遗产传承有着严格的管理和税收规定，所以其国民对遗产规划有着很高的需求和认识。我国虽然还未正式开征遗产税，但已经拟定了《遗产税暂行条例（草案）》，预计在不久的将来会正式颁布实施，所以学习遗产规划的知识对于我们来说是非常必要的。

3．遗产规划的原则

（1）保证遗产规划的可变通性。遗产规划从制定到生效有一段不确定的时间，这段时间内的客户财务状况和目标是处于不断变化中的，其遗产规划也是不断变化的。因此，理财规划师要经常和客户沟通，对遗产规划进行不断的修改，以保证它能满足不同时期客户的需要。

（2）确保遗产规划的现金流动性。客户去世后所留遗产，要先用于支付相关的税及遗产处置费，如办理遗产评估的费用、法律和会计手续费、丧葬费等，还清其所欠债务后，剩余部分才可以分配给受益人。所以，如果客户遗产中的现金数额不足，反而会导致其家人陷入债务危机。为避免这种情况发生，理财规划师必须帮助客户在其遗产中预留充足的现金以满足支出。

4．遗产规划的目标

遗产规划的最终目标是帮助客户在其去世或丧失行为能力后分配和安排其资产和债务。常见的遗产规划的目标如下。

（1）为受赡（扶）养人留下足够的生活费用。

（2）为有特殊需要的受益人提供遗产保障。

（3）家庭特殊资产的继承。

（4）其他需要（保证家庭和睦、遗产代代相传等）。

5．遗产规划的工具

（1）遗嘱。遗嘱是遗产规划中最重要的工具，但也常被我们所忽视。许多人由于没有制定或及时更新遗嘱而无法实现其目标。我们需要依照一定的程序订立遗嘱文件，明确如何分配自己的遗产，然后签字认可，遗嘱即可生效。一般来说，需要在遗嘱中指明各项遗产的受益人。遗嘱给予了个人很大的遗产分配权力。为了确保遗嘱的有效性，一般应采用正式遗嘱的形式，并及早拟订有关的文件。

1）遗嘱的种类。遗嘱主要包括正式遗嘱、手写遗嘱和口述遗嘱。

① 正式遗嘱。一般由当事人的律师来办理，要经过起草、签字和见证等若干程序后，由个人签字认可，也可以由夫妇两人共同签署生效。正式遗嘱最为常用，法律效力也最强。

② 手写遗嘱。指由当事人在没有律师的协助下手写完成，并签上本人姓名和日期的遗嘱。由于此类遗嘱容易被伪造，在相当一部分国家较难得到认可。

③ 口述遗嘱。指当事人在病危的情况下向他人口头表达的遗嘱。除非有两个以上的见证人在场，否则多数国家也不认可此类遗嘱的法律效力。

2）遗嘱的功能。遗嘱主要有以下四种功能。

① 设立遗嘱是法律对公民财产所有权予以全面保护的最佳体现。它不仅保护了财产所有人生前的权利，而且还延伸到其死后，即所有人可以通过行使遗嘱权利明确其死后财产的归属。

② 设立遗嘱有利于发挥家庭养老育幼的功能。公民可以用自己的遗产确保家庭成员之间的抚养、赡养关系的继续。

③ 设立遗嘱有利于发展社会福利事业。目前政府财力有限，社会福利事业还需大力发展，公民可以以遗嘱的方式将财产遗赠给国家或集体组织，也可以用作社会救济，如办学校、托儿所、养老院等和设立各种奖金。

④ 设立遗嘱有利于减少和预防纠纷。遗嘱权利人预先设立好遗产继承人各自应得的遗产份额，在其死后依遗嘱执行其意愿，则有利于解决矛盾，起到预防继承纠纷发生的作用。

3）遗嘱的风险。遗嘱的风险主要包括以下两种。

① 遗嘱的效力风险。大部分遗嘱都有被推翻的可能性，也就是说任何人只要认为自己有权继承遗产却被排除在外的，都可以到法庭申诉。

② 设立遗嘱执行人的风险。在有遗嘱执行人的情形下，虽然遗嘱由遗嘱执行人来保管，但遗产通常还是由继承人持有，遗产极容易受到侵吞，不仅容易在继承人之间产生纠纷，而且遗嘱也得不到很好的执行。

（2）遗产委任书。遗产委任书是遗产规划的另一种工具，它授权当事人指定的一方在一定条件下代表当事人指定其遗嘱的订立人，或直接对当事人遗产进行分配。通过遗产委任书，可以授权他人代表自己安排和分配其财产，从而不必亲自办理有关的遗产手续。被授予权力代表当事人处理其遗产的一方称为代理人。在遗产委任书中，当事人一般要明确代理人的权力范围。后者只能在此范围内行使其权力。

遗产委任书包括普通遗产委任书和永久遗产委任书。

（3）遗嘱信托。遗嘱信托的框架如图 9-2 所示。

遗嘱信托的功能如下。

1）遗嘱信托可以延伸个人意志，妥善规划财产，使财产永续传承。

2）遗嘱信托以通过受托人的专业知识及技术对遗产分配进行合理规划，可以使遗产得到有效的保值、合理的配置和安全的传承，可促使遗产发挥其最优功效。

3）可以避免因遗产产生的纷争。

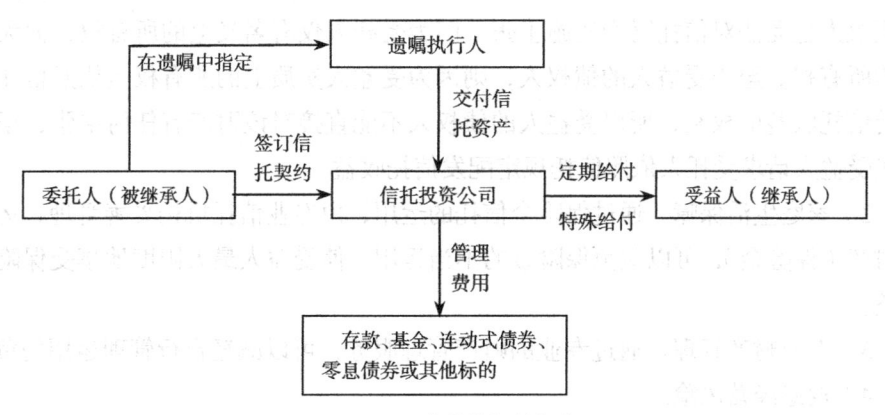

图 9-2 遗嘱信托的框架

【实例 9-7】 和先生是某跨国集团的董事长，今年 63 岁。和先生资产状况：总资产大概 7 000 万元，年薪税前 600 万元，家在北京，有两处公寓、一处别墅。家庭状况：妻子为全职太太，独子今年 25 岁。由于和先生的儿子不愿意在父亲的事业圈中实现梦想，一心想成为知名的服装设计师，准备去英国读书，专攻服装设计。和先生年事已高，身体每况愈下。考虑到由谁来接替自己掌管公司，家里财产如何传承时，和先生很是苦恼。

分析：困扰和先生的理财规划问题主要是在家庭财富的代际传承环节，建议运用遗产规划工具（遗嘱信托、人寿保险信托等）进行有效的财富保值。通过遗嘱信托，可以很好地解决财产传承问题，使家族永保富有并使财产顺利地传给后代，同时，也可以通过遗嘱执行人的理财能力弥补继承人无力理财的缺陷。因为遗嘱信托具有法律约束力，特别是中立的遗嘱继承人介入，能使遗产的清算和分配更公平；可以避免巨额的遗产税。遗产税开征后，一旦发生继承，就会产生巨额的遗产税，但是如果设定遗嘱信托，因信托财产的独立性，就可以合法规避该税款。

（4）人寿保险信托。人寿保险信托是委托人基于人寿保险中受领保险金的权利或保险金，以人寿保险金债权或人寿保险金作为信托财产设立信托，制定受托人依据信托合同所规定，为受益人管理、运用、交付或直接交付保险金。

人寿保险信托的功能如下。

1）财产风险隔离。委托人将财产转移至受托人处，则该信托财产所有权为受托人所有，由信托财产产生的信托收益归受益人。此种法律上所有权与受益权分离的原则，其优点在于委托人不但可免管理之责，而且可免于被债权人追索。而受托人的债权人也无法对信托财产实施主张，因为受托人仅有名义上的所有权，而无实质上的所有权。至于受益人的债权人，则因为受益人实质上的所有权是依照信托规定享受信托收益的权利，所以受益人的债权人不能直接对该财产有任何主张，至多只能代受益人请求受托人依照信托规定配发信托收益。

2）家庭生活保障。通过保险金信托的运用，由专业信托机构妥善管理、运用信托财产（保险金），可以避免保险金的不当运用，使受益人最大限度地享受保险金的利益。

3）专业财产管理。通过专业的财产管理服务，可以减轻自行管理运用的负担。

4）规避经营风险。

（5）赠予。赠予是指当事人为了实现某种目标将某项财产作为礼物赠送给他人，而使该项财产不再出现在遗嘱条款中。

赠予的优点是可以减少税收支出，因为很多国家对赠予财产的征税都要远低于对遗产的征税。

赠予的缺点是一旦财产赠予他人，则当事人就失去了对该财产的控制，可能无法将其收回。

6. 影响遗产规划的因素

应当根据不断变化的情况对遗产规划方案进行调整。日常生活中，能够影响遗产规划方案的因素主要有以下几种。

（1）子女的出生或死亡。

（2）配偶或其他继承人的死亡。

（3）结婚或离异。

（4）本人或亲友身患重病。

（5）家庭成员成年。

（6）继承遗产。

（7）房地产的出售。

（8）财富的变化。

（9）有关税制和遗产法的变化。

7．遗产规划设计的程序

（1）审核客户财产的权属证明原件，保留客户财产权属证明复印件，并指导客户填写相关表格。

（2）计算和评估客户的遗产。

1）通过计算遗产价值，可以帮助客户对其资产的种类和价值有一个总体的了解。

2）遗产规划中使用资产负债表了解遗产的种类和价值，确定遗产规划的目标。

（3）分析遗产规划的工具。遗产规划工具主要有遗嘱、遗产委任书、遗嘱信托和人寿保险信托四种。对这四种工具进行分析，根据需要选择合适的工具。

（4）制定遗产规划方案。

（5）调整客户遗产规划方案。

与其他个人理财规划一样，遗产规划同样具有变动性的特点，需要根据实际情况进行检查修改，这样才能保证遗产规划的可行性。

9.4 财产分配与遗产规划案例分析

案例一

📖 基本情况

38岁的小李是一家公司的高管，妻子为全职太太，有一个儿子9岁，在上小学，家庭大概有可支配财产800万元。现在有一个很好的投资机会，一个朋友邀请他一起投资合伙企业，前景非常看好。但是根据我国法律的规定，合伙企业的普通合伙人对债务承担的是连带责任。根据我国《婚姻法》的规定，我国实行的是夫妻共同财产制，也就是说，如果小李与妻子没有进行婚姻财产的约定，小李的妻子对合伙企业的债务也有偿还责任。考虑到家庭生活的稳定性和孩子将来的上学费用，小李非常矛盾，找到理财规划师咨询。

理财解析

小李的家庭财力较强，可以进行投资。他担心的就是对这笔财产的合理分配，不至于因为事业的风险而影响全家的生活。因而，可以使用夫妻约定财产并进行约定公证隔离夫妻财产的风险，可以设立信托来保证孩子的教育费用，这时子女教育信托也起到了风险隔离的作用。

理财建议

小李与妻子做婚姻财产约定，200万元归妻子所有，然后到公证处进行公证。另与信托公司签订一份信托合同，将可支配财产中的200万元作为信托财产转移到信托公司的名下，由信托公司作为受托人对信托财产进行管理、运用，信托财产的受益人为小李的儿子。可支配财产中剩下的400万元，小李可以放心投入合伙企业了。

案例二

基本情况

张先生，51岁，某造纸集团董事长，资产3亿元（包括1.8亿元左右的固定资产）。妻子是全职太太，独子与其女友客居海外，不愿回国。儿子主修汽车工程专业，无意继承家业。

理财解析

张先生面临的财产传承问题较为特殊，这个环节不仅要解决财富的传承，也要考虑企业的传承。

理财建议

第一，信托基金，可以成为安排后代财富继承的有效方式，统筹管理资产，减轻甚至豁免遗产税。

第二，人寿保险，人寿保险对于资产长期的保值增值有较大的优势。同时，人寿保险在国际上也被认为规避遗产税的不二工具。

想一想
遗产规划的工具有哪些？

第三，创业基金，儿子暂时没有继承家业

的想法，年轻人需要一段时间的磨炼与成长，才有能力继承家业，从而发扬家业。张先生可以为子女建立创业基金，培养其创业及管理的能力，让孩子在实践中体会创业的艰辛和应当肩负的责任。张先生可以引进职业经理人经营企业，将企业的财产权与经营权分离，保证家族企业的永续发展。

评估练习

1. 单选题

（1）一般来说，一个人去世后如果没有事先设立遗嘱或遗嘱无效，那么他的财产将根据法律的规定分配下去，这就是（　　）。

　　A．遗产争夺　　　B．遗产传承　　　C．法定继承　　　D．协议继承

（2）（　　）是指财产所有人依照法律对其财产享有占有、使用、收益和处分的权利。

　　A．财产占有权　　　　　　　　　B．财产所有权
　　C．财产使用权　　　　　　　　　D．财产收益权

（3）如果有几份遗嘱同时存在，以（　　）为准。

　　A．最开始的公证遗嘱　　　　　　B．中间的公证遗嘱
　　C．最后的公证遗嘱　　　　　　　D．任意的公证遗嘱

（4）夫妻财产约定公证是依法对夫妻或"准夫妻"各自（　　）的财产、债务的范围及权利归属问题所达成的协议的真实性、合法性给予证明的活动。

　　A．婚前　　　B．婚后　　　C．婚前或婚后　　　D．以上都不是

（5）遗产是公民死亡时遗留的个人合法财产，下面不属于遗产法律特征的是（　　）。

　　A．遗产是公民死亡时遗留的财产　　B．遗产是公民个人的财产
　　C．遗产是公民的合法财产　　　　　D．遗产是待分配的财产

2. 多选题

（1）财产所有权是指财产所有人依照法律对其财产享有占有、使用、收益和处分的权利，财产所有权的四项权能包括（　　）。

　　A．占有权　　　B．使用权　　　C．收益权　　　D．处分权

（2）个人所有财产的界定主要包括（　　）。

A．合法收入　　B．不动产　　C．金融资产　　D．其他财产

（3）家庭共有财产就是家庭成员在家庭共同生活关系存续期间共同创造、共同所得的财产。它的主要来源是家庭成员在共同生活期间的（　　）。

A．家庭共同劳动收入　　　　B．家庭成员交给家庭的个人私有财产

C．家庭成员共同积累　　　　D．家庭共同购置、受赠的财产

（4）个人以购买股票的方式将资金投入企业后，就丧失了对资金的（　　）。

A．所有权　　B．直接占有权　　C．使用权　　D．处分权

（5）共有财产的分割原则包括（　　）。

A．遵守法律的原则　　　　　B．遵守约定的原则

C．平等协商、和睦团结的原则　　D．遵守效率公平兼顾原则

3．简答题

（1）婚姻变动中的财产风险有哪些种类？

（2）财产的传承风险有哪些种类？

（3）共有财产的分割原则是什么？

（4）财产分配的步骤是什么？

（5）遗产规划设计的程序是什么？

（6）影响遗产规划的因素有哪些？

职业技能训练

请根据下面所给的家庭状况为张先生设计一份财产分配规划。

张先生今年60岁，老伴小自己3岁。儿子去年结婚，有了自己的新巢，他与老伴的生活正式步入了"空巢期"。没有孩子在身边陪伴，老两口感觉生活一下子失去了重心。

张先生和老伴每月的退休工资加起来有5 000元，每月开支1 500元左右。之前为了给儿子买房，他们花去了大部分积蓄，现在手中的闲钱大约还剩30万元，一直存在银行，不知该如何打理。

思考题

1. 首先向张先生介绍一下财产传承的工具及各种工具的特点和比较，以便在财产分配规划中加以选用。

2. 考虑一下怎样帮张先生做一下规划，才能安全地将这笔财富传承给儿子。

第10章

理财规划方案的制定与实施

学习目标

☑ 掌握理财规划方案的实施步骤，能够独立完成一份理财规划方案的设计。
☑ 熟悉客户信息的收集与分析方法，掌握客户关系的建立方式，以及与客户沟通的方法。
☑ 了解理财规划方案评估的方式和方法。

关键术语

市场细分　　初级信息　　次级信息　　客户群生命周期

引导案例

我国银行在提供 VIP 服务方面发展迅速，VIP 客户所占银行业务份额直线上升。截至 2004 年年底，招商银行金葵花客户达到了 5.8 万户，户均存款余额 110 万元。金葵花理财客户以 1.5%的客户占比，为招商银行创造了高达 1/3 的储蓄存款余额，高端客户的价值可见一斑。而光大银行1%的个人VIP客户贡献了将近90%的个人业务利润来源。因此，各家银行对富裕个人客户的争夺都是零售业务的重中之重。

招商银行的金葵花账户门槛是50万元；中信银行贵宾理财则分银卡、金卡和白金卡三个级别，门槛分别为30万元、60万元和100万元；建设银行黑金卡的标准则是在该行月均金融资产500万元以上；花旗银行及荷兰银行的门槛为存款10万美元；恒生银行的标准为最低开户金额50万港元或等值外币等；中国银行的VIP门槛是50万元。设立高门槛是为了集中为这些优质客户提供最优服务，从而建立稳定的优质客户群。

思考题：市场细分的依据是什么？如何进行理财市场的细分？

从某种意义上讲，对客户与市场的细分，属于理财市场的"基础建设"，这个基础打不好，将会制约市场今后的长远发展。

10.1 客户关系的建立

10.1.1 确定目标客户

1. 市场细分

市场细分是指理财规划师通过市场调研，依据某个标准，把客户的市场整体划分为若干客户群的分类过程。每个客户群就是一个细分市场，每个细分市场都具有类似的需求倾向。

2. 理财市场细分

理财规划师所要接触的客户千差万别，客户在年龄、职业、收入水平、风险承受能力等方面的差异，决定了他们理财需求和目标的差异。例如，同样是30多岁的白领人士，单身者和已婚有子女者的理财需求就大不相同。所以，特定客户对应特定的理财需求。那么如何划分市场呢？

理财市场的细分实际上是理财需求的细分。可以根据客户群的收入水平、风险承受能力、客户所处的生命阶段等标准对理财市场的总体进行细分。这种分类方法在初步发掘目标客户群时起着重要作用。在此基础上可以根据客户单项特征继续分类，这种方法虽然简单，但是在上升为目标客户、打造具体理财规划方案时会面临困难。所以提出复合特征分组法。复合分组是指采用两个或两个以上的客户特征结合起来对总体进行重叠分组，即先按一个主要特征分组，在此基础上再按另一个特征在已分好的各组中再分组，再按第三个特征分成更小的组，依次类推。

例如，可以按目标客户群的收入情况先做简单分组，分为普通客户群、中等客户群和富有客户群三组，再按客户风险承受能力分为风险偏好者、风险中立者和风险厌恶者等复合组。当然这仅仅是一种分类方法，理财规划师应该根据不同需要选用不同的分类方法。理财规划师在制定理财规划方案时若需要同时考虑目标客户群收入和风险偏好情况，则可以选用复合分组表1（见表10-1）；如需同时考虑客户群收入和生命周期情况，可选用复合分组表2（见表10-2）；如需同时考虑客户群生命周期和风险偏好情况，则可选用复合分组表3（见表10-3）；如果同时考虑三者的情况，则可考虑使用三维复合分组表。

表 10-1　复合分组表 1

普通客户群	中等客户群	富有客户群
其中：风险偏好者	其中：风险偏好者	其中：风险偏好者
风险中立者	风险中立者	风险中立者
风险厌恶者	风险厌恶者	风险厌恶者

表 10-2　复合分组表 2

普通客户群	中等客户群	富有客户群
其中：单身期	其中：单身期	其中：单身期
形成期	形成期	形成期
成长期	成长期	成长期
成熟期	成熟期	成熟期
衰老期	衰老期	衰老期

表 10-3　复合分组表 3

单身期	形成期	成长期	成熟期	衰老期
其中：	其中：	其中：	其中：	其中：
风险偏好者	风险偏好者	风险偏好者	风险偏好者	风险偏好者
风险中立者	风险中立者	风险中立者	风险中立者	风险中立者
风险厌恶者	风险厌恶者	风险厌恶者	风险厌恶者	风险厌恶者

进行理财客户市场细分的标准通常可以从如下角度思考：地理和人口特征、心理特征和利益追求特征。

（1）地理和人口特征。人口特征包括年龄、性别、家庭生命周期、收入、职业、教育、宗教等因素。地理特征包括地理区位、行政层级等。

（2）心理特征和利益追求特征。对于风险的喜好程度就属于此范畴。

3．市场定位

市场定位就是根据目标市场上同类产品竞争状况，针对顾客对该类产品某些特征或属性的重视程度，为本产品塑造强有力的、与众不同的鲜明个性，并将其形象生动地传递给客户，求得客户认同的过程。金融机构应给自己的理财产品找到合适的定位。理财规划师也应该根据自己的业务特长选择市场定位。因为目标市场越小，特征就越明确，为客户量身定做的理财规划方案就越能获得客户的满意。这样理财规划师才能把有限的资源用于能为自己业务带来最大发展空间的重点客户上。

10.1.2 建立目标客户关系

1．与客户交谈和沟通

理财规划师与客户进行会谈的目的是掌握客户的基本情况，了解客户的理财目标、投资偏好及其他相关信息，寻求建立客户关系的可能性。因此，理财规划师必须掌握与客户交流的基本方法和技巧，并在实际工作中不断总结和提高自己的沟通能力。

（1）采取适当的态度与客户沟通。理财规划师应该采用什么样的态度与客户沟通呢？

1）尊敬。当你尊重别人时，你的好感就会传递过去，增加他们的信心，让其觉得自己很重要，别人才会尊敬你。理财规划师应该重视客户，把每个客户都当成独一无二的。

2）真诚。要发自内心地去帮助客户，敢于坦诚地表达自己的想法，不怕表现出弱点，说真话，尽职尽责，努力接近客户的内心。

3）理解和包容。要理解和包容那些与我们的价值观、态度、社会地位明显不同的客户；给客户充分的空间和时间，要善于倾听和引导，让客户感到最终设定什么计划、制定什么目标和采取哪些行动都将由他们自己决定，而不是由理财规划师决定。

4）自知。要清晰地认识自己，学会控制自己，避免将自己的价值观强加给客户。

（2）交流。常见的沟通渠道包括电话交谈、互联网沟通、书面交流和面对面会谈等。

初次正式交流，最好采用面谈的方式。首先，选择一个比较清静的场所，避免电话、噪声的打扰。在交流的开始，理财规划师应该向客户说明双方交流的目的和流程，这样能让客户有心理准备，更好地配合自己的工作。

需要注意的是，理财规划师需要捕捉到客户的一些微妙的情绪变化，并加以引导。例如，客户将要离婚了，理财规划师就要花些时间来体会其感受，并让其在谈话中尽可能地释怀，否则，进一步的谈话是低效的。

（3）采用适合交流的手段与技巧。语言和行为是交流中常用的两种手段。

1）语言。① 解释。解释是一种对问题的说明。理财规划师不要长篇大论地解释，不要用居高临下的口气解释，也不要书生气十足地背诵概念。最好能用通俗易懂的语言，用例子去说明问题。② 安慰。安慰有助于打消客户的顾虑。例如，"我会一直支持你，你需要帮助的时候可以来找我"。③ 建议。理财规划师应该少提建议，最好让客户自己去想办法。应让客户明白，无论何种建议，只有客户才有权决定是否执行。另外，最好不要过早给出建议，要把握合适的建议时机。④ 提问。问题不要太多，否则会变成一种面试，从而引起客户的潜在不满。选用的问题最好是开放式的，也就是不能只回答"是"或"不是"的问题。最好不要问原因式的问题，如"你为什么打算买两套房子"。这样的问题显得理财规划师不同意客户的计划，容易使得客户产生戒备心理。另外，问题要一个一个地问，不要几个问题一起问。客户会来不及反应，而使得答案不够准确。⑤ 总结。在会谈快结束时，理财规划师有必要对会谈内容做总结，把零散的观点归纳一下，让沟通的效果得到强化。

理财规划师在与客户交流时，需要注意以下几个问题：① 语言运用得当，不要出现歧义。② 注意语速和长度，避免客户应接不暇。③ 避免主观臆断。④ 要用亲切的语言拉近与客户的距离。例如，多说"我们"，少说"你"。⑤ 最好不要使用"保证"、"肯定"、"必然"等承诺性质的措辞。⑥不要贬损竞争对手。⑦ 避免使用命令语气。例如，"把您的保单拿来"可以换成"我们需要看看您的保单"；"请向我们提供真实信息"可以换成"您的真实信息对我们很重要"。

2）行为。有专家指出，人们 2/3 的信息传递是通过非语言渠道进行的。人们有时试图掩盖自己的真实想法，不愿意说出来，但身体语言却很难去掩饰。也就是说，肢体语言比口头语言更单纯，更能反映人的真实感受。

理财规划师应该注意客户整个身体的位置。舒适地直坐着通常表示客户是放松的。稍微向前倾，表明客户很感兴趣并且融入了话题中。如果客户表现得懒散并且远离理财规划师，可能是客户对话题不感兴趣或者不信任、厌烦。

还应该注意客户的表情。僵硬的表情表明他们紧张、害怕、愤怒，这些情绪不利于双方建立良好客户关系。

眼睛是心灵的窗户。如果客户不断地瞪着对方，意味着愤怒和敌对情绪。如果在谈话时客户环顾整个房间或者在填表时不断地看墙和天花板，则表明他感到谈话索然无味。

2．确定客户关系

一般而言，理财规划师和客户之间的关系需要以合同的形式确定下来。签订理财规划合同时需要注意以下几点。

（1）合同应以所在的机构名义签订，而非个人名义。

（2）理财规划师在向客户解释合同条款时，如果发现合同某一条款确实存在理解上的歧义，应提请出具合同的机构修改。

（3）不得向客户做出受益的承诺或保证，也不得向客户提供任何虚假或误导性信息。

（4）合同签订完毕后，理财规划师应将原件送归机构档案部门，自己留存复印件。

10.1.3 收集目标客户信息

没有准确的信息，理财规划师就无法了解客户的真实状况，也就不可能针对每个客户提出切实可行的个人理财规划方案。因此，收集有关的信息是一个十分重要的程序。

1．客户信息的基本内容

理财规划师在提供理财服务时所需要了解的客户信息十分繁多，可以将其分为初级信息和次级信息。

（1）初级信息。初级信息是指客户的个人信息，又可以分为个人/家庭财务信息和非财务信息。

财务信息是指客户当前的收支状况、财务安排及这些情况的未来发展趋势等，是制定个人/家庭财务计划的基础和依据。可以通过客户填写数据调查表获得。

非财务信息则是指在客户的财务报表上不能反映出来的信息，如客户的社会地位、年龄、投资偏好和风险承受能力等。非财务信息可以帮助理财规划师进一步了解客户。

例如，如果客户是风险偏好型的投资者，而且有着较强的风险承受能力，理财规划师就可以帮助他制定风险比较大的投资计划。但如果客户是风险厌恶型的投资者，要求低的投资风险，那么就应该帮他制定较为稳健的投资计划。

（2）次级信息。次级信息就是宏观经济信息，也是非财务信息，指的是影响理财规划的经济环境。在不同的地区和时期，经济环境的差异会对理财规划中资产的分配比例产生很大的影响。

对个人理财规划产生影响的宏观经济因素主要包括宏观经济状况、宏观经济政策、金融市场、个人税收制度、社会保障制度，以及国家教育、住房、医疗等制度。

2. 设计客户信息调查表

客户信息调查表的种类有很多，可以根据不同类型客户的特点来设计。内容主要包括以下几种。

（1）客户基本信息。主要有姓名、性别、联系方式、出生日期、出生地、健康状况、婚姻状况、职业、职称、工作单位性质、工作稳定程度、拟退休日期、家族病史，以及配偶、子女的姓名、出生日期、健康状况、婚姻状况及职业等。

（2）客户财务信息。资产和负债状况；收入和支出状况。

（3）客户风险态度。这里需要指出的是，判断客户的风险承受能力是一项比较复杂的工作，对理财规划师的专业技能和经验的要求也非常高。下面介绍几种常见的评估客户风险承受能力的方法。

1）风险态度的自我评估法。就是要客户对自己的风险承受能力做出评判。

2）实际生活中的风险选择法。指通过收集客户生活中的实际信息来评估他的风险承受能力。① 从当前的投资组合构成来看，可以从客户总资产中储蓄、国债、保险、共同基金、股票等所占的比例来判断其风险偏好。② 从负债比例来看，如果客户的负债比率较高，则该客户可能是风险偏好者。③ 从人寿保险金额与年薪的比例来看，如果保险金额所占年薪的比例较低，则该客户可能是风险偏好者。④ 从工作任期和变动频率来看，如果客户在过去 10 年或 15 年中变更的工作超过三次，则可能是风险偏好者。⑤ 从收入变化情况来看，如果该客户失业后重新选择工作的薪水一定要高于原先的，则可能是风险偏好者。⑥ 从住房抵押类型来看，如果客户愿意承担浮动利率抵押贷款而非固定利率抵押贷款，则表示该客户可能是风险偏好者。

3）打分法。通过问卷的方式来测度投资者的风险偏好习性。

（4）客户理财规划目标。在个人理财规划目标调查表的设计中，不仅要包括短期目标，还需要包括中期目标和长期目标。

客户信息调查表的设计没有固定的格式。在实务中，可以根据实际需要进行调整，也可参见附录B。

10.2 客户财务分析与评价

客户的财务分析主要包括收支情况分析、储蓄结构分析、偿债能力分析和投资结构分析等，下面分别进行介绍。

10.2.1 收支情况分析

对于客户的收支情况分析，应以客户填写的家庭现金流量表（或收支情况表）为基础，采用常用的财务数据分析方法加以分析。

常用的分析比率包括支出比率、结余比率、消费比率、还本投资率、财务负担率、收支平衡点、收支安全边际率和家庭财务自由度等。

1. 支出比率

支出比率的计算公式为：

$$支出比率 = 总支出 \div 总收入$$

支出比率数值应以 1 为分界。正常情况下，应为小于 1 的数值，如果该指标值大于1，说明其收不抵支，理财方向应以扩大收入、减少支出为主。

2. 结余比率

结余比率的计算公式为：

$$结余比率 = 结余 \div 税后收入$$

结余比率是指家庭在一定时期内（1年）结余和收入的比值，主要反映的是提高净资产水平的能力。注意这里的收入指家庭税后收入，因为税后收入才是真正可支配的收入。

例如，家庭（夫妻双方）1年的税后收入20万元，年结余10万元，结余比率为0.5（10÷20），说明1年可以留存50%的税后收入，可见该家庭控制支出和储蓄积累的能力是较强的。

3. 消费比率

消费比率的计算公式为：

$$消费比率 = 总消费 \div 总收入$$

在家庭支出中，消费支出是最为重要的一项。消费既包括人们的吃、穿、住、用、行等物质生活方面的消费，也包括人们在精神文化生活方面和劳动服务方面的消费。该比率的数值可以参考恩格尔系数，但由于恩格尔系数以食物消费为主，所以该指标值应相应地大于恩格尔系数。通常以0.5为参考标准。因消费属于家庭固定成本，理财弹性不大，所以用于消费的收入越少，家庭理财空间越大。

4. 还本投资率

还本投资率的计算公式为：

$$还本投资率 = 固定的还本支出 \div 总收入$$

固定的还本支出是指在一定时期内需要固定支出的本金部分，如贷款的本金部分、定额定期投资的部分、应缴储蓄性保险费等。由于这部分支出也具有固定性，所以比重不宜过大。

5. 财务负担率

财务负担率的计算公式为：

$$财务负担率 = 财务支出 \div 总收入$$

其中，财务支出是指利息支出，即为了投资所支付的交易成本或顾问费用。该比率也不宜过高，一般认为应小于0.3或更低。

【实例 10-1】 王先生一家全年收入如表 10-4 所示。

表 10-4 王先生一家全年收入情况   单位：元

收 入	金 额	支 出	金 额
本人工资	60 000	基本生活开销	36 000
家人工资	38 000	医疗支出	6 000
租金收入	22 000	教育费用	9 000
投资利息收入	5 000	偿还贷款	25 886 其中本金：20 000
其他收入	5 000	旅游支出	3 500
收入合计	130 000	支出合计	80 386

结余：49 614

总支出比率=总支出÷总收入=80 386÷130 000×100%=61.84%

消费比率=消费支出÷总收入=(36 000+6 000+9 000+3 500)÷130 000×100%=41.92%

还本投资率=固定的还本支出÷总收入=20 000÷130 000×100%=15.38%

财务负担率=(25 886−20 000)÷130 000×100%=4.53%

总体来说，王先生家的收支情况比较合理。

6. 收支平衡点

收支平衡点的计算公式为：

收支平衡点收入=固定支出负担÷工作收入净结余比率

固定支出包括固定生活费用、贷款支出和固定储蓄等。

工作收入净结余比率=（工作收入−五险一金−个人所得税−工作支出的交通费−工作支出的餐费−工作支出的其他费用）÷工作收入

这一指标给了我们三点启示：首先，家庭需要一个什么样的生活水平，就必须要有相应的收入来匹配；其次，如果收入一时难以增加，降低支出也能提高工作收入净结余比例，这样收支平衡点就能降低；再次，在工作支出中，五险一金、需要个人负担的企业年金、企业团险、个人所得税等相关支出不能压缩，但是，交通费、就餐费等可以采取更为经济的方式应对，适当减少支出，这样也能降低收支平衡点收入，从而相对提高了工作收入。

【实例10-2】 假定小刘的收入每月为8 000元；需要自己缴纳的五险一金和企业年金等1 300元，每月上下班支出的交通费用500元，每月工作用餐费用300元，其他与工作有关的费用（从工资里扣除的团体保险费、工装费等）300元；他需要负担家庭生活的固定支出每月5 000元。

这样，他的收入净结余比率为70%[(8 000–1 300–500–300–300)÷8 000×100%]；他的收支平衡点收入为7 143元(5 000÷0.7)。由此可知，他要想维持正常的日常生活，收入不能低于7 143元。换句话说，他的每月收入超过了7 143元，就算理财成功了，因为可以维持正常的日常生活，已经没有压力。

7. 收支安全边际率

收支安全边际率的计算公式为：

$$收支安全边际率=（当前收入-收支平衡点收入）÷当前收入$$

这一指标主要用来测度当收入减少或固定费用增加时有多大的缓冲空间。

沿用上例，小刘的当前月收入为8 000元，收支平衡点收入为7 143元，他的收支安全边际率为10.7%[(8 000–7 143)÷8 000×100%]。在他的家庭生活中，如果收入减少或固定费用（如燃气费、房租等）增加，他还有10.7%的缓冲空间，即变化不超过10.7%就不影响正常生活。

这个指标给我们的启示有两点：一是收入增加得越多，安全边际率越大；二是当收入不能增加时，减少支出（降低收支平衡点收入）也能增加安全边际率。一般来说，收支安全边际率大于20%，就算理财成功。

8. 家庭财务自由度

家庭财务自由度的计算公式为：

$$家庭财务自由度=当前净资产×年投资报酬率÷当前的年支出$$

如果张某的净资产（生息和增值类资产）为60万元，平均年投资报酬率为8%，他的年支出约为6万元，则他的家庭财务自由度为80%（60×8%÷6）。

使用这一指标需要注意三个问题：一是如果仅从理财的角度分析，资产如果不能生息和增值，那就等于负债。例如，如果房屋是用来自住而不是出租的，那这套房屋就不能算作资产，只能算成负债，因为我们必须支出物业管理费、维修费等用以维护全家人的正常居住。同样，汽车如果是用来做全家人的代步工具而不是出租的，也不能算成资产。只有生息资产和增值资产才能算家庭的资产。二是要想提高财务自由度，可以通过不断增加生息资产，或者努力提高投资报酬率，或者在不断增加生息资产的同时提高投资报酬率。三是在不降低生活水准的前提下降低家庭支出，也能提高财务自由度。一般来说，当财务自由度达到或超过1（100%）时就算理财成功，因为即便不工作，没有一分钱的劳动收入，也能维持正常的家庭生活开支。

10.2.2 储蓄结构分析

下面提供几个常用的指标，以反映客户家庭储蓄的水平。

1. 储蓄率

储蓄率的计算公式为：

$$储蓄率=储蓄额÷税后收入$$

储蓄率指标反映了客户控制开支后能够增加净资产的能力。

2. 自由储蓄率

自由储蓄率的计算公式为：

$$自由储蓄率=储蓄率-还本投资率$$

$$还本投资率=已经安排的本金还款或投资÷总收入$$
$$=（总储蓄额-自由储蓄额）÷总收入$$
$$=储蓄率-自由储蓄率$$

自由储蓄率通常可以确定为10%。假如以储蓄型保险或定期定额投资基金来准备子女教育金与退休金，而以定期还款完成购房计划，那么，其余的自由储蓄额便可满足短期的理财目标，如用来规划旅游、添置家具等。通常收入较多的年份，如发放年终奖金与劳动分红，会有比较高的自由储蓄额可以运用。

10.2.3 偿债能力分析

偿债能力指个人对债务清偿的承受能力或保证程度，即个人偿还全部到期债务的现金保证程度，可以用流动比率、即付比率、收入负债比率、资产负债率、净资产偿付比率等指标加以分析。

1．流动比率

流动比率的计算公式为：

$$流动比率 = 流动性资产 \div 每月支出$$

资产的流动性是指资产在未发生价值损失的条件下迅速变现的能力。一般将客户手中的现金、活期存款、短期债券、货币基金等视为流动性最强的资产。流动比率就是反映这一类资产数额与客户每月支出的比例，或者说客户的流动性资产能够满足几个月的支出。

一般而言，如果客户流动资产可以满足其3个月的开支，即流动比率大约为3，则认为该客户资产结构的流动性比较好。但是由于流动性好的资产收益性往往偏低，所以对于收入稳定、生活保障程度较高的客户，该比率可适当降低。

2．即付比率

即付比率的计算公式为：

$$即付比率 = 流动资产 \div 负债总额$$

即付比率指标反映客户利用可随时变现资产偿还债务的能力。一般标准值为0.7左右。如果该指标偏低，意味着在形势不利时无法迅速减轻负债以规避风险，偏高则是过于注重流动资产，综合收益率低，财务结构不合理。

3．收入负债比率

收入负债比率的计算公式为：

$$收入负债比率 = 本期负债 \div 本期收入$$

收入负债比率又称收入债务偿还比率，是客户某一时期到期债务本息之和与收入的比值。一般认为该指标值在0.4以下，财务状况属于良好状态；如果该指标高于0.4，则在融资的时候会有一定困难。

4. 资产负债率

资产负债率的计算公式为：

$$资产负债率=总负债÷总资产$$

资产负债率指标应用比较广泛，客户应将该指标值控制在 0.5 以下，以减少由于资产流动性不足可能出现的财务危机。如果客户的资产负债率大于 1，意味着他的财务状况很危险，理论上应该破产。如果属于老年客户，则容易成为子女的负担；如果是年轻的客户，则容易成为所谓的"啃老族"。但是，如果客户资产负债比率严重偏低，意味着他的资产远远大于负债，理财则应考虑遗产节税的问题了。

5. 净资产偿付比率

净资产偿付比率的计算公式为：

$$净资产偿付比率=净资产÷总资产$$

$$资产负债率+净资产偿付比率=1$$

既然资产负债率应控制在 0.5 以下，则该比率应该大于 0.5。

10.2.4 投资结构分析

投资与净资产比率是将客户的投资（生息）资产与净资产的数值对比。这一比率反映了客户通过投资增加财富，实现财务目标的能力。其计算公式为：

$$投资与净资产比率=投资或生息资产÷净资产$$

一般认为，客户应将投资与净资产比率保持在 0.5 以上，这样才能保证净资产有较为合适的增长率。然而，对于较年轻的客户来说，由于财富积累年限尚短，投资在资产中的比率不高，他们的投资与净资产比率就会较低，一般在 0.2 左右。

【实例 10-3】张军，28 岁，广告设计师，月薪 6 000 元。妻子刘萍，26 岁，中学英语教师，月薪 3 000 元。通过一个月认真填写家庭理财表，整理出家庭基础的财务数据：税前月收入 9 000 元，税后月收入 8 470 元，月支出 8 716 元（含税），月盈余 284 元，家庭流动资产 20 000 元，实物资产 675 000 元，负债总额 260 000 元（房贷），月还房贷 1 200 元，净资产 435 000 元，总资产 695 000 元。如表 10-5、表 10-6 所示。

表 10-5　家庭月收支表

2014 年 12 月　　　　　　　　　　　　　　　　　　　　　　　　单位：元

一、收入	金　额
1. 工资收入（包括奖金、津贴、加班费、退休金）	9 000
2. 兼职收入（包括劳务报酬、稿酬、咨询、中介费）	
3. 投资收入（包括房租、利息、股息、红利）	
其他收入	
收入总额	**9 000**
二、支出	
可控支出	5 040
1. 日常生活消费（食品、服饰费）	2 500
2. 交通费（公交、出租车、存车、汽油、汽车维修、年检、养路费）	840
3. 医疗保健费（医药、保健品、美容、化妆品、健身费）	1 200
4. 耐用品购置费（购车、家具、家用电器费）	
5. 旅游娱乐费（旅游费、书报费、视听费、会员费）	500
6. 投资费（储蓄、分红、万能、投联险、债券、基金、股票、期货、外汇、黄金、收藏品、房地产、实业）	
不可控支出	3 676
7. 家庭基础消费（水、电、气、物业、电话、上网费）	1 714
8. 教育费（保姆、学杂、教材、培训费）	100
9. 保险费（社保、意外伤害险、健康险、寿险、财产险、交强险、车全险）	132
10. 税费（房产税、契税、个人所得税、车船使用税）	530
11. 还贷费（房贷、车贷、投资贷款、助学贷款、消费贷款）	1 200
其他支出	
支出总额	**8 716**
三、盈余	
收入总额-支出总额 = 盈余	284

表 10-6　家庭月资产负债表

2014 年 12 月 31 日　　　　　　　　　　　　　　　　　　　　　　　　单位：元

资产		金额	负债及净资产		金额
金融资产	流动资产	现金与活期存款	20 000	流动负债	短期欠款	
		定期存款			赊账款	
		借出款			信用卡透支	
		其他			其他	
	投资资产	债券		长期贷款	住房贷款	260 000
		基金			汽车贷款	
		股票			消费贷款	
		商品期货			助学贷款	
		金融期货			投资贷款	
		外汇			私人借款	
		分红、万能、投联保险现金价值			其他	
		房地产投资				
		实业投资				
		其他				
	年金保险资产	年金及养老账户				
		寿险、健康保险现金价值				
		其他				
实物资产		自用住房	590 000	负债总额		260 000
		汽车	60 000			
		高值家具、用具	15 000			
		高值电器、器械	10 000			
		高值衣物、首饰				
		黄金、珠宝、收藏品		净资产总额		435 000
		其他				
资产总额			695 000	负债及净资产总额		695 000

资产总额 − 负债总额 ＝ 净资产总额

双方父母都有住房，经济条件较好，没有赡养负担。夫妇商量好两年后要孩子，制定的理财目标是：① 在孩子出生前为孩子先准备好一定的抚养教育经费。② 尽早提前还房贷；把月还房贷压缩到 600 元。③ 二人除有社保外，没有任何商保，为了家庭防范风险，补充一定的商业保险。

要想实现以上理财目标，可以通过增加收入、减少支出、改变资产结构或借入新的债务等方法来实现。而如何在上述几种方法中选择，具体应调整哪些开支或收入，这就需要通过计算各种财务比例，对客户的资产负债表和收支表做进一步的分析，从而找出改善客户财务状况的方法和措施，以期实现客户的理财目标。通常用以下六个财务比例分析指标（以张军家的财务数据为例）来计算。

（1）净资产偿付比率 ＝ 净资产÷总资产 ＝ 435 000÷695 000 ＝ 0.626。

这个指标反映了客户综合还债能力的高低。理论上，净资产偿付比率的变化范围在 0~1。一般控制在 0.5 以上，如太低，一旦收入水平降低很可能会出现资不抵债。如太高，也意味着客户可能没有充分利用自己的信用额度，通过借款来进一步优化其财务结构。

（2）资产负债比率 ＝ 总负债÷总资产 ＝ 260 000÷695 000 ＝ 0.374（与净资产偿付比率相加等于 1）。

这个指标同样可以衡量客户的综合还债能力，其数值的变化范围也在 0~1。

（3）收入负债比率 ＝ 月负债÷月税前收入 ＝ 1 200÷9 000 ＝ 0.133。

从财务安全角度看，该指标如果在 0.4 以下，其财务状况属于良好状态。

（4）流动比率 ＝ 流动资产÷月支出 ＝ 20 000÷8 716 ＝ 2.295。

由于流动资产的收益一般不高，对于那些有收入保障或工作十分稳定的客户，其比例可调低些，将更多的资金用于资本市场投资。但对于那些工作收入不太稳定的客户，其比例可调高至 12 或更高些，一旦失去工作和收入来源，流动资产能满足 12 个月的家庭开支。

（5）储蓄比率 ＝ 月盈余÷月税后收入 ＝ 284÷8 470 ＝ 0.034。

这是一个很重要的指标，反映了客户控制其开支和能够增加其净资产的能力。在美国，受高消费低储蓄观念的影响，居民的储蓄率普遍较低，平均储蓄比率只有 5%~8%。像张军这样的年轻家庭，储蓄比率只有 0.034，是典型的"月光族"。要想实现自己的理财目标，必须先设法提高储蓄比率。

（6）投资与净资产比率 ＝ 投资资产÷净资产 ＝ 0÷435 000 ＝ 0。

说明张军家的净资产主要由自用住房、汽车等实物资产构成，而没有用投资资产使自己的净资产增值。

根据以上六项指标，对张军家进行财务分析如下。

（1）净资产偿付比率和总资产负债比率二项指标都合格，说明张军家的综合还债能力还是比较好的。

（2）收入负债比率为0.133，意味着张军家每年收入中的13.3%将用于偿还债务。这一指标小于0.4，说明还有较强的借贷融资能力。

（3）储蓄比率和投资与净资产比率都没有达标，说明张军夫妇在控制其开支和通过投资增加财富以实现其理财目标的能力较弱。

结论：张军家的财务状况较好，但资产结构须进行调整。家庭的流动资产、投资资产、年金保险资产等金融资产过少，应设法增加收入，减少开支，加大金融产品的投资收益来源，加强意外事件发生的保障措施，制定合理的资产优化配置方案，以期提高投资收益率，扩大投资收入，完成自己的理财预期目标。

10.3 理财规划方案的制定

10.3.1 现金规划程序

首先要分析客户的现金需求，在此基础上，使资产的配置既保持一定的流动性，又要实现一定的收益。

1. 将客户每月支出 3~6 倍的额度在现金规划的一般工具中进行配置

现金规划的一般工具包括现金、各类银行储蓄类存款及货币市场基金。

在为具体客户确定其家庭现金及现金等价物的额度时，应根据不同客户家庭的收入、支出的稳定情况不同，将其现金等价物的额度确定为每月支出的 3~6 倍。现金及现金等价物的额度确定后，还需要对其金融资产进行配置。具体来说，就是让金融资产在现金、各类银行存款、货币市场基金等金融资产之间进行配置。例如，可以将现金及现金等价物额度的 1/3 以现金的形式保存，而另外的 2/3 部分则以活期储蓄和货币市场基金的形式存在。由于这部分资金额度较少，具体的配置结构比例可以根据个人或家庭的偏好来进行。

2. 向客户介绍现金规划的融资方式，解决超额的现金需求

将客户的流动资产在现金规划的一般工具中配置之后，应将各种融资方式向客户做一下介绍。常见的融资方式包括信用卡融资、贷款融资、保单质押融资、典当融资等。在介绍的过程中，应注意比较各种融资方式之间的区别，这些区别体现在融资期限、额度、费用、便捷程度等方面。

在制定客户现金规划方案的过程中，理财规划师需要熟知现金规划的工具。特别在目前状况下，各种新的规划工具层出不穷，理财规划师应及时、详尽掌握新的现金规划工具的运用及其优缺点。

3. 形成现金规划报告，交付客户

经过以上工作程序，充分了解、分析客户需求并且选择适当工具满足需求的现金规划方案已经制定完成。接下来，理财规划师应根据客户要求完成相应的结尾工作。

10.3.2 消费支出规划程序

1. 制定住房消费支出规划步骤

制定住房消费支出规划时可以遵循的步骤如下。

第一步：与客户进行充分交流，确定客户有购房意愿，并了解客户购房目标。

第二步：收集客户的财务及非财务信息，包括家庭成员构成、家庭收入、支出情况及家庭现有的资产等。

第三步：分析客户的信息，对其现状进行分析，列出家庭资产负债表和收入支出表。

第四步：帮助客户制定购房目标，包括购房的时间、希望的居住面积和届时的房价，得到诸如"我希望在两年以后购买150平方米左右，价格为8 000元/平方米的房屋"这样的购房目标描述。

第五步：帮助客户进行贷款规划，如选择何种贷款方式、还款方式及还款期限等，并运用相关税收及法律知识，为客户提供必要的支持。

第六步：购房计划的实施。

个人可以申请住房公积金贷款、住房商业性贷款，也可以选择组合贷款。

第10章 理财规划方案的制定与实施

2．制定汽车消费规划步骤

第一步：与客户进行交流，确定客户的购车需求。

第二步：收集客户信息，包括家庭组成、家庭收入、支出及现有资产等。

第三步：分析客户的信息，对其现状进行分析，列出家庭资产负债表和收入支出表。

第四步：确定贷款方式、还款方式及还款期限。

汽车贷款主要有两种选择：银行贷款和汽车金融公司贷款。

第五步：购车计划的实施。其步骤如下。

申请贷款—资信调查—签订合同—银行放款—还款。

第六步：根据客户情况的改变及时调整方案。

由于未来家庭情况的变动，需要调整贷款方案进行提前还贷或延期还贷。

3．制定消费信贷方案步骤

第一步：与客户交流，了解初步的信息，确定客户有消费信贷或信用卡消费的需求。

第二步：收集客户信息，包括家庭组成、家庭收入、支出及现有资产等。

第三步：分析客户信息，对其现状进行分析，列出家庭资产负债表和收入支出表。

第四步：帮助客户进行贷款规划，如选择何种贷款方式、还款方式及还款期限等，并运用相关税收及法律知识，为客户提供必要的支持。

第五步：实施计划。

第六步：根据客户未来情况的变动，对计划及时做出调整。

10.3.3 投资规划程序

1．客户分析

客户分析主要判断客户的风险承受度和投资偏好。

2．资产配置

资产配置主要根据客户的投资目标和对风险收益的要求，将客户的资金在各种类型资产中进行配置，确定用于各种类型资产的资金比例。

首先是战略资产配置。主要是指在较长的投资期限内，根据各资产类别的风险和收益特征及投资者的投资目标，确定资产在证券投资、产业投资、风险投资、房地产投资、艺术品投资等方面应该分配的比例，即确定最能满足投资者风险回报率目标的长期资产混合。

其次是战术资产配合，即根据市场具体情况，对资产类别做短期的调整。这是一种更短期的安排，存在增加长期价值的潜在机会，但同时表现出很大的风险。

3．证券选择

所谓证券选择，就是要对市场上可以选择的证券类投资工具进行分析，综合运用各种投资技术，确定各种证券的投资比例，为客户确定投资组合。具体来说，就是对具体的股票、债券等做出选择，最终形成一个完整的投资组合。

10.3.4 风险管理规划程序

1．明确保险目标

客户进行风险管理的目标是最大限度地降低个人、财产与责任风险。客户的保险目标应该明确如何保障生活中最基本的风险。保障基本风险就是提供经济资源以弥补风险损失的成本。

2．设计计划

例如，客户可以以储蓄账户或其他现金作为紧急备用金，用货币基金应付意外的经济问题。最好还可以应对变化的生活环境。

3．实施计划

在实施计划时，应根据相关的经济资源和个人计划做预算，并利用这些资源达到风险管理目标。例如，当发现现有的保险保障不能保障基本风险时，可以购买额外的保险保障，改变保险品种，重新进行预算规划弥补额外的保险成本，并强化储蓄或投资计划以降低长期风险。

4．审阅结果

定期评估保险计划。

10.4 理财规划方案的实施与效果评价

10.4.1 交付理财规划方案

1. 理财规划方案的首次交付

理财规划师在设计出理财规划方案后,应向客户交付整套方案的文本文件。

(1)制作文本文件。理财规划师应认真制作整套文本。为便于客户对方案的阅读和理解,还应对方案文本进行认真检查,避免出现语言表述和文字编排错误。

(2)交付方案文本。文件文本制作完毕后,理财规划师应与客户联系,确定交付方案的时间、地点。在整个会面过程中,理财规划师应注意以下几点。

1)方案实施成本的重申。在理财规划方案中,应将理财规划方案实施各阶段涉及的成本费用——列明。在重申的过程中,要指导客户先阅读反映各项成本的文件,并做出必要解释。

2)协助客户理解理财规划方案。理财规划师应简明扼要地对方案进行总括性介绍。在帮助客户建立起对方案的整体印象后,方可开始对理财规划方案进行具体的分项说明。

在方案说明过程中,应根据情况主动引导客户提问并做出回答。对方案重点问题则应当详细阐述,并提请客户——确认。

3)客户自行理解。

2. 理财规划方案的修改

理财规划师要针对客户产生修改要求的不同原因,采取不同的措施对方案进行修改。

(1)根据其他专业人士的意见改进理财规划方案。理财规划方案涉及税收规划、遗嘱、保险规划等专业内容,尽管理财规划师已经对客户做出解释,客户可能仍难以理解,而就该部分专业内容求助于他的律师、会计师或承保人等。这些专业人士可能会从各自的职业角度出发,对理财规划方案提出一些意见。理财规划师要在确保客户知情并同意的情况下,根据这些人士的意见改进理财规划方案。

(2)根据客户意见修改理财规划方案。理财规划师首先要向客户表明态度,这次修改并非理财规划师的专业意见,需要客户以书面形式证明修改是按照客户要求进行的;其次,要保留双方就修改内容所进行的讨论内容的详细记录;最后,在收到客户签署的书面证明后,对方案进行修改。

(3)因理解差异而修改理财规划方案。当理财规划师对客户的当前状况或理财目标出现了理解偏差,也会导致客户对理财规划方案的不满。在这种情况下,理财规划师先应该加强与客户的沟通,消除误解,并根据客户的要求和实际情况提出修改意见,修改完毕后,还应就修改建议请客户书面确认。

3. 客户声明

当理财规划方案经过必要的修改交付给客户后,客户已经完全理解了整套方案,并且对方案内容表示满意,此时理财规划师可以要求客户签署客户声明。这是理财规划师提供理财服务的必要程序,有助于明确责任。

一般来说,客户声明应包括如下内容。

(1)已经完整阅读该方案。

(2)信息真实准确。

(3)理财规划师已就重要问题进行了必要的解释。

(4)接受该方案。

10.4.2 实施理财规划方案

1. 取得客户授权

取得客户授权是理财规划师开始实施理财规划方案的第一步。为明确自己与客户之间的权利与义务,防止不必要的法律争端,理财规划师应取得客户关于理财规划方案的书面授权。客户授权应包括两方面的内容:代理授权与信息披露授权。

(1)代理授权。在理财规划方案的实施过程中可能会发生如下行为:股票债券投资、信托基金投资、不动产交易过户和保险买入与理赔等。在已经确定理财规划师的情况下,这些具体事务的完成就应交给理财规划师。为此,理财规划师必须取得客户关于相关事务的书面代理授权,对某些非常重要的行为,还应取得特别代理授权。

(2)信息披露授权。隐私权是重要的人身权利之一,在方案的实施过程中,可能会涉及客户的姓名、家庭、财产、单位等个人信息的披露。如果未经客户许可擅自将客户的个人信息泄露，无疑会引致客户的不满，在某些情况下甚至会引起法律纠纷。

为避免出现此类事件，必须取得客户书面的信息披露授权书。授权书中应对理财规划师可以对外披露客户信息的条件、场合、披露程度等必要内容进行规定。只有在取得客户授权书后，理财规划师方可在具体工作过程中依照授权谨慎使用客户个人信息。

2．客户声明

与客户出具的关于理财规划方案制定的声明不同，这份声明侧重于强调客户同意由理财规划师去执行方案，并且理财规划师没有承诺实施效果。

3．具体实施

在完成上述两个工作步骤后，理财规划师就可以开始具体实施理财规划方案了。实施过程中要注意以下几个方面。

（1）时间因素。为实现理财目标，通常会有很多具体的工作步骤，这就需要理财规划师对具体工作按照轻重缓急进行排序，编制一个具体的时间计划，明确各项工作的前后次序。这样才能提高方案实施的效率，有利于节约实施成本。

（2）人员因素。理财规划方案是一个复杂的整体性方案，理财规划师虽然是理财专家，但也不可能做到面面俱到，仅依靠理财规划师是难以完成全部方案的实施工作的。

因此，方案实施还必须要进行人员安排，即根据方案确定需要参加方案实施的人员。对于一个积极成长型方案，应当配备证券、信托、不动产等方面的投资专家；对于一个退休客户的方案，则可能需要配备保险专家或税收专家。对于某些外部事务，可能还需要客户律师与会计师的参与配合。

（3）资金因素。理财，即意味着通过投资规划、现金规划、风险管理规划等子规划的实施对客户财务状况进行调整优化，这就必然涉及客户的资金运用。为提高资金使用效率，进而增加方案实施效果，在考虑资金因素时应当注意以下几点。

1）资金时效。按照理财规划方案要求进行的理财活动是考虑各种因素后综合制定的，按照预定执行时间付诸实施是保证理财效果的必要条件。一方面，资金运用一定要考虑时间因素，必须要及时到位。另一方面，资金是时间价值很明显的资产，在运用时还应注意避免对资金的不合理占压。例如，按照计划将购买一处房产，就必须对资金来源进行周密安排，首先明确是用银行存款还是证券变现资金。如果使用银行存款，就应该预先对存款的期限结构进行调整，避免无谓的利差损失；如果使用金融资产变现收入，就应对变现时机进行必要预计，尽量在价格处于高位时卖出，而不能机械地等到付款义务发生时才匆匆变现。

2）资金充足。要提高投资收益，不仅要抓住时机，还必须保证资金足够。如果在资金使用时不能做到资金充足，就会导致预先的规划措施无法得到彻底贯彻，相关的规划意图就无法充分实现。因此，理财规划师必须在深入分析整套方案的基础上进行周密安排，明确每个行动步骤所需要的资金规模，并确定资金首选来源和备选来源，把由资金带来的执行风险降至最低。

4．文件存档管理

在理财规划方案的具体实施过程中，必然会产生大量的文件资料，如会议记录、财务分析报告、授权书、介绍信等。理财规划师应当对这些文件资料进行存档管理。一般来说，理财规划机构的内部操作规程也会做这样的规定。

在实施过程中，保存客户的记录和相关文件是相当重要的。一方面，这些标明了日期的资料记录了客户的要求和承诺，理财规划师或其所在机构向客户提供的建议，以及与整个业务过程相关的重要信息。如果以后发生了针对理财规划师或其所在公司的法律纠纷，这些资料就可以作为有力的证据，从而使理财规划师和所在机构能免于承担不必要的法律责任。另一方面，这些信息是真实而详细的记录，很多内容可能将来还会反复使用，也可用于方案实施后向客户提供后续服务，或作为公司的经验加以总结和归纳，供以后研究学习。文件可以以书面形式保存，也可以以电子文档形式保存。特别重要的文件应该多保存一份，以防丢失，尤其电子文档。

从事理财规划的公司一般都应当有专门的部门和人员来管理这些文件，以保证安全，方便查找。公司应将保存文件变成一种制度和程序，理财规划师也要养成保存资料的习惯。随着业务的扩大和客户的增多，这些文件逐渐积累成一个资料库，成为公司的一笔重要财富。

5．理财计划实施中的争端处理

在整个理财计划的执行过程中，理财规划师都需要与客户保持及时有效的沟通和协商。尽管理财规划师在提供理财规划服务的过程中尽心尽力，但是由于各种原因，客户仍然有可能对理财规划服务产生意见，或偶有抱怨，甚至产生争端。所以，掌握解决与客户之间争端的原则和途径，对理财规划师正确处理与客户的关系，保护自己及其所在机构的权益，都具有重要的意义。

（1）理财规划师处理、解决与客户争端的原则。无论客户对理财规划师的抱怨或争端引起的原因何在，这种纠纷最终都应该得到妥善和合理的解决。但是争端的处理与解决不是没有条件的，争端的解决应该遵循一定的原则。

1）尊重客户的原则，诚恳耐心地听取客户意见。

2）客观公正的原则，充分了解客户的观点和需求，当然这不表示必须接受其观点。

3）应该遵循所在机构或行业中已有的争端处理程序。

在遵循这些原则的基础上，理财规划师应该熟悉所在机构内部的投诉处理与争端解决机制，只有这样才能够使自己灵活而有效地解决与客户存在的问题与矛盾，不至于使自己或所在机构的信用和声誉受到损害。

（2）争端处理与解决的步骤。一般来说，在理财规划师与客户签订合同的时候，应该列出专门的免责条款。一旦发生争端，理财规划师可以根据这些条款免除自己的责任，维护自己的权益。此外，合同中还应该明确双方发生争端之后，如何解决争端的条款。

争端处理的步骤大致如下。

1）协商。争端发生后，理财规划师首先要做的事情就是与客户进行联系与沟通，明确而完整地了解客户产生抱怨的原因，以及客户提出的要求，然后耐心地解释客户的疑问或误解。无论争端的起因是不是因为理财规划师自身的失误或疏忽，理财规划师都应该积极与客户商讨，寻找解决问题的方法，或者针对客户的困难对理财规划方案进行调整。理财规划师要尽量在这个阶段妥善解决争端，在权益都得到恰当而合理维护的基础上，最大限度地减少双方由此而带来的成本和精力的耗费。

2）调解。调解是由第三方居中协调解决争议的方法，其与协商的区别在于，协商是发生争议的当事方之间直接解决纠纷，调解是由第三方分别与双方进行沟通，设法使双方达成一致。如果理财规划师代表所在机构与客户通过协商无法解决争议，可以请第三方出面调解。当然，理财规划师代表所在机构对外提供理财规划服务，面对很多客户，所以一旦与某一客户发生争议，由第三方居中协调解决未必有效率，可能会影响理财规划师处理其他业务。

3）诉讼或仲裁。如果客户和理财规划师经过反复的探讨与协商之后，客户仍然对争端处理的方法与结果表示不满，那么就只有按照理财规划合同的约定，通过诉讼或仲裁解决这一争议。

如果理财合同约定的争议解决方式是诉讼，或者在理财规划合同中没有约定具体的争议解决方式，则任何一方均可向有管辖权的法院提起诉讼，通过诉讼加以解决。在中国，诉讼实行"两审终审制"，一审判决做出后，如果当事人不服，可以在收到判决书后的 15 日内提起上诉。如果在收到判决书之日起的 15 日内未提起上诉，则发生法律效力。二审法院做出的判决是终审判决，一经做出即发生法律效力。

如果理财规划合同中约定有效的仲裁条款，则当事方应将这一争端提交给理财合同约定的解决争议的仲裁机构仲裁。仲裁机构根据当事人的申请和事实陈述进行裁断，最终做出裁决。仲裁裁决具有"一裁终局"的效力，任何一方不得也不能上诉。

在诉讼或仲裁程序中，能否胜诉的关键在于当事人是否能提供对自己有利的证据。因此，理财规划师在提供服务过程中所保存的所有记录就显得很重要，很多时候可以使其能够免除不应承担的责任，保护其合法权益。

10.4.3 对理财规划方案进行评估

1. 适用情况

有很多相关因素是缓慢变化的，细微的变化对理财规划方案的整体效果不会产生太大的影响，但经过长时间的积累，细微的变化逐渐变大，会使原来的方案与现实情况严重脱节。这就需要理财规划师定期对理财规划方案的执行和实施情况进行监控和评估，了解阶段性的理财规划方案实施结果，以便及时与客户沟通，并对方案进行及时调整。定期评估是理财服务协议的要求，是理财规划师应尽的责任。

2. 评估频率

定期评估的频率可以在签订理财规划服务协议时由双方约定。一般来说，理财规划师每年需要对客户的理财规划方案评估两次，也可以是每季度一次、每年一次。评估的频率主要取决于以下几个因素。

（1）客户的资本规模。客户的资本规模越大，就经常需要对其理财规划方案进行监测和评估，因为资本规模较大，一旦决策建议错误，损失也大。而资产规模较小的客户可以适当降低评估频率。

（2）客户个人财务状况变化幅度。如果客户正处在事业的黄金时期，收入增长很快；或者正面临退休，就需要理财规划师经常评估和修改理财规划方案。反之，财务状况比较稳定的客户就可以相应减少评估次数。

（3）客户的投资风格。有些客户偏爱高风险高收益的投资产品，投资风格积极主动；而有些客户属于风险厌恶型的投资者，投资风格谨慎、稳健，注重长期投资。那么前者比后者更需要经常性的理财规划方案评估。

显然，频率越高对客户越有利，也有助于建立公司和理财规划师个人的信誉和形象；同时也增大了理财规划师的工作量，增加了理财规划方案的评估成本。

3．评估步骤

对理财规划方案的评估实际上是对整个理财规划过程所有主要步骤的重新分析，所以对理财规划方案的评估过程与之前的方案制作过程有很多相似的地方。

（1）回顾客户的目标与需求。考查客户原来的理财目标，看哪些目标有变化，各个目标的重要性和紧迫性有什么变化。

（2）评估当前方案的效果。根据原来的专项方案，分析到评估之日应该达到的财务目标。再评估当前实际达到的水平，看与预定目标相比有多大差距，找出产生差距的原因。理财规划师应该实事求是，客观地评价原理财规划方案的效果，切不可一味肯定自己的成绩，掩盖不足之处，否则容易引起客户的反感情绪。

（3）研究环境的变化。分析上次评估以来，或者从完成原来理财规划方案以来，哪些宏、微观因素发生了变化，发生多大的变化，将来是否会继续变化，如何变化。研究这些变化对理财规划方案有什么影响，如何调整策略以应对这些变化和影响。

（4）在新情况下考查原有的规划方案是否可以达到最终目标。如果达不到预定目标，则应考虑如何修改方案，适应新情况。

（5）向客户解释新方案。与客户沟通，征求客户的意见。

（6）实施新方案，并预测这个新方案在下次评估时能达到的阶段性目标。

评估练习

1．单选题

（1）（　　）用于理财规划师的沟通措辞中最好。
A．保证　　　　B．可能　　　　C．肯定　　　　D．必然

（2）理财规划师与客户进行会谈的目的是掌握客户的基本情况，了解客户的理财目标、投资偏好及其他相关信息，寻求建立（　　）的可能性。

A．投资关系　　　B．储户关系　　　C．客户关系　　　D．保户关系

（3）如果谈话中客户身体前倾，一般说明他（　　）。

A．放松　　　　　　　　　　　B．对话题很感兴趣

C．对话题不感兴趣　　　　　　D．有些厌烦

（4）客户的财务分析不包括（　　）。

A．收支情况分析　　　　　　　B．储蓄结构分析

C．偿债能力分析　　　　　　　D．情绪因素分析

（5）一般来说，客户声明应包括的最核心的内容是（　　）。

A．已经完整阅读该方案

B．信息真实准确

C．理财规划师已就重要问题进行了必要的解释

D．接受该方案

2. 多选题

（1）理财规划师处理、解决与客户争端的原则包括（　　）。

A．尊重客户的原则，诚恳耐心地听取客户意见

B．客观公正的原则，充分了解客户的观点和需求

C．应该遵循所在机构或行业中已有的争端处理程序

D．以理财规划师所供职的机构利益为主，适当考虑客户的利益

（2）争端处理与解决的方式包括（　　）。

A．协商　　　　　B．调解　　　　　C．诉讼　　　　　D．仲裁

（3）评估的频率主要取决于（　　）因素。

A．客户的资本规模　　　　　　B．客户的投资风格

C．客户的人际关系　　　　　　D．客户个人财务状况变化幅度

（4）一般而言，理财规划师和客户之间的关系需要以合同的形式确定下来。签订理财规划合同时需要注意的事项包括（　　）。

A．合同应以所在的机构名义签订，而非个人名义

B．理财规划师在向客户解释合同条款时，如果发现合同某一条款确实存在理解上的歧义，应提请出具合同的机构修改

C．不得向客户做出受益的承诺或保证，也不得向客户提供任何虚假或误导性信息

D．合同签订完毕后，理财规划师应将原件送归机构档案部门，自己留存复印件

（5）在帮助客户制定消费信贷方案时，必须经历的步骤分为（　　）。

A．与客户交流，确定客户有消费信贷或信用卡消费的需求

B．收集和分析客户信息

C．帮助客户进行贷款规划

D．计划的实施及调整

3．简答题

（1）在与客户语言沟通的时候应该注意哪些细节？

（2）对客户的财务分析包括哪些方面？

（3）客户收支情况分析常见的指标包括哪些？

（4）理财规划方案评估的步骤应该包括哪几步？

职业技能训练

根据本章的学习内容和马先生家庭的具体情况，为马先生家庭设计一份简单的家庭理财规划方案。

马先生与董女士均为外企职员，家中有一个 8 岁男孩。夫妇俩的税后年收入约为 40 万元。2001 年，夫妇俩购买了一套总价为 90 万元的复式住宅，该房产还剩 10 万元左右的贷款未还，因当初买房时采用等额本息还款法，马先生没有提前还贷的打算。夫妇俩在股市的投资约为 70 万元（现值）。银行存款 25 万元左右。每月补贴双方父母约 2 000 元，每月房屋按揭还贷 2 000 元，家庭日常开销 3 000 元左右，孩子教育费用 1 年约 1 万元。为提高生活情趣，马先生有每年举家外出旅行的习惯，花费约 12 000 元。

夫妇俩对保险不了解，希望得到专家的帮助。董女士有在未来 5 年购买第二套住房的家庭计划（总价格预计为 80 万元）。此外，为接送孩子读书与自己出行方便，夫妇俩有购车的想法，目前看好的车总价约在 30 万元。夫妇俩想在 10 年后（2025年）送孩子出国念书，综合考虑各种因素后预计每年需要10万元支出，共6年（本

科加硕士），总费用需要60万元。

思考题

1．首先对客户家庭财务状况进行分析，编制家庭资产负债表和现金流量表，并对客户家庭财务状况的财务比率进行计算与分析。

2．确定客户家庭理财目标，并提出理财建议和方案。

3．进行家庭理财规划方案的预期效果分析。

4．对所提出的家庭理财规划方案进行综合评价。

（本训练可以参见附录C家庭理财综合案例分析）

附录 A

客户风险类型测试表

以下的测试或许会帮助你了解客户属于哪一种风险类型。

（1）你要去赶一班飞机，赶上了就可获得一份赚钱的合同，赶不上就可能会赔本。偏偏你在高速公路上碰到堵车，只有在很危险的路段上前进才赶得上飞机。你会这么做吗？

☐ 免谈！　　　　　　　　　　☐ 我不可能加以考虑。
☐ 如果有人鼓励，我会试试。　　☐ 我可能会做。
☐ 我绝对会做。

（2）你有机会看到一些密件，里面的资料对你日后工作前途很有价值，但是若被人知道你看了这些资料，你会被炒鱿鱼，名誉也会扫地。你会看吗？

☐ 免谈！　　　　　　　　　　☐ 我不可能加以考虑。
☐ 如果有人鼓励，我会试试。　　☐ 我可能会做。
☐ 我绝对会做。

（3）你正想存钱做生意，有个好朋友靠不正当手段发了一笔财，想给你机会也捞一笔，酬劳是20万元，只要你肯出4万元。你会做吗？

☐ 免谈！　　　　　　　　　　☐ 我不可能加以考虑。
☐ 如果有人鼓励，我会试试。　☐ 我可能会做。
☐ 我绝对会做。

（4）在公司最成功的部门中，你的职位既高又安全，有一天你的老板给你机会，让你接任另一个部门的副总经理。不过，这个部门情况很糟，1年之内已经换了两个副总。你会不会接下新职？

☐ 免谈！　　　　　　　　　　☐ 我不可能加以考虑。
☐ 如果有人鼓励，我会试试。　☐ 我可能会做。
☐ 我绝对会做。

（5）你去看表演，舞台上的催眠师征求自愿者上台合作。你会上去吗？

☐ 免谈！　　　　　　　　　　☐ 我不可能加以考虑。
☐ 如果有人鼓励，我会试试。　☐ 我可能会做。
☐ 我绝对会做。

（6）你有个表弟既古怪又聪明，他发明了一个古怪的茶壶，烧开水比普通茶壶省一半的时间。他需5万元把它正式做好并申请专利。你会拿钱支持他吗？

☐ 免谈！　　　　　　　　　　☐ 我不可能加以考虑。
☐ 如果有人鼓励，我会试试。　☐ 我可能会做。
☐ 我绝对会做。

（7）你终于存够了钱要实现梦想：到世界各地旅游1年。但就在你出发之前，有人给你一个工作机会，可以让你一辈子过得相当舒服，但你必须立刻答应并上班。你仍会去旅游吗？

☐ 免谈！　　　　　　　　　　☐ 我不可能加以考虑。
☐ 如果有人鼓励，我会试试。　☐ 我可能会做。
☐ 我绝对会做。

（8）听过一名著名的经济学家演讲后，你有问题想发问，但这名经济学家常在大庭广众之下给人难堪。你会发问吗？

☐ 免谈！　　　　　　　　　　☐ 我不可能加以考虑。
☐ 如果有人鼓励，我会试试。　☐ 我可能会做。
☐ 我绝对会做。

（9）你得到一组内线消息，对你公司的股票会有重大影响。而做内线交易是违法的，但很多人都这么做，而且你会因此而大赚一笔。你会做吗？

□ 免谈！　　　　　　　　　　　□ 我不可能加以考虑。
□ 如果有人鼓励，我会试试。　　□ 我可能会做。
□ 我绝对会做。

（10）你在公司要升迁，唯一的办法就是暴露公司中的一名比你强的人的缺点，但他注定会展开反击。你会开火吗？

□ 免谈！　　　　　　　　　　　□ 我不可能加以考虑。
□ 如果有人鼓励，我会试试。　　□ 我可能会做。
□ 我绝对会做。

（11）你在公司某部门工作，你有新的想法可以改善部门的效益，但这种想法已被管理层拒绝，你想考虑把建议告诉更高层，但你知道管理层必定会不高兴。你会做吗？

□ 免谈！　　　　　　　　　　　□ 我不可能加以考虑。
□ 如果有人鼓励，我会试试。　　□ 我可能会做。
□ 我绝对会做。

（12）你和几位做鲨鱼研究的朋友一起度周末，准备游水作乐。你们发现附近有鲨鱼出现，你想要留在船上，但你朋友却邀你下水，说只要遵守几项简单的原则，就不会有危险。你会下水吗？

□ 免谈！　　　　　　　　　　　□ 我不可能加以考虑。
□ 如果有人鼓励，我会试试。　　□ 我可能会做。
□ 我绝对会做。

（13）你在荒郊野外，风刮得很大，你看到一个路口，看起来是个捷径，但你以往从未想到走这条路。这次会吗？

□ 免谈！　　　　　　　　　　　□ 我不可能加以考虑。
□ 如果有人鼓励，我会试试。　　□ 我可能会做。
□ 我绝对会做。

（14）你暗恋你的一位同事，但没有人知道。现在你的同事必须到另一个城市去谋求更好的工作，你考虑要表达帮他（她）整理行李的心意。你会说出口吗？

□ 免谈！　　　　　　　　　　　□ 我不可能加以考虑。

　　　　□ 如果有人鼓励，我会试试。　　　□ 我可能会做。
　　　　□ 我绝对会做。

（15）一家博物馆即将开张，很多明星都会到场，场面非常热烈。但博物馆属私人性质，只有会员才能参加。你正好有合适的服饰穿起来像个大人物，可以蒙混进去，但你可能会被守门人识破，吃闭门羹。你会试吗？
　　　　□ 免谈！　　　　　　　　　　　□ 我不可能加以考虑。
　　　　□ 如果有人鼓励，我会试试。　　　□ 我可能会做。
　　　　□ 我绝对会做。

（16）假设你和老板到美国拉斯维加斯参加商展，你和老板在赌场赌钱，你赌轮盘赌赢了少许，突然你有一种感觉，如果把赢来的钱统统押红色，你会赢；但如果输了，却会让老板对你产生错误印象。你会押吗？
　　　　□ 免谈！　　　　　　　　　　　□ 我不可能加以考虑。
　　　　□ 如果有人鼓励，我会试试。　　　□ 我可能会做。
　　　　□ 我绝对会做。

（17）你仍然单身，并在报上看到一则征友启事，各种条件似乎都很适合你。你以往从未想到对这种启事有所行动。这次会吗？
　　　　□ 免谈！　　　　　　　　　　　□ 我不可能加以考虑。
　　　　□ 如果有人鼓励，我会试试。　　　□ 我可能会做。
　　　　□ 我绝对会做。

（18）在一群有影响力的人面前高谈阔论，也许会令他们不悦，但在一件你认为很重要的事情上，他们的论调你实在不能苟同。你会说出来吗？
　　　　□ 免谈！　　　　　　　　　　　□ 我不可能加以考虑。
　　　　□ 如果有人鼓励，我会试试。　　　□ 我可能会做。
　　　　□ 我绝对会做。

（19）假如你有台烘干机，有一天你发觉烘干机不动了，可能开关有故障，你看到开关上只有两颗螺丝钉，可以旋开螺丝钉看看自己能不能修。你会这样做吗？
　　　　□ 免谈！　　　　　　　　　　　□ 我不可能加以考虑。
　　　　□ 如果有人鼓励，我会试试。　　　□ 我可能会做。
　　　　□ 我绝对会做。

（20）你到国外旅行，那个地方的人多数不会说中文和英文，当然，你在旅馆吃牛排、马铃薯没有语言问题；如果到当地饭馆吃异国风味的食物，语言可能会有麻烦。你会上街吃吗？

  ☐ 免谈！   ☐ 我不可能加以考虑。

  ☐ 如果有人鼓励，我会试试。 ☐ 我可能会做。

  ☐ 我绝对会做。

  选"免谈"为1分；选"我不可能可以考虑"为2分；选"如果有人鼓励，我会试试"为3分；选"我可能会做"为4分；选"我绝对会做"为5分。

  81分或以上：你属于冒险型投资者，对任何有赚钱机会的项目都会勇于参与，喜欢追寻冒险的刺激感。

  61~80分：你属于进取型投资者，对自己的投资项目有信心，能够接受较高水平的风险。

  41~60分：你属于稳健型投资者，可以接受一般程度的风险，主要目的是获取稳健可靠的收益。

  21~40分。你属于保守型投资者，接受风险的程度比一般人低，投资时不喜欢碰运气，也不愿意冒风险。

  20分以下：你属于典型的风险厌恶型投资者，不愿意接受任何风险，愿意做无风险的投资。

附录 B

客户信息调查表

1. 家庭成员基本资料

*姓名		*性别	
*年龄		*职业	
*学历		*所在省市	
*E-mail		健康状况	
住房情况及来源			

注：*为必填项。

2. 家庭资产负债表

资　　产		负　　债	
现金及活期存款		信用卡贷款余额	
预付保险费		消费贷款余额	
定期存款		汽车贷款余额	
国债		房屋贷款余额	

续表

资　　产		负　　债	
企业债、基金及股票			
房地产		其他	
汽车及家电			
其他			
资产总计		负债总计	

3. 家庭月度税后收支表

收　　入		支　　出	
本人收入		房屋支出	
其他家人收入		公用费	
其他		衣食费	
		交通费	
		医疗费	
		其他	
收入合计		支出合计	

4. 家庭年度税后收支表

收　　入		支　　出	
年终奖		保险费	
债券利息和股票分红		教育费	
证券买卖差价		其他	
其他			
收入合计		支出合计	

5. 家庭保险状况表

本人投保情况	
家人投保情况	

最后请写明您的保险目的、对投资风险的态度、理财问题。请详细叙述。

附录 C

家庭理财综合案例分析

📖 基本情况

马先生与董女士均为外企职员,家中有一个 8 岁男孩。夫妇俩的税后年收入约为 40 万元。2001 年,夫妇俩购买了一套总价为 90 万元的复式住宅,该房产还剩 10 万元左右的贷款未还,因当初买房时采用等额本息还款法,马先生没有提前还贷的打算。夫妇俩在股市的投资约为 70 万元(现值)。银行存款 25 万元左右。每月补贴双方父母约 2 000 元,每月房屋按揭还贷 2 000 元,家庭日常开销 3 000 元左右,孩子教育费用 1 年约 1 万元。为提高生活情趣,马先生有每年举家外出旅行的习惯,花费约 12 000 元。

夫妇俩对保险不了解,希望得到专家的帮助。董女士有在未来 5 年购买第二套住房的家庭计划(总价格预计为 80 万元)。此外,为接送孩子读书与自己出行方便,夫妇俩有购车的想法,目前看好的车总价约在 30 万元。夫妇俩想在 10 年后(2025 年)送孩子出国念书,综合考虑各种因素后预计每年需要 10 万元支出,共 6 年(本科加硕士),总费用需要 60 万元。

理财解析

（1）客户财务状况分析。

1）编制客户资产负债表（见表附 C-1）。

表附 C-1　客户资产负债表

2015-12-31　　　　　　　　　　　　　　　　　　　　　　　　　单位：元

资　产	金　额	负　债	金　额
活期存款	250 000	住房贷款	100 000
现金与现金等价物小计	**250 000**	其他负债	0
其他金融资产	700 000	负债总计	100 000
个人资产	900 000	净资产	1 750 000
资产总计	**1 850 000**	负债与净资产总计	1 850 000

2）编制客户现金流量表（见表附 C-2）。

表附 C-2　客户现金流量表

2015-1-1 至 2015-12-31　　　　　　　　　　　　　　　　　　　　单位：元

收　入	金　额	百分比	支　出	金　额	百分比
工资与奖金	400 000	100%	按揭还贷	24 000	23%
投资收入	0	0	日常支出	36 000	34%
			其他支出	46 000	43%
收入总计	**400 000**	**100%**	支出总计	106 000	100%
结余（收入−支出）	294 000	74%			

3）客户财务状况的比率计算与分析。

① 客户财务比率计算。

结余比率=结余÷税后收入=(400 000−106 000)÷400 000=0.74

投资与净资产比率=投资或生息资产÷净资产=700 000÷1 750 000=0.4

净资产偿付比率=净资产÷总资产=1 750 000÷1 850 000=0.95

资产负债率=1−净资产偿付比率=1−0.95=0.05

即付比率=流动资产÷负债总额=250 000÷100 000=2.5

收入负债比率=本期负债÷本期收入=100 000÷400 000=0.25

流动比率＝本期流动资产÷本期支出＝250 000÷106 000＝2.36

② 客户财务比率分析。从以上的比率分析中可以看出，结余比率高达0.74，说明客户有很强的储蓄和投资能力。

投资与净资产比率一般在0.5左右，这位客户的投资略显不足。

净资产偿付比率高达 0.95，一方面说明客户的资产负债情况极其安全，另一方面说明客户还可以更好地利用杠杆效应以提高资产的整体收益率。

收入负债比率为 0.25，低于参考值 0.4，说明客户的短期偿债能力可以得到保证；即付比率为 2.5，高于参考值 0.7，客户随时变现资产偿还债务的能力很强，但过高的数值显示该客户过于注重流动资产，财务结构仍不尽合理，流动性比率也同样说明了这个问题。

4）客户财务状况预测。客户现在处于事业的黄金阶段，预期收入会有稳定的增长，投资收入的比例会逐渐加大。同时，现有的支出也会增加，随着年龄的增长，保险医疗的费用会有所增加。另外，购车后，每年会有一笔较大的开销。目前按揭贷款是唯一的负债，随着时间的推移，这笔负债会越来越小。

5）客户财务状况总体评价。总体来看，客户偿债能力较强，结余比例较高，财务状况较好。其缺陷在于活期存款占总资产的比例过高，投资结构不太合理。该客户的资产投资和消费结构可进一步提高。

（2）确定客户理财目标。

1）现金规划：保持家庭资产适当的流动性。

2）保险规划：增加适当的保险投入进行风险管理。（短期）

3）消费支出规划——购车：近期内购买一辆总价在30万元的车。（短期）

4）消费支出规划——购房：在未来5年购买第二套住房的家庭计划（总价格预计为80万元）。（中期）

5）子女教育规划：10年后（2025年）送孩子出国念书，每年需要10万元支出，大约6年（本科加硕士研究生），共需60万元。（长期）

6）马先生和董女士夫妇的退休养老规划。（长期）

理财建议

（1）现金规划。客户现有资产配置中，现金与活期存款额度偏高，对于像马先生与董女士夫妇这样收入比较稳定的家庭来说，保持3个月的消费支出额度即可，建议保留30 000元的家庭备用金，以保障家庭资产适当的流动性。这30 000元的家庭备用金从现有活期存款中提取，其中 10 000 元可续存活期，另外，20 000 元购买货币市场基金。货币市场基金流动性很强，收益高于活期存款，是理想的现金规划工具。

（2）保险规划。建议客户每年购买不超过 4.5 万元的保险费用，具体如下。

1）寿险。寿险保障约 500 万元，预计年保费支出 3 万元。

2）意外保障保险。保障额约 250 万元（意外保障额度等于未来支出的总额）。预计年保费支出 0.5 万元。

3）医疗保障保险。主要是重大疾病保险，保障额度为夫妇每人约 40 万元，孩子约 20 万元，采用年缴型，购买消费型保险。预计年保费支出 0.4 万元。

4）住院医疗和手术费用保障。作为重大疾病保险的补充保险，额度按住院每天 80 元的标准，收入按照每人每次 1 万元，其他费用保障依据具体需求分析。预计年保费支出 0.4 万元。

（3）消费支出规划——购车。以客户目前的经济状况来看，建议客户在半年内买车，可以从存款中支取 22 万元，另外 8 万元从半年的收入结余中支取。购车后，预计每年的汽车花费为 3 万元。

（4）消费支出规划——购房。由于客户每年结余较大，加之政府对二套房贷的限制，建议 5 年半后一次性付清第二套房的房款 80 万元。假定投资收益率为 3%，半年后开始 5 年内每年需投入 15 万元用于短期债券市场基金。

（5）子女教育规划。儿子接受高等教育共需要 60 万元的资金，假定投资回报率为 6%，10 年内，每年投入 5 万元即可。

（6）退休养老规划。在接下来的 5 年，每年会有 1.9 万元的现金结余，可用于选择偏股型基金进行长期投资。期初的 70 万元金融资产及每年的 1.9 万元持续投入，在 10 年之后会有 164 万元的资金（预期未来 10 年股票类资产的收益率为 7%），5 年半之后房贷还完，会有 15 万元的闲置资金，可以将它再投资于平衡型基金（预期收益率为 5%），投资 5 年后会有 83 万元的资金。那么，客户在 10 年之后会有 247 万元的资金，可以用作养老。

预期效果分析

（1）现金流量预测。客户现金流量表如表附 C-3、表附 C-4 所示。

表附 C-3　客户现金流量表（一）

2016-1-1 至 2016-12-31　　　　　　　　　　　单位：元

收　入	金　额	百分比	支　出	金　额	百分比
工资与奖金	400 000		按揭还贷	24 000	
投资收入			日常支出	36 000	
收入总计（+）	400 000		其他支出	321 000（46 000+45 000+80 000+50 000+100 000*）	
支出总计（−）	381 000		支出总计	381 000（24 000+36 000+321 000）	
结余	19 000				

注：*投资于债券基金的资金。

表附 C-4　客户现金流量表（二）

2017-1-1 至 2020-12-31 每年的现金流量　　　　　　单位：元

收　入	金　额	百分比	支　出	金　额	百分比
工资与奖金	400 000		按揭还贷	24 000	
投资收入			日常支出	36 000	
收入总计（+）	400 000		其他支出	46 000	
支出总计（−）	381 000		支出总计	106 000+45 000+30 000+50 000+150 000+381 000	
结余	19 000				

（2）资产负债情况预测。客户资产负债表如表附 C-5 所示。

表附 C-5　客户资产负债表

2016-12-31　　　　　　　　　　　　　　　　单位：元

资　产	金　额	负　债	金　额
现金		住房贷款	76 000
活期存款	10 000	其他负债	0
货币市场基金	20 000		
现金与现金等价物小计	30 000	**负债总计**	76 000
短债基金	100 000		
偏股型基金	0		

续表

资　　产	金　　额	负　　债	金　　额
股票	700 000		
金融资产小计	800 000		
房产	900 000	净资产	1 954 000
车产	300 000		
个人资产小计	1 200 000		
资产总计	2 030 000	负债与净资产总计	2 030 000

（3）财务状况变动的综合评价。通过以上规划的执行，客户的理财目标基本可以得到实现，财务安全也得到了很好的保障，整体资产的收益率在客户的风险承受范围内也比较理想。如果客户财务状况稳定，最好于 1 年后对本理财规划建议进行调整。

参考文献

[1] 黄祝华，韦耀莹. 个人理财[M]. 大连：东北财经大学出版社，2010.

[2] 诺特. 因为挣钱不易，所以才要在乎——关于投资理财，你所不知道的事[M]. 廖伟年，译. 北京：人民邮电出版社，2014.

[3] 谢怀筑. 个人理财[M]. 北京：中信出版社，2004.

[4] 陈容. 一生的理财计划[M]. 北京：企业管理出版社，2008.

[5] 中国就业培训技术指导中心. 理财规划师基础知识（第 3 版）[M]. 北京：中国财政经济出版社，2007.

[6] 中国就业培训技术指导中心. 理财规划师专业能力（第 3 版）[M]. 北京：中国财政经济出版社，2007.

[7] 中国就业培训技术指导中心. 助理理财规划师专业能力（第 3 版）[M]. 北京：中国财政经济出版社，2007.

[8] 杨老金，邹照洪. 金融理财原理[M]. 北京：经济管理出版社，2007.

[9] 金圣才. 理财规划师基础知识过关必做 2000 题[M]. 北京：中国石化出版社，2009.

[10] 金圣才. 理财规划师专业能力过关必做 1500 题[M]. 北京：中国石化出版社，2009.

[11] 中国银行从业人员资格认证办公室. 个人理财[M]. 北京：中国金融出版社，2009.

反侵权盗版声明

  电子工业出版社依法对本作品享有专有出版权。任何未经权利人书面许可，复制、销售或通过信息网络传播本作品的行为；歪曲、篡改、剽窃本作品的行为，均违反《中华人民共和国著作权法》，其行为人应承担相应的民事责任和行政责任，构成犯罪的，将被依法追究刑事责任。

  为了维护市场秩序，保护权利人的合法权益，我社将依法查处和打击侵权盗版的单位和个人。欢迎社会各界人士积极举报侵权盗版行为，本社将奖励举报有功人员，并保证举报人的信息不被泄露。

举报电话：（010）88254396；（010）88258888

传 真：（010）88254397

E-mail：　　dbqq@phei.com.cn

通信地址：北京市万寿路 173 信箱

     电子工业出版社总编办公室

邮 编：100036

反盗版举报声明

本书封面贴有清华大学出版社防伪标签,无标签者不得销售。凡购买本社图书,如果有缺页、倒页、脱页等印装质量问题,请与出版社发行部联系调换。

清华大学出版社及其作者对于本书享有专有出版权及著作权。未经许可,任何单位和个人不得擅自摘录、复制,违者将被依法追究法律责任。举报电话:(010)62782989 62772015 62783509